French

includes AS

Casimir d'Angelo
Jean-Claude Gilles
Rod Hares
Lauren Léchelle

**With: Séverine Chevrier-Clarke
Lisa Littlewood
and Kirsty Thathapudi**

Approval message from AQA

This textbook has been approved by AQA for use with our qualification. This means that we have checked that it broadly covers the specification and we are satisfied with the overall quality. Full details of our approval process can be found on our website.

We approve textbooks because we know how important it is for teachers and students to have the right resources to support their teaching and learning. However, the publisher is ultimately responsible for the editorial control and quality of this book.

Please note that when teaching the ***AQA A-level French*** course, you must refer to AQA's specification as your definitive source of information. While this book has been written to match the specification, it cannot provide complete coverage of every aspect of the course.

A wide range of other useful resources can be found on the relevant subject pages of our website: www.aqa.org.uk.

The publisher would like to thank Ginny March for her excellent work as development editor of this title and Lisa Littlewood for her hard work in reviewing this book.

Rod Hares wishes to dedicate his work on this book to the memory of his French father-in-law, Jean Schnebelen, decorated by the French Resistance for his courage and for the saving of French life during the Second World War. Rod also wishes to thank his wife, Marie-Hélène, for all her patient checking of his material and proofs.

Hachette UK's policy is to use papers that are natural, renewable and recyclable products and made from wood grown in sustainable forests. The logging and manufacturing processes are expected to conform to the environmental regulations of the country of origin.

Orders: please contact Bookpoint Ltd, 130 Park Drive, Milton Park, Abingdon, Oxon OX14 4SE. Telephone: (44) 01235 827720. Fax: (44) 01235 400454. Email education@bookpoint.co.uk

Lines are open from 9 a.m. to 5 p.m., Monday to Saturday, with a 24-hour message answering service. You can also order through our website: www.hoddereducation.co.uk

ISBN: 978 1 4718 5795 9

© Casimir d'Angelo, Séverine Chevrier-Clarke, Jean-Claude Gilles, Rod Hares, Lauren Léchelle, Lisa Littlewood and Kirsty Thathapudi 2016

First published in 2016 by

Hodder Education,
An Hachette UK Company
Carmelite House
50 Victoria Embankment
London EC4Y 0DZ

www.hoddereducation.co.uk

Impression number 10 9 8 7 6 5 4 3 2

Year 2020 2019 2018 2017 2016

All rights reserved. Apart from any use permitted under UK copyright law, no part of this publication may be reproduced or transmitted in any form or by any means, electronic or mechanical, including photocopying and recording, or held within any information storage and retrieval system, without permission in writing from the publisher or under licence from the Copyright Licensing Agency Limited. Further details of such licences (for reprographic reproduction) may be obtained from the Copyright Licensing Agency Limited, Saffron House, 6–10 Kirby Street, London EC1N 8TS.

Cover photo reproduced by permission of pcalapre/Fotolia

Typeset by DC Graphic Design Ltd

Printed in Italy

A catalogue record for this title is available from the British Library.

CONTENTS

2014003426

Literature and film

Theme 3 Aspects of French-speaking society: current issues

Research and presentation

Theme 4 Aspects of political life in the French-speaking world

Themes 1 and 2 revisited

La France

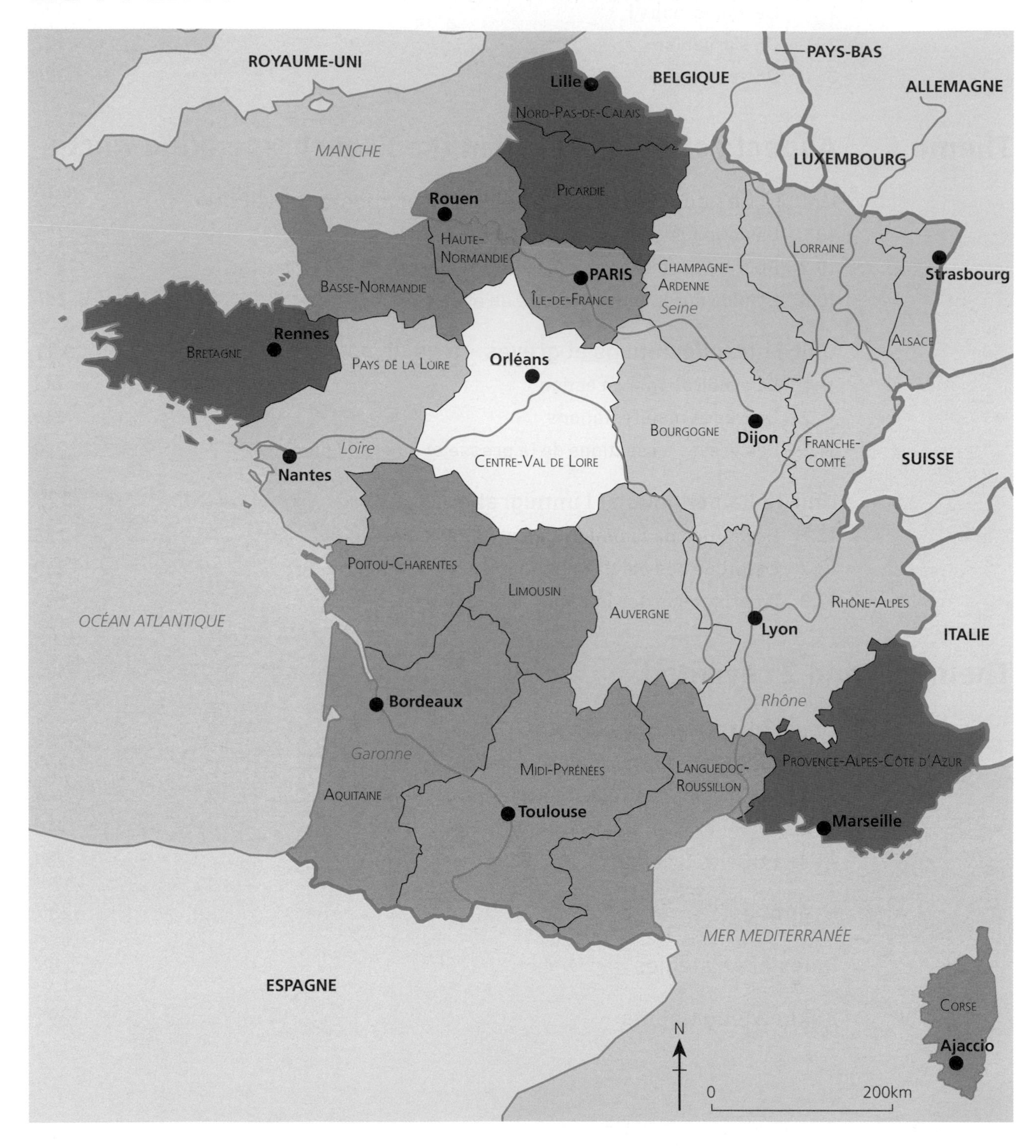

ROYAUME-UNI
PAYS-BAS
BELGIQUE
ALLEMAGNE
LUXEMBOURG
MANCHE
Lille
Nord-Pas-de-Calais
Picardie
Rouen
Haute-Normandie
Basse-Normandie
PARIS
Île-de-France
Champagne-Ardenne
Seine
Lorraine
Strasbourg
Alsace
Bretagne
Rennes
Pays de la Loire
Orléans
Centre-Val de Loire
Bourgogne
Dijon
Franche-Comté
SUISSE
Loire
Nantes
Poitou-Charentes
Limousin
Auvergne
Rhône-Alpes
Lyon
ITALIE
OCÉAN ATLANTIQUE
Bordeaux
Rhône
Garonne
Aquitaine
Midi-Pyrénées
Languedoc-Roussillon
Provence-Alpes-Côte d'Azur
Toulouse
Marseille
MER MEDITERRANÉE
ESPAGNE
Corse
Ajaccio
N
0
200km

Les pays et les territoires francophones

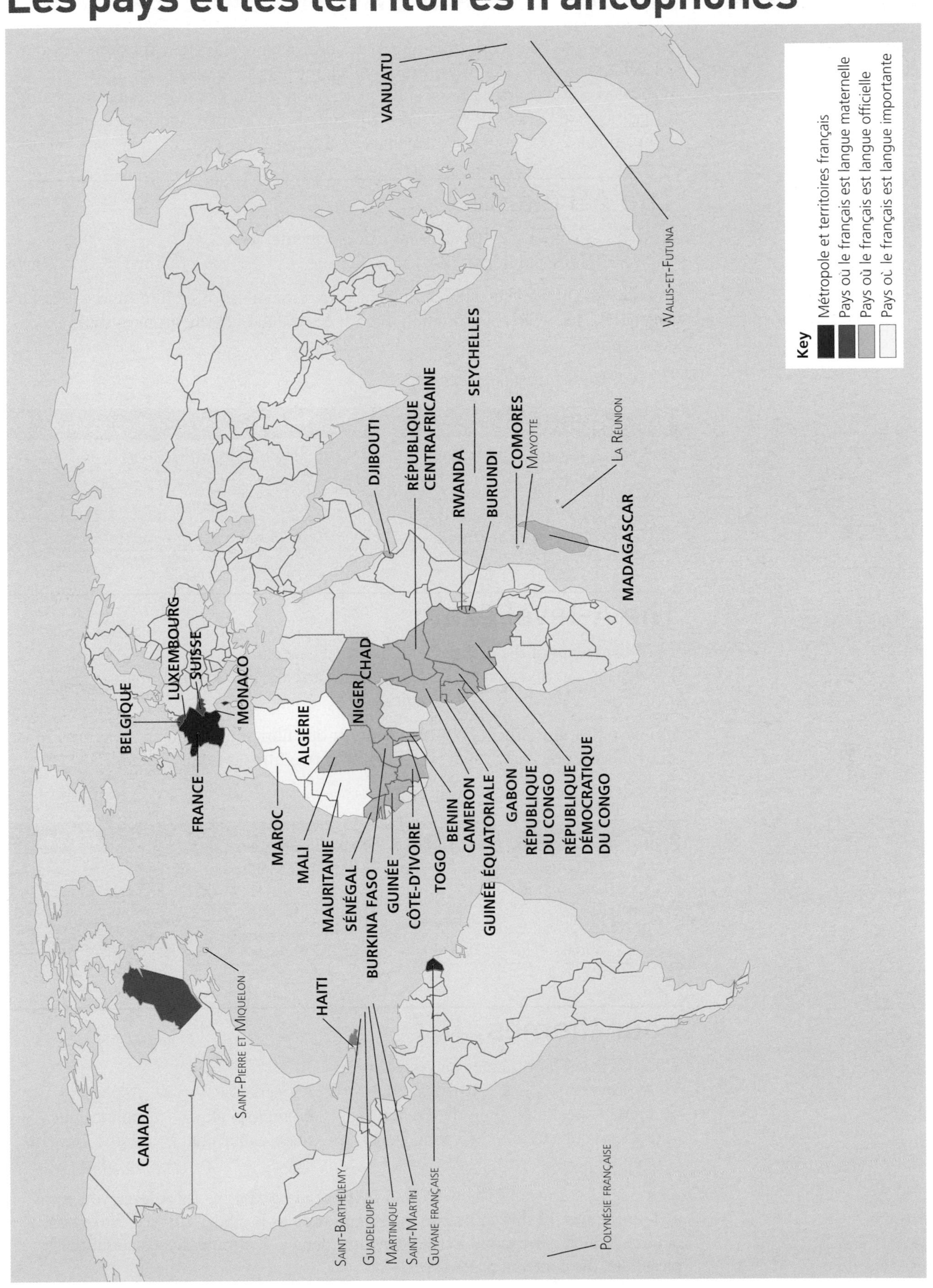

About the AS and A-level exams

This course has been compiled to prepare students for two different exams: AS and A-level French. Both exams are linear, which means that students sit all their exams at the end of the course. The most usual situation would be for students completing a 1-year course to take an AS exam at the end of their course, and for students completing a 2-year course to take an A-level exam at the end.

The AS exam

The *core* content of the AS exam has three elements:

1 social issues and trends **2** artistic culture **3** grammar

You have to study either a film or a literary text from a list of six films and ten literary texts. The lists, which are common to both AS and A-level, are given in the contents pages (pp. 3–5).

The AS exam consists of three papers:

Paper	Skills	Marks	Timing	Proportion of AS
1	Listening, reading and writing	90	1 hour 45 minutes	45%
2	Writing	50	1 hour 30 minutes	25%
3	Speaking (oral exam)	60	12–14 minutes	30%

The A-level exam

The *core* content of the A-level exam has three elements:

1 social issues and trends **2** political and artistic culture **3** grammar

You have to study either two literary texts or one film and one literary text. You must study at least one literary text — the study of two films is not accepted.

The A-level exam consists of three papers:

Paper	Skills	Marks	Timing	Proportion of A-level
1	Listening, reading and writing	100	2 hours 30 minutes	50%
2	Writing	80	2 hours	20%
3	Speaking (oral exam)	60	21–23 minutes	30%

Four themes

AQA has listed four themes for you to study:

1 Aspects of French-speaking society: current trends **2** Artistic culture in the French-speaking world **3** Aspects of French-speaking society: current issues **4** Aspects of political life in the French-speaking world

AS students study only Themes 1 and 2. If you are preparing for A-level, you study all four themes. In this course, each of these themes has been divided into a series of units, which correspond to the AQA sub-themes. For more details about these, please see the contents pages (pp. 3–5).

Grammar

The grammar lists for AS and A-level French are similar, but there are a few more sophisticated grammar points that you need to master only at A-level. For details about which grammar points apply just to AS, please refer to the AQA specification. The grammar points are introduced and practised throughout the course. For the complete list of grammar points in this book, refer to the grammar index on page 257.

Literary texts and films

A complete list of the literary texts and films is given on pp. 3–5. In the middle of this book is a section that offers a taster spread on each of the films and texts in the specification. Any of the titles can be studied for AS or A-level.

More information about the exam papers

Paper 1

This exam has two sections. Section A is listening and writing. Section B is reading and writing. In section A you listen and respond to spoken passages from a range of contexts from the themes (two themes for AS and four for A-level). In section B you read and respond to a variety of texts from the themes. All the questions are in French. The reading and listening passages in this book offer you plenty of practice for these tasks. In section B you also carry out a translation from French to English, about 70 words for AS and 100 for A-level. A-level Paper 1 also contains a translation from English to French, about 100 words. No access to a dictionary is allowed.

Paper 2

At the beginning of the AS exam only, there is a translation of a series of sentences from English to French. This is followed by an essay of about 250 words based on a literary work or a film. For each work there are two questions to choose from, each requiring a critical response about aspects such as the plot, the characters or other stylistic features appropriate to the work studied. Bullet points are given for guidance with structuring the essay and deciding which features to discuss.

The A-level exam requires two essays, each about 300 words, either on two books or on a book and a film from the same list of films and literary works. These essays require a critical and analytical response, and this time you are expected to structure your own essays and decide how best to respond to the question. No access to dictionaries, texts or films is allowed during the assessment.

Paper 3

In both AS and A-level you have to take part in a discussion with the examiner that is based on stimulus cards from one of the AQA sub-themes. The cards are available during the preparation time, but you are not allowed to use a dictionary. At AS two cards are discussed, but at A-level only one.

A-level students also have to give a short presentation on a subject of their own choice that they have researched during the course. This is followed by a discussion based on the subject matter introduced in the presentation.

How this book works

How the units and sub-units work

Each of the four AQA themes (see p. 8) is divided into three units. The topics covered by Units 1–12 are determined by the exam board. If you are studying for AS, you need to refer only to the material up to the end of Unit 6. If you are studying for A-level, all 12 units are relevant. To see at a glance what is included in each one, refer to the contents pages (pp. 3–5). Each unit is further divided into three or four sub-units. A sub-unit contains two spreads, as shown in a typical example below.

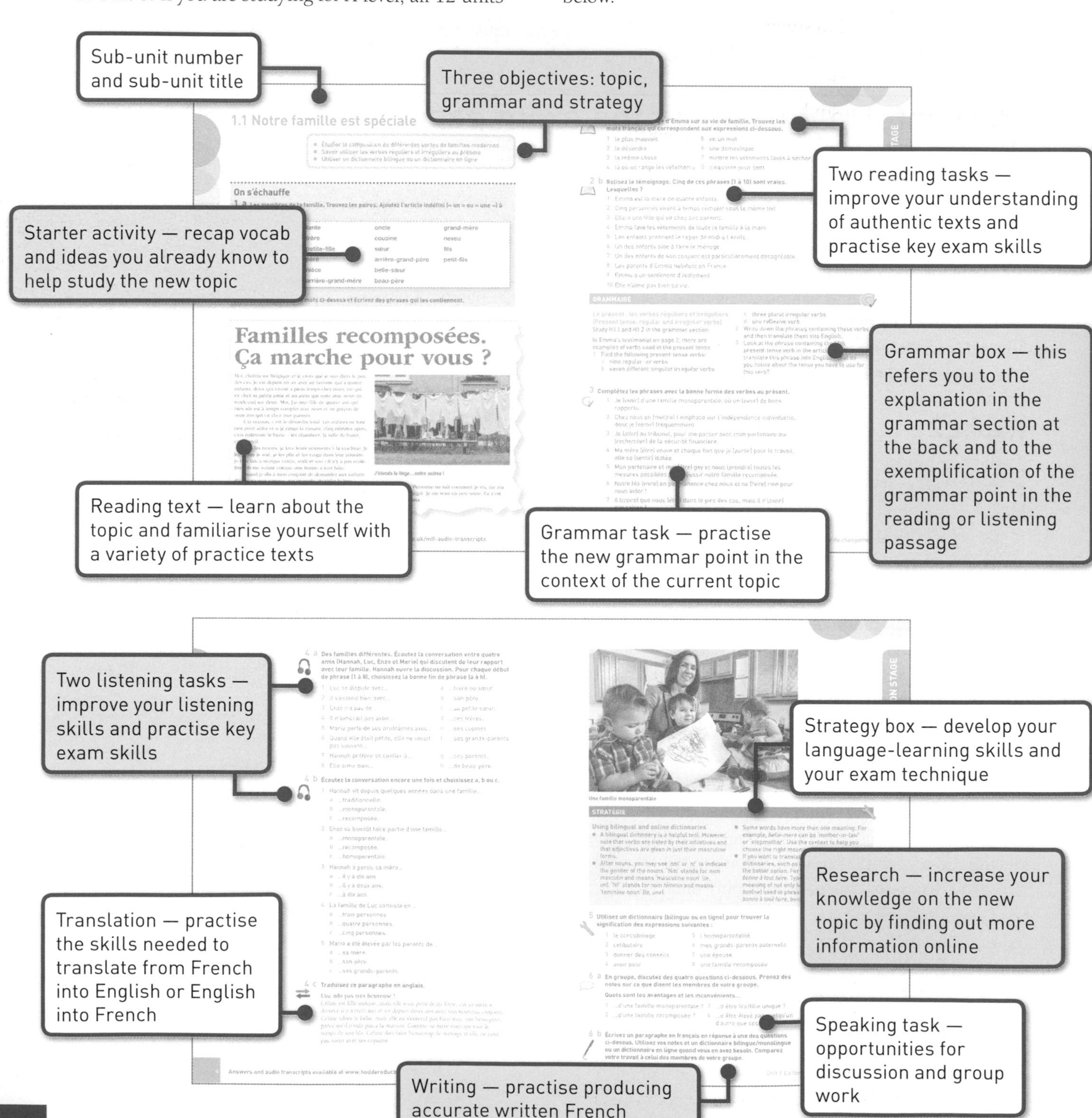

What is Unit 13 for?

This is a revisiting unit. If you are taking an A-level exam, you will need to revise Units 1–6, which you studied in your first year. Since then, your language level will have improved, so Unit 13 is based on the same themes as Units 1–6 but at a more sophisticated level.

Literature and film section

This section is devoted to the study of literature and film and is divided into 16 taster spreads — one for each literary work or film listed in the AQA specification. For the AS exam you need to study just one film *or* book, while for the A-level exam, you need to study one book *and* one film, or two books.

Although you need to study just one or two titles in detail (depending on whether you are taking the AS or the A-level exam), there are many advantages to familiarising yourself with the other titles on the AQA list.

One important way to improve your language is to increase your exposure to authentic French, and what better way to do it than watching French films and reading French books. As you probably will not have time to study all the works on the list, why not work your way through the tasters and decide which ones you are interested in?

As you work your way through the tasters, you will gain useful practice in AS- and A-level-style comprehension questions on reviews, articles and interviews on the different works. You will also be introduced to different strategies that help you to develop techniques for criticising and analysing novels, plays and films.

Research and presentation section

This section is for A-level candidates only. The aim of the section is to help you with your individual research project, which you have to present and discuss as part of your oral exam. It gives you some ideas about:

- the sort of subjects you might like to research
- how to go about the research
- organising the information into a coherent presentation
- preparing yourself for this part of your oral exam

Should I work through the book in order?

It is not essential because the book is organised in stages of learning. Each sub-unit or spread is pitched at a certain stage of learning.

If you are in year 12, you are likely to concentrate on the first two stages of learning: Transition from GCSE and AS. If you are continuing to A-level, you will be working from the second half of the book, where most of the sub-units are pitched at the two higher stages of learning: A-level and Extension.

The books and films have been separated into AS and A-level stages of learning to offer a variety of levels of difficulty in the film and literature section, but all the works can be studied for either the AS or A-level exam.

TRANSITION STAGE

A-LEVEL STAGE

AS STAGE

EXTENSION STAGE

What do the different icons mean?

This reading task is one of two based on the accompanying text. Usually one of these tasks is similar to the sort of reading questions you can expect to find in the exam. The other task helps you with your language learning, e.g. by helping you to familiarise yourself with new topic vocabulary.

These tasks also come in pairs and they indicate that you need to access the audio recording to carry out the task (available as a digital file in Dynamic Learning or in your Student eTextbook). At least one of the tasks is of the sort you can expect to find in the exam. Transcripts are also provided in Dynamic Learning and are useful for follow-up tasks.

This involves a translation either from French to English or from English to French. The length and complexity of these passages is similar to those in the AS and A-level exams. There is at least one of each sort per unit.

This indicates an opportunity for discussion, which might be with a partner, a group or with the whole class. You need to get used to explaining information, weighing up points of view, giving your own thoughts and justifying them in order to prepare yourself for your oral exam.

As you work through the different themes, you are not asked to write essays. This is because the only essays you have to write in the exam are based on literary works and films. Most of the times you see this icon you are asked to produce a paragraph about the topic you have just studied. These paragraphs will provide useful revision material. Check each one carefully for accuracy each time.

This indicates some grammar information or a grammar task. Each grammar box or activity focuses on one or two grammar points for you to learn or revise in order to be confident before you take the exam.

Strategies are the essential tools you need to use to be an effective language learner. This icon indicates strategy boxes and tasks throughout to help you improve your skills such as memorising vocabulary, pronunciation, revision and many more.

Every unit contains suggestions for online research. Don't forget to use French search engines so that you find authentic information from French websites. This enables you to supplement what you learn from this book with the most up-to-date information available.

UNIT 1

La famille en voie de changement

Theme objectives

In this unit you study the ways in which family structures are changing. The unit covers the following topics:

- different types of modern family
- recent changes in relationships and marriage
- concerns and problems of three generations

Grammar objectives

You will study and practise the following grammar points:

- using regular and irregular verbs in the present tense
- recognising and using the future tense and the immediate future
- recognising and using interrogative forms

Strategy objectives

You will develop the following strategies:

- using a bilingual or an online dictionary
- finding and using information on the internet
- making sure your exam notes are useful and well organised

1.1 Notre famille est spéciale

- Étudier la composition de différentes sortes de familles modernes
- Savoir utiliser les verbes réguliers et irréguliers au présent
- Utiliser un dictionnaire bilingue ou un dictionnaire en ligne

On s'échauffe

1 a Les membres de la famille. Trouvez les paires. Ajoutez l'article indéfini (« un » ou « une ») à chaque mot.

mère	tante	oncle	grand-mère
cousin	frère	cousine	neveu
fille	petite-fille	sœur	fils
beau-frère	père	arrière-grand-père	petit-fils
belle-mère	demi-sœur	nièce	beau-père
grand-père	arrière-grand-mère	demi-frère	belle-sœur

1 b Choisissez cinq des mots ci-dessus et écrivez des phrases qui les contiennent.

Familles recomposées. Ça marche pour vous ?

Moi, j'habite en Belgique et je crois que je suis dans le pire des cas. Je vis depuis un an avec un homme qui a quatre enfants, deux qui vivent à plein temps chez nous, un qui vit chez sa petite amie et un autre qui reste avec nous un week-end sur deux. Moi, j'ai une fille de quatre ans qui bien sûr est à temps complet avec nous et un garçon de onze ans qui vit chez mes parents.

À la maison, c'est le désordre total. Les enfants ne font rien pour aider et si je range la cuisine, cinq minutes après, c'est redevenu le bazar – les chambres, la salle de bains, c'est pareil.

Tous les matins, je lave leurs vêtements à la machine. Je les rentre le soir, je les plie et les range dans leur armoire. Je leur fais à manger matin, midi et soir s'il n'y a pas école. Bref, ils me voient comme une bonne à tout faire.

Quand je dis à mon conjoint de demander aux enfants d'aider un peu comme, par exemple, de vider le lave-vaisselle ou d'étendre le linge, eh bien, rien à faire.

Tout ceci n'est même pas la moitié de ce que j'endure, car il a un fils qui m'insulte tous les jours, même quand on a des invités. Personne ne sait comment je vis, car ma famille vit au Sénégal. Je me sens un peu seule. Ce n'est pas une vie ! **Emma**

J'étends le linge...entre autres !

2 a Lisez le témoignage d'Emma sur sa vie de famille. Trouvez les mots français qui correspondent aux expressions ci-dessous.

1 le plus mauvais
2 le désordre
3 la même chose
4 là où on range les vêtements
5 en un mot
6 une domestique
7 mettre les vêtements lavés à sécher
8 cinquante pour cent

2 b Relisez le témoignage. Cinq de ces phrases (1 à 10) sont vraies. Lesquelles ?

1 Emma est la mère de quatre enfants.
2 Cinq personnes vivent à temps complet sous le même toit.
3 Elle a une fille qui vit chez ses parents.
4 Emma lave les vêtements de toute la famille à la main.
5 Les enfants prennent le repas de midi à l'école.
6 Un des enfants aide à faire le ménage.
7 Un des enfants de son conjoint est particulièrement désagréable.
8 Les parents d'Emma habitent en France.
9 Emma a un sentiment d'isolement.
10 Elle n'aime pas bien sa vie.

GRAMMAIRE

Le présent : les verbes réguliers et irréguliers (Present tense: regular and irregular verbs)

Study H1.1 and H1.2 in the grammar section.

In Emma's testimonial on page 14, there are examples of verbs used in the present tense.

1 Find the following present-tense verbs:
  a nine regular *-er* verbs
  b seven different singular irregular verbs
  c three plural irregular verbs
  d one reflexive verb
2 Write down the phrases containing these verbs and then translate them into English.
3 Look at the phrase containing the fifth present-tense verb in the article. When you translate this phrase into English, what do you notice about the tense you have to use for this verb?

3 Complétez les phrases avec la bonne forme des verbes au présent.

1 Je (*venir*) d'une famille monoparentale, où on (*avoir*) de bons rapports.
2 Chez nous on (*mettre*) l'emphase sur l'indépendance individuelle, donc je (*sortir*) fréquemment.
3 Je (*aller*) au tribunal, pour me pacser avec mon partenaire qui (*rechercher*) la sécurité financière.
4 Ma mère (*être*) veuve et chaque fois que je (*partir*) pour le travail, elle se (*sentir*) isolée.
5 Mon partenaire et moi (*être*) gays et nous (*prendre*) toutes les mesures possibles pour réussir notre famille recomposée.
6 Notre fils (*vivre*) en permanence chez nous et ne (*faire*) rien pour nous aider !
7 Il (*croire*) que nous (*être*) dans le pire des cas, mais il n'(*avoir*) pas raison !
8 Je (*être*) divorcée. Nous (*faire*) de notre mieux, mais Claude (*souffrir*) de l'absence de son père.

4 a Des familles différentes. Écoutez la conversation entre quatre amis (Hannah, Luc, Enzo et Marie) qui discutent de leur rapport avec leur famille. Hannah ouvre la discussion. Pour chaque début de phrase (1 à 8), choisissez la bonne fin de phrase (a à h).

1	Luc se dispute avec...	a	...frère ou sœur.
2	Il s'entend bien avec...	b	...son père.
3	Enzo n'a pas de...	c	...sa petite sœur.
4	Il n'aimerait pas avoir...	d	...ses frères.
5	Marie parle de ses problèmes avec...	e	...ses copines.
6	Quand elle était petite, elle ne voyait pas souvent...	f	...ses grands-parents.
7	Hannah préfère se confier à...	g	...ses parents.
8	Elle aime bien...	h	...de beau-père.

4 b Écoutez la conversation encore une fois et choisissez a, b ou c.

1 Hannah vit depuis quelques années dans une famille...
   a ...traditionnelle.
   b ...monoparentale.
   c ...recomposée.

2 Enzo va bientôt faire partie d'une famille...
   a ...monoparentale.
   b ...recomposée.
   c ...homoparentale.

3 Hannah a perdu sa mère...
   a ...il y a dix ans.
   b ...il y a deux ans.
   c ...à dix ans.

4 La famille de Luc consiste de...
   a ...trois personnes.
   b ...quatre personnes.
   c ...cinq personnes.

5 Marie a été élevée par les parents de...
   a ...sa mère.
   b ...son père.
   c ...ses grands-parents.

4 c Translate this passage into English.

Une ado pas très heureuse !
Céline est fille unique, mais elle a un petit demi-frère, car sa mère a divorcé il y a trois ans et vit depuis deux ans avec son nouveau conjoint. Céline adore le bébé, mais elle ne s'entend pas bien avec son beau-père, parce qu'il n'aide pas à la maison. Comme sa mère s'occupe tout le temps de son fils, Céline doit faire beaucoup de ménage et elle ne peut pas sortir avec ses copains.

Une famille monoparentale

STRATÉGIE

Using bilingual and online dictionaries

- A bilingual dictionary is a helpful tool. However, note that verbs are listed by their infinitives and that adjectives are given in just their masculine forms.
- After nouns, you may see 'nm' or 'nf' to indicate the gender of the nouns. 'Nm' stands for *nom masculin* and means 'masculine noun' (*le*, *un*). 'Nf' stands for *nom féminin* and means 'feminine noun' (*la*, *une*).
- Some words have more than one meaning. For example, *belle-mère* can be 'mother-in-law' or 'stepmother'. Use the context to help you choose the right meaning.
- If you want to translate a phrase, online dictionaries, such as wordreference.com, are the better option. For example, take the phrase *bonne à tout faire*. Type *bon(ne)* and you get the meaning of not only *bon(ne)* ('good'), but also *bon(ne)* used in phrases such as *bon marché*, *bonne à tout faire*, *bonne année*.

5 Use a bilingual dictionary (hard copy or online) to find the meanings of the following expressions:

1 le concubinage
2 célibataire
3 donner des conseils
4 avoir peur
5 l'homoparentalité
6 mes grands-parents paternels
7 une épouse
8 une famille recomposée

6 a En groupe, discutez des quatre questions ci-dessous. Prenez des notes sur ce que disent les membres de votre groupe.

Quels sont les avantages et les inconvénients...

1 ...d'une famille monoparentale ?
2 ...d'une famille recomposée ?
3 ...d'être fils/fille unique ?
4 ...d'être élevé par quelqu'un d'autre que ses parents ?

6 b Écrivez un paragraphe en français en réponse à une des questions ci-dessus. Utilisez vos notes et un dictionnaire bilingue/monolingue ou un dictionnaire en ligne quand vous en avez besoin. Comparez votre travail à celui des membres de votre groupe.

1.2 Se marier – oui ou non ?

- Étudier les changements récents concernant les rapports personnels et le mariage
- Savoir reconnaître et utiliser le futur et le futur proche
- Trouver des renseignements utiles sur Internet et les utiliser

On s'échauffe

1 a Chacun des mots ci-dessous est un verbe, un adjectif ou un nom. Choisissez la bonne catégorie pour chaque mot. Attention ! six de ces mots peuvent appartenir à deux catégories différentes.

se marier	mari	hétérosexuel	couple
homoparentalité	conjoint	femme	marié
paternel	homosexuel	divorcé	fiancée
se fiancer	divorcer	mariage	
divorce	maternel	fiançailles	

1 b Complétez les phrases 1 à 8 en choisissant les bons mots dans la liste ci-dessus.

1 Luc et Claire vont .... à l'église.
2 Le .... aura lieu à 11 heures.
3 Ils font un très joli ....
4 Leurs .... ont duré un an.
5 Luc a cinq ans de plus que sa ....
6 C'est son deuxième mariage. Son premier mariage a fini en ....
7 Sa .... était bien plus jeune que lui.
8 Claire adore Luc, son futur ....

2 a Lisez l'article page 19 sur les différences qui existent entre le PACS et le mariage et trouvez des synonymes français aux expressions ci-dessous.

1 quelqu'un âgé de plus de dix-huit ans
2 le mari ou la femme
3 d'autre part
4 ce qu'il est impératif de faire
5 pas de
6 le paiement d'une compensation
7 la mort
8 la personne qui est morte

2 b Trouvez aussi dans l'article des antonymes français à ces mots.

1 la fidélité
2 légères
3 compliqué
4 une personne mineure
5 la vie

PACS ou mariage : que choisir ?

Le pacte civil de solidarité (PACS) est un contrat. Il est conclu entre deux personnes majeures, de sexe différent ou de même sexe, pour organiser leur vie commune.

Il existe tout de même des différences non négligeables entre le PACS et le mariage. Pour vous aider à choisir, voici ces différences et leurs conséquences.

En cas de séparation

Fidélité

Dans un PACS, l'infidélité ne constituera pas de cause de rupture, alors que la constatation d'adultère sera suffisante pour qu'un conjoint demande et obtienne le divorce.

Coût de la procédure

Les conséquences financières d'un divorce vont être très lourdes. En revanche, casser un PACS va être simple, rapide et ne coûtera pratiquement rien.

Devoirs financiers après séparation

Les partenaires de PACS sans enfant n'auront aucune obligation financière l'un envers l'autre lorsqu'ils mettront fin à leur union. En revanche, en cas de divorce : le versement d'une prestation compensatoire sera quasiment systématique.

En cas de décès

Que devient la pension du défunt ?

Lors d'un mariage, le conjoint survivant va bénéficier d'une pension correspondant à environ la moitié de la pension de retraite du disparu. En revanche, il n'y aura pas de pension de réversion en cas de décès de l'un des partenaires du PACS.

Le cas de l'adoption

Deux personnes unies par un PACS ne pourront pas adopter d'enfant. En revanche, un couple marié va pouvoir le faire.

http://pacs.comprendrechoisir.com/

Ensemble pour la vie ?

2 c Relisez l'article et dites si les phrases ci-dessous sont vraies (V) ou fausses (F) ou si l'information nécessaire n'est pas donnée dans le texte (ND). Ensuite, corrigez les phrases fausses.

1. Pour pouvoir se marier ou se pacser, il faut avoir atteint sa majorité.
2. Le PACS est réservé aux personnes hétérosexuelles.
3. Si l'un des deux partenaires a une aventure amoureuse avec une autre personne, le PACS pourra être cassé.
4. Casser un PACS coûtera beaucoup moins cher qu'un divorce.
5. Les deux partenaires du PACS devront contribuer financièrement afin d'élever leurs enfants.
6. Si un des partenaires du couple marié meurt, son conjoint va hériter de 50% de sa retraite.
7. L'adoption d'un enfant sera possible seulement si les deux partenaires mariés ou pacsés y consentent.

GRAMMAIRE

Le futur et le futur proche (The future tense and the immediate future)

Study H8 in the grammar section.

1. In the article above, there are seven different examples of verbs in the future tense (e.g. *constituera*). List the six other examples and give their infinitives (e.g. *constituer*) and the English meaning of the future forms (e.g. 'will constitute').
2. There are also four examples of verbs in the immediate future (e.g. *vont être*). List them and give their English meaning.
3. Which example(s) of future-tense verbs in the article could you not work out merely by knowing their infinitives?

AS STAGE

3 **Mettez les verbes entre parenthèses au futur simple.**

1 Je (*vais rester*) célibataire, pour garder mon indépendance.

2 La plupart des couples (*ne vont pas être*) des parents traditionnels selon les experts.

3 L'infidélité (*ne va pas constituer*) de cause de rupture.

4 Bon nombre de gens (*vont vivre*) en concubinage.

5 Je (*vais avoir*) un mariage formel à l'église.

6 Elle (*va choisir*) le sexe de son bébé, qui (*ne va pas avoir*) le nom de son conjoint.

4 a **On discute du mariage homosexuel. Écoutez la conversation entre quatre amis. Amélie ouvre la discussion. Qui exprime ces idées (a à h) ? Répondez Amélie, Jules, Maxime ou Sarah.**

a Il y a des limites à la liberté individuelle de chacun.

b Ce qu'ils font ne dérange personne, non ?

c Le mariage gay n'est pas une institution nécessaire.

d Tous les enfants ont besoin d'être élevés par des parents des deux sexes.

e Je ne comprends pas comment les gens peuvent devenir homo.

f Nous sommes tous égaux devant la loi. Comment peut-on être contre l'expression de cette liberté ?

g Quand on changera la loi concernant le PACS, tout le monde aura les mêmes droits.

h Je ne suis pas d'accord avec ceux qui cherchent à promouvoir la cause homosexuelle.

4 b **Faites correspondre les expressions 1 à 5 à leur traduction en anglais (a à e).**

1 Je ne vois pas ce que les gays font de mal	a As long as they don't have children
2 Comment peut-on tous être égaux?	b How can we all be equal?
3 Ce qu'il faudra faire	c Gay people don't need to get married
4 Les gays n'ont pas besoin de se marier	d I don't see what harm gay people do
5 Tant qu'ils n'ont pas d'enfants	e What we'll have to do

4 c **Traduisez les phrases suivantes en français en adaptant les phrases que vous avez identifiées dans l'exercice 4b.**

1 I don't see what harm people do by getting married.

2 Everyone has the same rights.

3 What we'll have to do is to change the law.

4 As the PACS is an alternative to marriage, gay people don't need to get married.

4 d Translate the following passage into English.

Le droit au mariage

En passant la loi intitulée « le mariage pour tous », la France est maintenant le neuvième pays européen qui autorise le mariage homosexuel, ainsi que le droit à l'adoption. Les conjoints devront avoir plus de dix-huit ans. Le mariage entre frères et sœurs, entre oncle ou tante et nièce ou neveu, ne sera pas permis. Chacun des conjoints pourra choisir de porter le nom de son mari ou de sa femme ou les deux noms mis l'un à côté de l'autre.

STRATÉGIE

Finding and using helpful materials online

- Work out the key words for your research.
- Use a French search engine — try the usual addresses but with '.fr' at the end.
- Use the results to write some bullet points.
- Then write a few sentences under each bullet point in your own words. Don't just copy and paste from the web pages you find.
- Cross-check the information by looking at least at one other site.

Follow these steps to complete exercise 5.

5 a Use the internet to find a list of the 49 French-speaking countries. Choose one of these countries and then work with students who have chosen different countries and compare them. Consider the following points in your comparisons:

1. whether same-sex marriage became legal and when
2. minimum age for getting married
3. whether there is an equivalent to the PACS
4. whether homosexual couples can adopt children
5. how many gay couples have got married this year in that country

5 b Que pensez-vous de l'attitude de chacun de ces pays envers le mariage homosexuel ? Selon vous, quel pays a trouvé la meilleure solution ? Justifiez vos réponses.

6 Discutez en groupe. Donnez votre opinion sur les sujets ci-dessous à un(e) partenaire et justifiez-la. Votre partenaire vous dira s'il/elle est d'accord et justifiera aussi sa réponse.

1. le PACS
2. le mariage homosexuel
3. le mariage hétérosexuel
4. le concubinage
5. l'homoparentalité
6. le droit des couples homosexuels à l'adoption

Le mariage pour tous ?

1.3 Que de soucis !

- Étudier les soucis et les problèmes de trois générations
- Savoir reconnaître et utiliser les formes interrogatives
- S'assurer que vos notes sont utiles et bien organisées

On s'échauffe

1 Lisez ces définitions (1 à 8) et choisissez le souci ou le problème (a à h) qui leur correspond.

1	**la crainte de perdre son emploi**	**a**	**la dépendance**
2	**on n'a pas assez d'argent pour vivre**	**b**	**une grossesse d'adolescente**
3	**souvent le résultat d'une alimentation malsaine ou mal équilibrée**	**c**	**l'obésité**
4	**le besoin impératif de consommer de la drogue, de l'alcool ou de fumer, par exemple**	**d**	**les pertes de mémoire**
5	**le résultat de trop de travail scolaire et de temps passé à réviser**	**e**	**l'insécurité financière**
6	**on ne se souvient pas bien des choses**	**f**	**le stress des examens**
7	**on devient âgé, on a les cheveux gris ou on perd ses cheveux peut-être**	**g**	**la peur du chômage**
8	**c'est quand une jeune fille tombe enceinte**	**h**	**le vieillissement**

Souffrez-vous de stress ?

La santé de ma mère m'inquiète. Elle a rendez-vous chez le médecin cette semaine. Comment est-ce que ça va se passer ? Mon père aussi nous fait faire du souci. Il perd la mémoire. Va-t-il se rappeler qu'il faut qu'il emmène ma mère voir le docteur ? J'en doute. Tous les deux commencent à se faire vieux.

Ma femme, elle aussi, a ses problèmes. Elle travaille dur et souffre de stress. Alors, pour se relaxer, elle fume. Je pense que si elle voulait s'arrêter, elle trouverait ça difficile. Elle dort mal aussi. Combien de fois lui ai-je dit de limiter ses heures de travail ?

Les enfants, c'est pareil. Jeanne a de la difficulté à apprendre à lire. Qu'est-ce qu'il faut faire pour l'aider ? Je ne sais pas, moi, je ne suis pas professeur ! Émilie nous cause des soucis. Elle a commencé à s'intéresser aux garçons. C'est normal, mais à son âge, on ne sait pas tout sur la vie. Qu'est-ce qu'on ferait si elle tombait enceinte ? Puis, il y a les dangers d'Internet, de l'anorexie, de la boulimie. En plus, il y a ceux que les jeunes veulent imiter, vedettes de la chanson, acteurs ou autres. Leur style de vie n'est pas toujours recommandable.

J'ai mes propres soucis. Mon entreprise va bientôt licencier cinquante employés. Est-ce que j'aurai encore un boulot l'année prochaine ? Tout cela me stresse et ma femme me dit que, pour me relaxer, je bois trop. Elle a peut-être raison. Je ne veux pas en être dépendant, c'est certain. **Michel Brun**

Bien trop stressé !

2 a Lisez le blog de M. Brun, un adulte qui a beaucoup de soucis et trouvez-y des synonymes aux expressions suivantes.

1 me fait faire du souci
2 se souvenir
3 devenir âgé
4 attendait un bébé
5 des chanteurs connus
6 mes soucis à moi
7 congédier du personnel
8 elle n'a pas tort

2 b Relisez le blog et étudiez la liste de certains de ses soucis (1 à 8). Il s'inquiète à propos de qui ? Lui-même (L), sa femme (F), sa mère (M), son père (P), Jeanne (J) ou Émilie (É) ?

1 un sommeil troublé
2 un problème de santé
3 une tendance à tout oublier
4 le risque de perdre son emploi
5 stressée à cause de son boulot
6 la découverte du sexe opposé
7 un problème d'accoutumance au tabac
8 des difficultés scolaires

2 c Relisez le blog page 22 et résumez les soucis de M. Brun à propos de :

- ses parents (2 détails)
- sa femme (2 détails)
- ses enfants (2 détails)
- lui-même (2 détails)

Écrivez des phrases complétes et faites attention aux fautes de grammaire !

GRAMMAIRE

Les formes interrogatives (Interrogative forms)

Study E1 and E2 in the grammar section.

1 In the blog on page 22, there are seven different questions. Find examples of:
  a two questions with *est-ce que*
  b two questions with *qu'est-ce que*
  c two questions with inversion but no question word
  d one question with a question word and inversion.
2 Copy the questions and translate them into English.
3 Sometimes inversion creates a situation where the verbs in the question would sound clumsy when spoken. What do French people do to make the question sound smoother in this case? Find one example in the blog text.

3 **Voici une série de huit réponses aux questions. Trouvez dans la case les questions qui ont provoqué ces réponses. Attention ! il y a une question de trop.**

1. Un mariage obligatoire ? Non, pas du tout !
2. Oui et non...il y a des frais à considérer après la séparation.
3. Je ne sais pas exactement, mais il y en a beaucoup.
4. On va rester ensemble, on n'a jamais pensé à ça !
5. On n'a pas encore décidé.
6. Le premier, je crois !
7. Parce que...parce que !
8. Moi, je dirais plutôt un mariage traditionnel !

A **Combien de couples y a-t-il qui vivent en union libre ?**
B **Qu'est-ce qui dure le plus longtemps ?**
C **Est-ce que le mariage est essentiel ?**
D **Est-ce qu'ils vont déménager ?**
E **Quand avez-vous l'intention de vous séparer ?**
F **Est-il facile d'annuler un PACS ?**
G **Est-ce que vous allez vivre en concubinage ?**
H **Pourquoi est-ce que le père n'habite plus à la maison ?**
I **Quel papa ?**

4 a **Des soucis des jeunes. Écoutez la première partie de la conversation entre Mathilde et Julie. Répondez aux questions 1 à 4.**

1. Comment est-ce que Mathilde passe la plupart de son temps ?
2. Qu'est-ce qui lui manque ?
3. Qui est Julien ?
4. Est-ce que Julie mange sainement ?

4 b **Écoutez la deuxième partie de la conversation entre Hugo et Valentin et répondez aux questions ci-dessous.**

1. Avec qui Hugo est-il sorti hier soir ?
2. Qu'est-ce qui s'est passé devant le cinéma ?
3. Pourquoi est-ce qu'Hugo n'a pas d'argent en ce moment ?
4. Valentin a-t-il passé un bon week-end ?

Il est vraiment casse-pieds !

4 c Traduisez les questions en français.

1. Do you know Julien?
2. Why don't you want to go out with Lucas?
3. Who did you go to the cinema with?
4. What will you do to find a new job?
5. How many times a week do you babysit?

4 d Translate the following passage into English.

L'adolescence

Depuis que j'ai commencé mes règles, j'ai plein de boutons sur le visage. Je trouve ça gênant. Les autres filles au lycée n'ont pas ce problème. À cause de ça, je crois, je n'ai pas de petit ami. En fait, je le trouve difficile de me faire des amis, filles ou garçons. Mes parents ne me laissent pas sortir le soir. Je me sens donc un peu isolée et seule. J'aimerais bien sortir en boîte plutôt que de rester chez moi avec mes amis virtuels. L'ordi, c'est bien, mais ça ne suffit pas.

STRATÉGIE

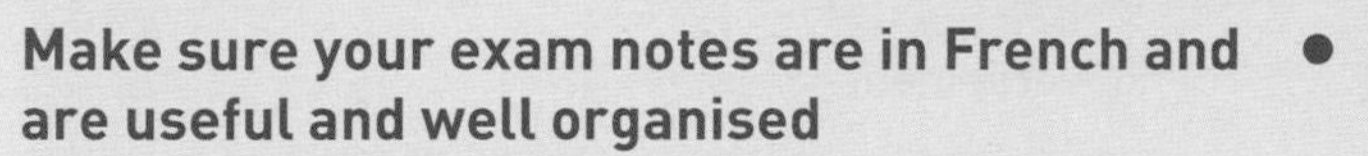

Make sure your exam notes are in French and are useful and well organised

- Try not to write too much when making notes. Write only what you think will help you recall what was said or written.
- Highlight the important points you want to remember. Use colours to help you prioritise important points.
- If you store your notes on a computer, use different files for different purposes — for example, one file each for notes on topics, films, books or grammar points. If you prefer to keep your notes on paper, use different notebooks or files in the same way.
- Keep your notes in one place and stick to the organising system you have chosen. This will make revising for exams easier.

5 Travail à deux. Écrivez cinq questions à propos du blog de M. Brun et posez-les à votre partenaire qui se servira de ses notes (exercice 2c) pour vous répondre.

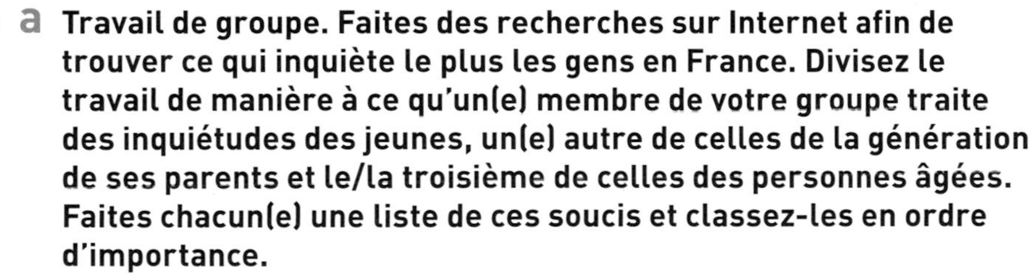

6 a Travail de groupe. Faites des recherches sur Internet afin de trouver ce qui inquiète le plus les gens en France. Divisez le travail de manière à ce qu'un(e) membre de votre groupe traite des inquiétudes des jeunes, un(e) autre de celles de la génération de ses parents et le/la troisième de celles des personnes âgées. Faites chacun(e) une liste de ces soucis et classez-les en ordre d'importance.

6 b Discutez avec les autres membres de votre groupe de ce que vous avez découvert grâce à vos recherches. Expliquez à votre groupe dans quelle mesure chacun de ces soucis vous concerne personnellement et dites pourquoi cela est (ou n'est pas) le cas.

6 c Écrivez un paragraphe qui résume la recherche faite par le groupe ainsi que vos soucis personnels. Référez-vous à la stratégie qui explique l'importance de ce genre de paragraphe lorsque vous réviserez en préparation pour votre examen.

Vocabulaire

1.1 Notre famille est spéciale

un **arrière-grand-père** great-grandfather
à temps plein/complet full time
le **bazar** chaos
un **beau-frère** stepbrother; brother-in-law
un **beau-père** stepfather; father-in-law
une **belle-mère** stepmother; mother-in-law
une **belle-sœur** stepsister; sister-in-law
une **bonne à tout faire** maid
bref in a word
compter sur to count on
se **confier à** to confide in
un(e) **conjoint(e)** partner; spouse
un **demi-frère** half-brother
une **demi-sœur** half-sister
une **dispute** argument
divorcer to divorce
élever to raise
s' **entendre** to get on
faire partie de to be part of
une **famille homoparentale** same-sex-parent family
une **famille monoparentale** single-parent family
une **famille recomposée** step-family; blended family
une **fille** daughter; girl
une **fille unique** only child (daughter)
un **fils** son
un **fils unique** only child (son)
gentil(le) kind
les **grands-parents maternels** (*m*) grandparents on mother's side
les **grands-parents paternels** (*m*) grandparents on father's side
un **neveu** nephew
une **nièce** niece
un **oncle** uncle
une **petite-fille** granddaughter
un **petit-fils** grandson
plier to fold
presque nearly, almost
une **tante** aunt
le **toit** roof
la **vie** life
vivre to live

1.2 Se marier – oui ou non ?

accorder to grant
adopter to adopt
l' **adultère** (*m*) adultery
appartenir to belong
atteindre to reach
autoriser to allow
une **aventure amoureuse** affair
le **bon sens** common sense
le **décès** death
déranger to bother
le **devoir** duty
disparu(e) deceased
le **droit** right
l' **égalité** (*f*) equality
élever to raise
en revanche on the other hand
hériter to inherit
l' **infidélité** (*f*) unfaithfulness
la **liberté** freedom
la **loi** law
le **manque** lack
le **mariage** marriage
se **marier** to get married
mettre fin à to end
mourir to die
négligeable negligible
le **PACS** contract of civil union (civil partnership)
se **pacser** to enter into a civil partnership
la **(pension de) retraite** pension
la **personne majeure** adult, person over 18
promouvoir to promote
tant que as long as
le **versement** payment

1.3 Que de soucis !

une **accoutumance** addiction
avoir ses règles (*f*) to have periods
un **bouton** spot
congédier to sack
la **crainte** fear
la **dépendance** addiction
dépendant(e) addicted
déséquilibré(e) unbalanced
dormir to sleep
les **drogues** (*f*) drugs
enceinte pregnant
se **faire des ami(e)(s)** to make friends
faire du babysitting to babysit
se **faire du souci** to worry
se **faire vieux** to get old
gênant(e) embarrassing
la **grossesse** pregnancy
imiter to imitate
s' **inquiéter** to worry
laisser to let
licencier to sack
un **petit ami** boyfriend
une **petite amie** girlfriend
se **rappeler** to remember
un **régime alimentaire** diet
la **santé** health
le **sexe opposé** the opposite sex
le **sommeil** sleep
sortir en boîte to go clubbing
le **souci** worry, concern
souffrir to suffer
se **souvenir** to remember
le **vieillissement** ageing

UNIT 2

La « cybersociété »

Theme objectives

In this unit you study the issue of technology. The unit covers the following topics:

- how important technology is in everyday life
- what the world of cybernauts is like
- what the dangers of e-society are
- what the new technological Africa is like

Grammar objectives

You will study and practise the following grammar points:

- using the definite and indefinite articles
- forming reflexive verbs
- positioning and agreement of adjectives
- forming the perfect tense

Strategy objectives

You will develop the following strategies:

- reading skills
- memorising vocabulary
- translating from French into good English
- checking and editing written work for an appropriate range of language

2.1 La technologie et la vie quotidienne

- Considérer l'importance de la technologie dans la vie quotidienne
- Réviser les articles définis et indéfinis
- Réviser les compétences de la lecture acquises jusqu'à présent

On s'échauffe

1 a Pour les mots suivants 1 à 6, choisissez la phrase a à f qui convient le mieux.

1 le téléchargement
2 le GPS
3 un achat en ligne
4 visionner des films
5 un scanner
6 un téléphone intelligent

a Je peux trouver ma route sur terre et sur mer.
b J'appelle mes amis, je recherche des informations, j'envoie des emails et je prends des photos.
c J'utilise YouTube ou Dailymotion.
d Je veux sauvegarder des films sur mon ordinateur à partir d'Internet.
e Je veux acheter sans me déplacer, par l'intermédiaire d'Internet.
f Le médecin peut voir à travers le corps.

1 b Pouvez-vous :
- **trouver d'autres exemples de technologie moderne utile au quotidien ?**
- **dire quel est votre objet préféré à la maison ?**

Comparez votre réponse avec le reste de la classe. Défendez votre appareil préféré devant les autres. Avez-vous découvert des produits inconnus ?

Stratégie

Reading: a summary of skills learned so far

- First, check if there are any useful clues about the meaning in the title or any accompanying photos.
- Next, read the passage for gist.
- Then pick out the important details.
- Use the clues in the questions to help you find detailed answers.
- Look in the text for synonyms of words/ expressions used in the question.
- Underline key words and phrases in the text as you read it.

2 a Pour chaque paragraphe 1 à 6 dans l'extrait à la page suivante, choisissez le titre a à f qui lui convient.

a Des grammes de technologies pour des tonnes de savoir
b Le matin d'un voyage prometteur
c Dans quelques heures la Grèce !
d Bien faire ses bagages
e Mais comment c'était avant ?
f La santé par la technologie

La technologie au quotidien

1

Il est 7 heures. Votre téléphone intelligent – ou smartphone – vous réveille.

Vous l'interrogez oralement pour savoir s'il va pleuvoir. Dans quelques heures vous prenez l'avion et vous voulez savoir comment vous habiller. Sur Google vous admirez votre futur hôtel, sa piscine et ses plages.

2

Vous rangez votre ordinateur portable dans votre valise en matériau high-tech ultraléger ; vous gardez votre smartphone et votre tablette sur vous. Vous avez quelques films pour la durée du vol. Votre tablette contient les romans à lire pour l'école, c'est moins lourd que de vrais livres.

3

Votre ami doit vous apporter la musique d'un film… Voyons, quel est le titre du film ? Machinalement, vous mettez en marche votre téléphone et cherchez sur Wikipédia. Vous envoyez un SMS à votre ami pour être sûr qu'il a téléchargé la musique promise.

4

Votre genou est guéri, le médecin l'a vu grâce à l'IRM. De nos jours, entre le scanner, la microchirurgie, les implants ou les prothèses, la technologie médicale vous reconstitue très vite.

5

Dans six heures vos narines seront remplies du parfum des îles grecques. Vous avez l'enregistrement en ligne, vous ne faites donc pas la queue aux guichets d'enregistrement. Votre passeport biométrique, que vous scannez vous-même au contrôle, est très pratique. Votre carte de crédit en poche, vous pouvez partir. Le chauffeur de taxi allume son GPS.

6

Une pensée étrange traverse alors votre esprit : mais comment faisaient nos grands parents sans technologie ?

Casque sur les oreilles, ordinateur ouvert sur les genoux… un banal voyageur

2 b Relisez attentivement l'extrait. Pour chaque phrase ci-dessous dites si elles sont vraies (V), fausses (F) ou non données (ND).

1. S'il pleut, le personnage mettra son imperméable.
2. Il peut déjà voir son hôtel et les environs grâce à Internet.
3. Il rangera sa tablette dans sa valise.
4. Avec la tablette, les livres ne pèsent plus rien.
5. Son ami va lui télécharger un film dont il aime la musique.
6. La santé a fait de gros progrès grâce à la technologie médicale.
7. Son enregistrement en ligne lui évite de faire la queue au contrôle.
8. Il se demande comment les grands parents faisaient sans toute notre technologie.

2 c  **Pour les réponses fausses (F), donnez la bonne réponse.**

Grammaire 

Les articles définis et indéfinis (Definite and indefinite articles)

Study A3 and A4 in the grammar section. In the article on page 29, there are 16 nouns with a definite article and four nouns with an indefinite article.

1 Find the nouns and translate them into English.
2 Give the genders of the nouns that are not obvious from the article.

3 a Complétez les phrases suivantes en écrivant les bons articles. Attention ! il ne faut pas toujours un article.

1 Vous prenez ...... avion ..... 12h30 pour aller ..... Maroc, porte 17.
2 On en parle souvent dans ..... actualités ..... Une !
3 Mon nez est rempli ..... parfum .... îles grecques.
4 Sur ma tablette il y a .... articles à lire pour .....école.
5 .... pensée étrange traverse ..... esprit ..... juge.
6 À..... fin ..... mois, on va ..... courses ..... chevaux.
7 On fait ..... recherches en ligne quand on va ..... cyberclub.
8 ..... météos prédisent ..... sécheresse ..... quatre coins .... pays.

3 b 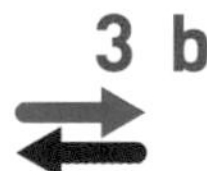 **Translate the above sentences into English. Note that you do not always have to translate the definite or indefinite article.**

4 a  **La technologie moderne. Écoutez la conversation entre Charlotte, Manon, Bertrand et Éric sur la technologie moderne. Complétez les phrases en choisissant des mots a à h.**

a microchirurgie
b immense écran
c nanotechnologie
d robot télécommandé
e renouvelable
f archéologues
g agriculteur
h images satellite

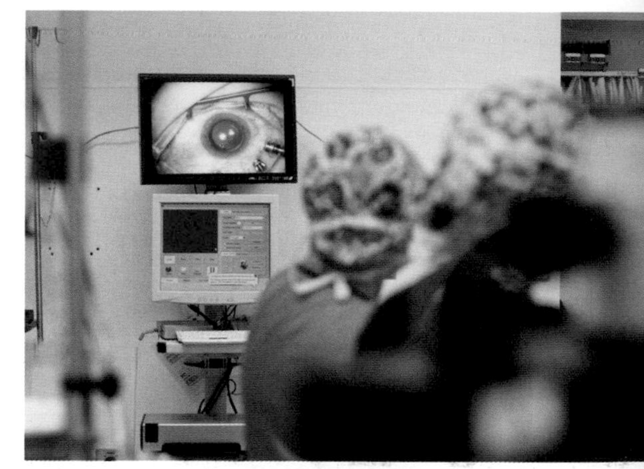

Microchirurgie en salle d'opération

1 Les parents de Bertrand sont ....
2 Le père de Charlotte est ....
3 Pour une meilleure production il utilise des ....
4 Le père d'Éric est fort en ....
5 Les parents de Manon sont chercheurs en ....
6 Pour les tâches ménagères, Bertrand veut un ....
7 Manon veut une technologie ....
8 Sur son mur, Éric aura un ....

4 b Écoutez la conversation sur la technologie encore une fois. Pour chaque personne, choisissez les phrases qui conviennent le mieux.

- **a** Charlotte
- **b** Manon
- **c** Bertrand
- **d** Éric

1. Ses parents ont des photos satellite de 5000 euros pièce.
2. Son père utilise des images satellite pour améliorer sa production.
3. Son père intervient sur les patients les yeux sur son ordinateur.
4. Ses parents créent des molécules.
5. Il/Elle veut beaucoup d'électronique chez lui/elle.
6. Il/Elle veut une maison qui pivote en fonction du soleil.
7. Il/Elle veut de la musique de qualité partout chez lui/elle.
8. Il/Elle veut programmer l'électronique à partir de son téléphone mobile.

5 Translate the following passage into English.

Prêt à partir

Dans cinq heures je prendrai l'avion pour la Grèce. Mon portable me réveillera à 7 heures. Je me ferai un café avec ma machine à expresso. Je rangerai mon ordinateur dans ma valise. Je garderai ma tablette sur moi, en cabine ; cela me permettra de lire un roman. Dans huit heures je serai à l'aéroport d'Athènes. Avec mon passeport biométrique, je n'aurai pas à faire la queue au contrôle.

6 a Par groupes de trois ou quatre,

- Réfléchissez sur une liste exhaustive des différents usages de la technologie dans la vie de tous les jours.
- À tour de rôle, expliquez oralement à la classe les activités les plus importantes pour vous.

6 b Échangez des points de vue sur les questions suivantes.

- Comment voyez-vous l'avenir des réseaux sociaux ?
- Comment imaginez-vous les transports dans 25 ans ?
- Comment voyez-vous les progrès de l'électronique et de la robotique dans la maison ?

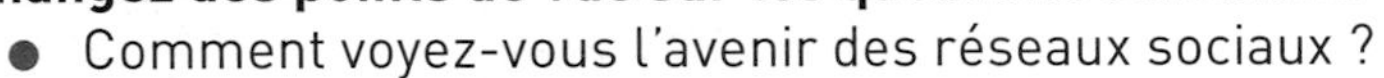

- Comment imaginez-vous la conquête de l'espace dans 50 ans ?

6 c Écrivez un court résumé de vos idées. Écrivez des phrases complètes et faites attention aux fautes de grammaire !

2.2 La technologie et les jeunes

- Découvrir le monde des cybernautes
- Réviser les verbes pronominaux
- Apprendre les techniques de mémorisation du vocabulaire

On s'échauffe

1 Voici une liste de cinq noms et de cinq verbes.

a Dites quels sont les verbes et quels sont les noms.

b Cherchez le sens des mots que vous ne connaissez pas.

c Faites cinq phrases avec cinq mots de votre choix.

se connecter réseaux sociaux chatter télécharger cybernaute page d'accueil lien copier-coller surfer moteur de recherche

Deux jeunes cybernautes français

Une journaliste de magazine pour adolescents enquête sur les jeunes cybernautes.

Thomas le blogueur

Dès que je me lève, je me mets devant mon ordinateur. Je me connecte à Internet dès le matin.

Je me construis un blog plutôt sophistiqué et cela me prend beaucoup de temps. Pour réussir mon projet, je dois d'abord me documenter, m'instruire. Je consulte beaucoup de sites sur la toile. J'ai un logiciel spécial qui me trouve automatiquement des listes de liens utiles. Je dois seulement entrer quelques mots-clés dans un moteur de recherche.

Jeune cybernaute

Et pour les hypertextes ?

Je me débrouille. Je me renseigne sur les réseaux sociaux et les forums de cybernautes. Je me suis abonné à Planète informatique en ligne. Ils ont des dossiers très clairs sur le langage HTML par exemple.

Chloé ne s'aventure pas dans le monde des blogs

Non, je suis plutôt un usager passif du Web. Je suis plus une internaute qu'une cybernaute. Je me querelle souvent avec mes parents à ce sujet. Ils me reprochent de passer trop de temps sur Facebook et de me couper de mes vrais amis.

Tu ne te fatigues pas les yeux ?

Non, je suis jeune. Et puis, Internet c'est sympa. Je m'informe sur la politique, la science. Je regarde des documentaires sur les animaux. Je me délecte.

J'ai beaucoup d'amis et de contacts virtuels. On échange des banalités, mais c'est cool.

2 a Lisez l'article et trouvez l'équivalent des expressions en italiques ci-dessous.

1. Thomas consulte beaucoup *le Web*.
2. Thomas a un *programme informatique* spécial.
3. Thomas *a souscrit un abonnement* à un magazine.
4. Le magazine a un *choix de documents* sur certains sujets.
5. Chloé est une *utilisatrice d'Internet*.
6. Chloé *s'isole* de ses amis.
7. Internet c'est *plaisant*.
8. Chloé regarde des *reportages* sur les animaux ; elle *aime beaucoup*.

2 b Relisez l'article. Pour chaque début de phrase choisissez la bonne fin de phrase a à j. Attention ! il y a deux réponses de trop.

1. Dès le réveil, Thomas travaille ....
2. Chloé lit des articles ....
3. Pour compléter son travail, il ....
4. Il a un programme spécial qui ....
5. Elle ne s'entend pas toujours avec ....
6. Il s'en sort bien avec ....
7. Elle n'aime pas particulièrement les ....
8. Elle n'a pas de vrais contacts avec ses ....

a lui cherche des liens
b amis
c sur son portable
d à son bureau
e les hypertextes
f sur Facebook
g scientifiques
h ses parents
i blogs
j s'informe et apprend

Grammaire

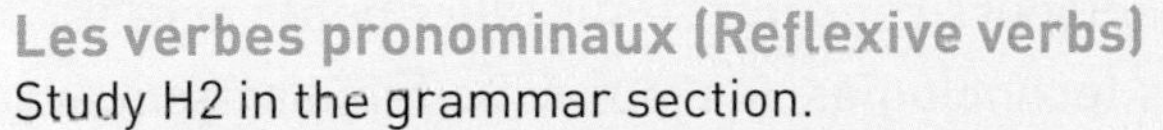

Les verbes pronominaux (Reflexive verbs)

Study H2 in the grammar section.

1. In the article on page 32 there are 15 examples of reflexive verbs. Copy the phrases containing them and translate them into English.
2. What happens to the reflexive pronoun if it is followed by a vowel?
3. Can you see from the examples how you would change any of the sentences in the first person to a sentence in the third person?

3 a Remplissez chaque blanc avec la bonne forme du verbe et son pronom réfléchi entre parenthèses.

1. Est-ce que tu .... souvent d'Internet ? (*se servir, au présent*)
2. Hier nous .... à Twitter ! (*s'inscrire, au passé composé*)
3. Elles .... constamment des courriels. (*s'envoyer, au présent*)
4. Certains gouvernements .... Internet. (*s'approprier, au présent*)
5. Chaque fois que mon ordinateur .... , ça m'a rendu fou ! (*se figer, au passé composé*)
6. Les scientifiques .... à élaborer une nouvelle théorie. (*se mettre, au passé composé*)
7. Moi et mes frères et sœurs .... à la philatélie. (*s'intéresser, au présent*)
8. Tu .... internaute ou cybernaute ? (*se sentir, au présent*)

3 b **Choisissez cinq des verbes que vous avez notés dans la case grammaire page 33 et réécrivez-les en commençant par *il/elle*.**

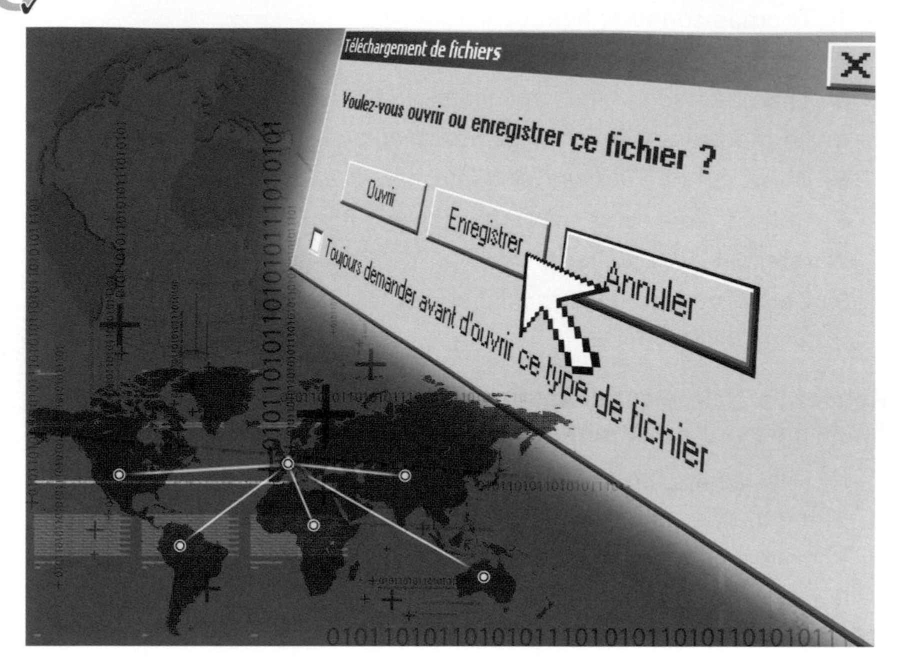

Navigation sur la toile

4 a **Conflit de générations. Écoutez la conversation entre Philippe, Stéphanie et leurs parents. Mettez les six points a à f dans l'ordre 1 à 6 où ils apparaissent dans la conversation.**

- **a** Les jeunes ont beaucoup d'amis francophones sur Facebook, mais des amis virtuels.
- **b** Il est question de cuisine moléculaire.
- **c** Les jeunes sont toujours concentrés sur leurs petits écrans.
- **d** Via les nouvelles technologies, les jeunes se familiarisent avec la culture francophone.
- **e** La jeune génération est très à l'aise avec les claviers d'ordinateurs.
- **f** Les jeunes générations inventent une révolution technologique tous les cinq ans.

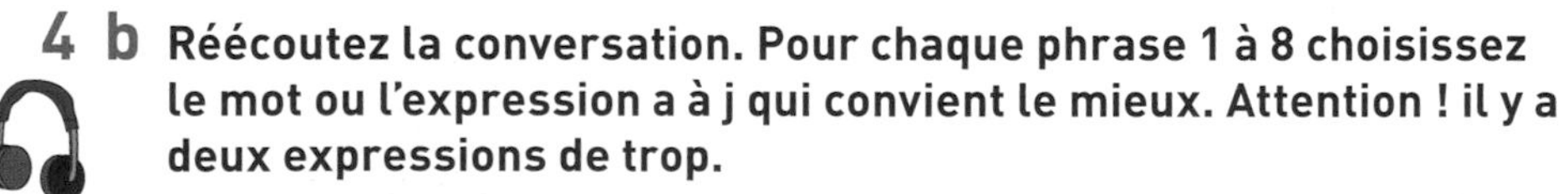

4 b **Réécoutez la conversation. Pour chaque phrase 1 à 8 choisissez le mot ou l'expression a à j qui convient le mieux. Attention ! il y a deux expressions de trop.**

- **a** tapent
- **b** se servent
- **c** filmer
- **d** d'intéressant
- **e** transportent
- **f** plus de 1000
- **g** films préférés
- **h** culturelles
- **i** musicales
- **j** rivés

Les jeunes générations **1**.......... peu de stylos. Ils **2**.......... vite sur un clavier et ils sont constamment **3**.......... à un écran. Stéphanie a **4**.......... amis francophones sur Facebook où les jeunes échangent des expériences **5**.......... . Les parents se demandent ce qu'on peut voir **6**.......... sur un tout petit écran. Les jeunes ont leurs **7**.......... dans leur téléphone portable et ils **8**.......... des encyclopédies sur de petites clés USB.

Stratégie

Memorising vocabulary

In the AS exam you have to learn a wide range of vocabulary, both to recognise in comprehension tasks and to use yourself.

Always learn a French word with its article, as this is a good way to remember the gender, e.g. *le réseau social* (= social network), *la théorie* (= theory).

- Words have different meanings. Always learn a word in its context, e.g. *faire*: *elle fait de la voile* (she sails); *ils font du bruit* (they make noise); *il fait chaud* (it's hot).
- When possible, use mnemonics, e.g. to remember the coordinating conjunctions: *"mais où est donc Ornicar?"* — *mais* (but), *ou* (or), *et* (and), *donc* (so, therefore), *or* (yet), *ni* (neither...nor), *car* (for, as)
- Review and repeat new words. Allowing intervals of time between repetitions is indispensable. Use them in different sentences.
- If it helps you remember, use visual aids and images linked to words.

5 Read the advice given in the strategy box above. Write down and learn the nine words from exercise 2a, taken from the article. Test each other and compare which methods of learning work best for each of you.

6 Traduisez en français le texte suivant.

Deux jeunes cybernautes

Thomas connects to the internet as soon as he wakes up. He is developing a blog and this takes up all his time. He joins useful discussions in newsgroups. He is learning HTML for his hypertexts. Chloe is less active than Thomas. However, she remains connected to Facebook for long hours. Chloe and her Facebook friends exchange banalities. But it suits them.

7 a Travaillez en groupes de trois à quatre étudiants. Sur Internet, trouvez des informations sur les moyens dont les jeunes francophones utilisent la technologie. Concentrez votre recherche sur les quatre lieux suivants : le Québec, le Sénégal, la Côte d'Ivoire et l'Île Maurice.

7 b Sous forme de discussion présentez les résultats de votre recherche aux autres groupes. Dites pourquoi vous pensez que vos résultats sont importants.

7 c Écrivez un paragraphe dans lequel vous résumerez et justifierez vos points de vue. Écrivez des phrases complètes et faites attention aux fautes de grammaire !

2.3 Les pièges de plus en plus sophistiqués de la cybersociété

- Découvrir les dangers de la cybersociété
- Réviser la place et l'accord des adjectifs
- Traduire un texte français en bon anglais

On s'échauffe

1 a Voici cinq phrases sur la cybercriminalité. Trouvez d'après le contexte le sens des mots ou expressions soulignés.

1. **Mon ordinateur a été infesté à mon insu par un <u>cheval de Troie</u>.**
2. **Mon ordinateur est devenu une <u>machine zombie</u>, contrôlée par un cybercriminel.**
3. **Mon ordinateur a pourtant un <u>pare-feu</u> (ou <u>barrière de sécurité</u>) supposé filtrer les données.**
4. **À travers un courriel infesté, je subis un <u>piratage</u> de données qui m'interdit toute confidentialité.**
5. **Mon téléphone est utilisé à mon insu. J'ai subi un <u>détournement de ligne téléphonique</u>.**

1 b Vérifiez vos résultats dans le dictionnaire.

2 a Lisez la brochure page 37 puis traduisez les phrases suivantes en anglais.

1. toute médaille a son revers
2. à l'insu de leurs parents
3. commander en ligne
4. se trouver en première ligne
5. être d'un naturel curieux
6. une fausse vision de la réalité
7. l'ordinateur se fige
8. n'avoir que les yeux pour pleurer

2 b Relisez la brochure. Pour chaque phrase 1 à 8 choisissez le paragraphe A à D qui lui convient.

1. Les jeunes postent spontanément des commentaires qu'ils pourront regretter plus tard.
2. Il y a beaucoup de logiciels malveillants.
3. Les jeunes ont tendance à ouvrir des sites prohibés qui peuvent donner une image déformée de la vie.
4. La technologie peut être à la fois formidable et antisociale.
5. Une photo envoyée par téléphone devient incontrôlable.
6. En ligne se cachent des adversaires de plus en plus pernicieux.
7. La grande spontanéité des jeunes les rend vulnérables.
8. La technologie est très utile, mais elle conduit à trop de confort et moins d'exercice physique.

TECHNOLOGIE : LE REVERS DE LA MÉDAILLE

Diagnostique informatique. Attaque virale.

A La technologie est à double tranchant

La technologie fait partie de notre quotidien et elle rend d'innombrables services. C'est une vérité incontestable. Cependant, toute médaille a son revers.

L'usage abusif de la technologie domestique a une mauvaise influence sur notre humeur. Nous commandons en ligne, nous utilisons la télécommande… bref ! Nous bougeons de moins en moins et ce serait négatif pour notre psychisme.

B Les adolescents en première ligne

Les très jeunes collégiens font un usage abondant de la technologie moderne ; ils sont particulièrement vulnérables. Ils sont d'un naturel curieux. Ils ouvrent des sites interdits à l'insu de leurs parents. Ils les téléchargent. Ils s'exposent sans le savoir à l'exclusion ou même à des poursuites judiciaires.

Les sites mettant en scène de curieuses pratiques sexuelles leur donnent une fausse vision de la réalité.

C Réfléchir avant d'écrire

Beaucoup font un usage imprudent de Facebook. Combien d'adolescents postent sur leur mur des commentaires excessifs qu'ils regretteront longtemps.

Combien d'adolescentes trop confiantes retrouvent sur YouTube une photo embarrassante qu'elles avaient envoyée par téléphone à « un ami » !

D L'ennemi public

Et bien sûr il y a les virus aux terribles conséquences. Soudain votre ordinateur se fige. En une seconde vous avez perdu tous vos fichiers, toute votre recherche, toutes vos photos.

Il ne vous reste que vos yeux pour pleurer.

Grammaire

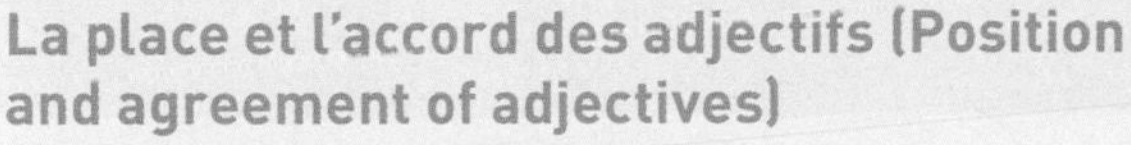

La place et l'accord des adjectifs (Position and agreement of adjectives)

Study B3 in the grammar section.

1. In the above brochure, find seven phrases containing masculine adjectives and seven phrases containing feminine adjectives. Translate them. How many have followed the usual rule of just adding '*e*' to make the feminine form?
2. Find nine phrases containing adjectives that keep the same form whether masculine or feminine. Translate them.
3. Make a list of the adjectives that are placed in front of the noun. Translate them.

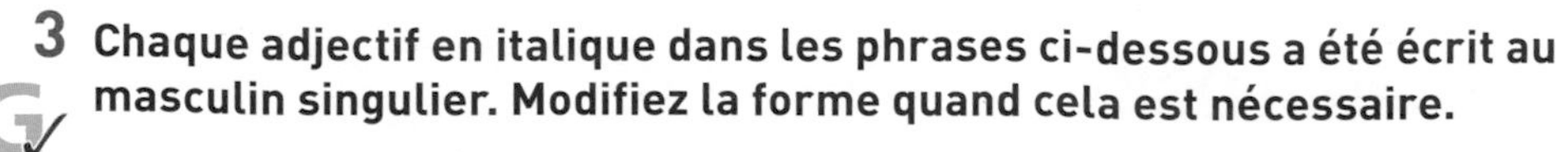

3 Chaque adjectif en italique dans les phrases ci-dessous a été écrit au masculin singulier. Modifiez la forme quand cela est nécessaire.

1 Tu m'as rendu d'*innombrable* services *régulier*.

2 Les jeunes font un usage *abondant* de la technologie *moderne*.

3 En général, les scientifiques sont d'un naturel *curieux* et *discipliné*.

4 Défense d'ouvrir les sites *interdit* et *abusif*.

5 Les jeux vidéo ont donné à leur *premier* fille et leur *second* fils une *faux* vision de la réalité.

6 Les chercheurs font des recherches dans des virus aux *possible* conséquences *dramatique*.

7 Poster un commentaire *excessif* peut avoir de *sérieux* conséquences.

8 Je connais de *jeune* collégiens qui ont regretté un usage *imprudent* de Facebook.

Espion pirate

4 a Des conseils pour les jeunes. Écoutez le reportage sur la cybercriminalité. Remettez les dix crimes et délits a à j dans l'ordre où vous les avez entendus. Traduisez-les en anglais.

a les usurpations d'identité

b la fraude à la carte de crédit

c une photo compromettante sur le web

d la cyberintimidation

e le piratage des données personnelles

f un commentaire calomnieux

g la pédophilie

h le harcèlement moral

i les moqueries sur le physique

j le chantage

AS STAGE

4 b Écoutez le reportage encore une fois. Répondez aux questions en français.

1 Pourquoi le capitaine Mangin a-t-il rencontré les étudiants ?
2 Donnez deux exemples de cyberintimidation mentionnés.
3 Pourquoi, selon le capitaine, la cyberintimidation est-elle si grave pour les victimes ?
4 Selon le capitaine, quelles sont les conséquences possibles du harcèlement ?
5 Que font les criminels qui veulent attirer l'intérêt d'un jeune ?
6 Comment les hackers choisissent-ils leurs victimes ?
7 Décrivez un des risques des hackers pour les jeunes.
8 Les étudiants, qu'est-ce qu'ils ont promis de faire ?

Stratégie

Translating from French into good English

In the AS exam you have to translate sentences from French into English.

- Remember standard English conventions require complete and coherent sentences.
- Don't translate word for word. Set phrases, idioms and proverbs can rarely be translated literally, e.g. *c'est tiré par les cheveux* = it's far-fetched.
- Understanding words from the context is essential, e.g. *experience* = 1 experience, 2 experiment.
- Remember that verbs can often be translated in more than one way, depending on the context, e.g. *elle travaille* – she works/is working/does work.
- Sometimes the place of adverbs can be different in English and in French, e.g. adverbs of frequency: *il neige souvent* = it often snows.
- Beware of false friends, e.g. *complet* = comprehensive; *compréhensif* = understanding.
- Finally, check carefully to make sure that what you have written reads well.

5 Using the advice from the strategy box, translate the following passage into English.

Des inconvénients de la technologie

Un aspect négatif de la technologie est que l'être humain fait de moins en moins d'efforts physiques. Ceci n'est pas bon pour le corps ni pour l'esprit.

La technologie de l'information présente parfois des côtés désastreux. Les logiciels malveillants sont de plus en plus dommageables. Les jeunes générations ne sont pas épargnées. Trop souvent, des photos compromettantes sont publiées sur Internet par de jeunes inconscients.

6 a Par petits groupes, constituez une liste de quatre ou cinq dangers technologiques qui vous paraissent les plus importants pour la jeunesse. Discutez-en entre vous.

6 b Chacun du groupe sélectionne maintenant un danger. Il/elle prépare quelques conseils destinés à d'autres jeunes sur la façon d'éviter ce danger. Après avoir associé vos idées, faites une présentation collective au reste de la classe.

6 c Écrivez un paragraphe sur les deux dangers qui, selon vous, sont les plus grands et dites pourquoi.

2.4 Le boom technologique en Afrique francophone

- Découvrir la nouvelle Afrique technologique
- Réviser le passé composé
- Vérifier et modifier le travail écrit pour utiliser une gamme de structures appropriées

On s'échauffe

1 a Voici une liste de pays et lieux.

le Sénégal	**le Niger**	**le Mali**
l'Atlas	**le Maroc**	**l'Ouganda**
le Ghana	**le Kenya**	**la Gambie**
le Nigéria	**le Nil**	**le Sahara**
le Kilimandjaro	**la Côte d'Ivoire**	**Casablanca**

1. **Trouvez cinq pays francophones.**
2. **Trouvez cinq pays anglophones.**
3. **Trouvez cinq mots qui ne correspondent pas à un pays. Écrivez une définition de ces mots.**

1 b Pouvez-vous

- **trouver d'autres pays africains francophones ? D'autres pays africains anglophones ? Si nécessaire, faites des recherches.**
- **Comparez votre réponse avec le reste de la classe. Y-a-t-il plus de pays anglophones ou francophones ?**

2 a Lisez l'article sur la révolution technologique en Afrique. Sélectionnez les mots ou expressions dans le texte qui correspondent aux huit définitions a à h ci-dessous.

- **a** le développement de l'économie
- **b** appareil connecté, avec accès à des programmes scolaires
- **c** le contraire d'un professionnel
- **d** l'Afrique qui parle français
- **e** là où se trouve notre argent
- **f** la médecine à distance
- **g** information codée entrée dans un ordinateur
- **h** transaction commerciale sur Internet

Le miracle du portable en Afrique francophone

Jeune Africaine jouant avec un téléphone intelligent

L'Afrique francophone a toujours été pauvre. « Sans argent, nous n'avons jamais pu investir dans l'infrastructure du secteur des communications » explique Georges Liotard de Trans-Sahara.com.

Maintenant, les choses ont changé. L'explosion de la téléphonie portable a donné espoir aux investisseurs.

Une rapide croissance économique

La progression du marché du portable a rapproché particuliers et entreprises et particuliers entre eux. Cela a eu un impact direct sur la croissance économique. Faire des affaires est devenu plus facile.

Un avenir souriant

La progression du marché des télécommunications est maintenant la plus forte du monde. Les paiements électroniques ont remplacé les longs voyages vers les rares agences bancaires et les interminables queues.

Une médecine à distance

En Afrique francophone, plus de 80% de la population utilise le réseau des téléphones portables pour se connecter à Internet. Si l'Afrique est parvenue à relever le défi de la cybersanté, c'est grâce à la téléphonie mobile. Dix pays francophones ont bénéficié du soutien du RAFT (Réseau en Afrique Francophone pour la Télémédecine) et des universitaires de Genève. Les villages ont pu faire circuler les données, profiter de l'imagerie médicale et recevoir des cours interactifs.

Une école futuriste

Une tablette éducative résistante aux fortes chaleurs est née en Afrique de l'ouest. Elle contient des milliers de volumes dans 480 g de technologie. On y trouve tous les livres au programme, de l'école primaire au lycée et bientôt l'université. Même les villages isolés ont profité ainsi de cours interactifs.

L'Afrique est résolument entrée dans le 21ème siècle.

2 b

Relisez attentivement l'article et résumez en français les deux derniers paragraphes. Pour vous guider, notez les six points ci-dessous. Lisez les conseils de la stratégie pour vous aider à écrire de bonnes phrases.

- connexion Internet par le réseau des mobiles
- le RAFT et la Suisse
- les bénéfices de la télémédecine pour les villages africains
- une tablette résistante
- les manuels scolaires
- les cours interactifs

Grammaire

Le passé composé (Perfect tense)

Study H4 in the grammar section.

1 In the article on page 41, there are 14 verbs in the perfect tense. Note them and translate them into English. Say whether they are singular or plural.

2 Of the four verbs using *être*, what does the spelling of the past participle tell you about the subject?

3 Complétez les phrases suivantes en choisissant la bonne forme des verbes entre parenthèses.

1 L'Afrique .... toujours .... le continent pauvre. (*a été/ont été*)

2 Mais, récemment je .... plus optimiste pour elle. (*suis devenu/sommes devenus*)

3 La Chine .... sa chance sur le marché mondial. (*a saisi/ont saisi*)

4 Merci. Vous .... espoir aux pauvres de la terre ! (*avez donné/ont donné*)

5 La crise financière .... un impact direct sur notre niveau de vie. (*as eu/a eu*)

6 Les choses .... avec l'arrivée de la nouvelle directrice. (*a changé/ont changé*)

7 Les portables .... les individus partout. (*ont rapproché/avons rapproché*)

8 Est-ce que tu .... l'ancien capitaine de l'équipe ? (*a remplacé/as remplacé*)

4 a On parle de la technologie en Afrique. Écoutez le dialogue. Pour chacune des descriptions 1 à 7 ci-dessous, dites si elles sont positives (P), négatives (N) ou positives et négatives (P + N).

1 Les idées des jeunes Africains

2 La création de l'application TranspoDakar

3 Le nombre de livres en Afrique il y a quelques années

4 La situation des villageois concernant l'accès aux soins médicaux

5 La télémédecine et les relations entre médecin et patient

6 Le choix de services médicaux dans les villages

7 Les achats des habitants qui sont loin des grandes surfaces.

4 b Écoutez le dialogue encore une fois. Parmi toutes ces réussites, sélectionnez-en cinq et résumez-les en un paragraphe. Aidez-vous des conseils de la stratégie ci-dessous.

Stratégie

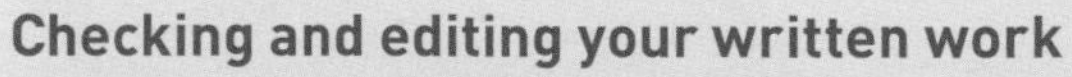

Checking and editing your written work

- Leave time to check your writing.
- Check that your choice of vocabulary is appropriate for the task.
- Check that you have used the appropriate verbs and tenses accurately.
- Check that you have used an appropriate range of pronouns and conjunctions.
- Check that you have included adjectives where appropriate and that they have the correct agreements.
- Check for grammatical accuracy.
- Read your work several times, checking different aspects each time.

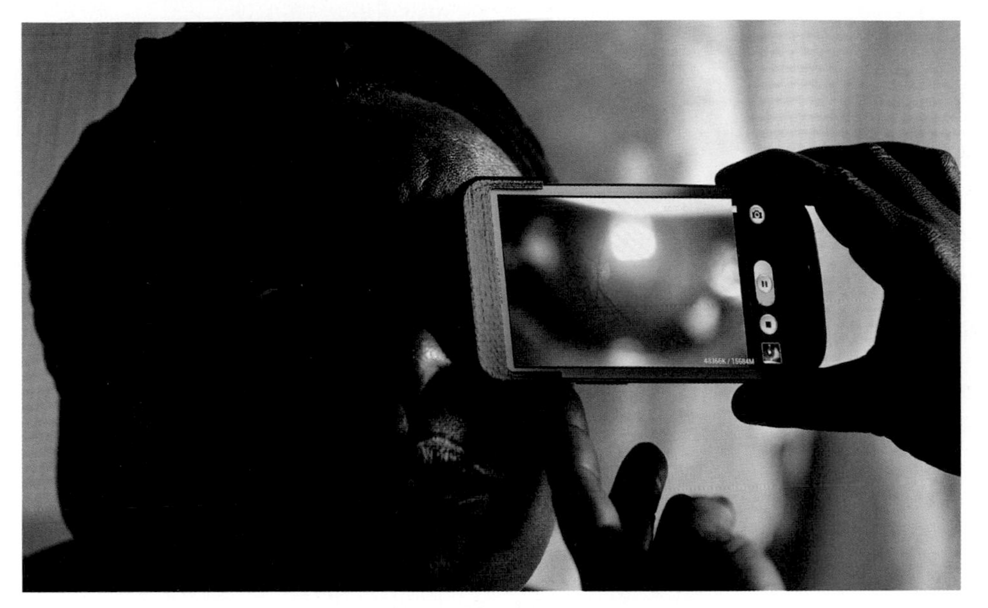

Une Kenyane subit un examen oculaire à l'aide d'un smartphone

5 Read the following text about technology and young Africans. Choose the correct words from those in brackets to complete each sentence.

Mon année de césure (*dans/en/pour*) Afrique me/m' (*a fait/fait/faisait*) comprendre une chose : le téléphone intelligent sauvera l'Afrique. Les trois quarts (*de/des/de la*) connections à Internet se (*fait/faisait/font*) via le réseau des téléphones intelligents. Tous les jeunes Africains (*ont eu/avaient eu/ont*) un téléphone portable. L'Afrique est certainement un continent (*prometteuse/prometteur/prometteurs*).

Grâce au réseau des téléphones (*intelligente/intelligents/intelligents*), la télémédecine a été possible. On peut soigner (*par/en/à*) distance maintenant.

L'Afrique est très pauvre en librairies et bibliothèques. Les jeunes ont maintenant accès à des milliers de livres grâce (*au/à la/aux*) réseau des portables.

6 a Vous êtes arrivés dans un village reculé d'Afrique. Vous avez montré aux villageois tout ce qu'ils pouvaient faire avec leurs nouveaux téléphones portables. Décrivez dans un court rapport ce que certains d'entre eux ont réussi à faire pour la première fois, et comment cela leur a facilité les choses.

6 b Travaillez par groupes de deux. Interviewez votre partenaire au sujet de son travail avec les villageois. Posez les questions suivantes :

- Qu'est-ce que vous avez fait pour aider les villageois avec leurs portables ?
- Comment est-ce que leur vie a changé grâce aux portables ?
- Comment envisagez-vous l'avenir des villageois grâce à la technologie ?

7 Énumérez quelques développements technologiques importants et discutez en classe de ceux qui ont un impact positif et de ceux qui ont un impact négatif.

Vocabulaire

2.1 La technologie et la vie quotidienne

à écran large wide screen
une **base de données** database
un **clavier** keyboard
la **compétence en informatique** computer literacy
copier-coller to copy and paste
les **données** *(f)* data
un **dossier** folder
l' **enregistrement** *(m)* check-in
envoyer un SMS/texto to text
l' **ère** *(f)* **informatique** computer age
un **essor** growth, expansion
un **fichier** file
un **fournisseur d'accès** service provider
graver to burn (a CD)
le **haut débit** broadband
un(e) **internaute** web/internet user
un **jeu en réseau** network game
un **logiciel** software
une **mise à jour** update
un **moteur de recherche** search engine
naviguer to browse
une **perche à autoportrait** selfie stick
un **(ordinateur) portable** laptop
un **(téléphone) portable** mobile phone
un **réseau social** social network
sauvegarder to save
surfer to browse
un **tableau de bord** dashboard, operation panel
télécharger to download
une **télécommande** remote control
la **toile** the web
le **traitement de texte** word processing

2.2 La technologie et les jeunes

s' **abonner à** to subscribe to
s' **aventurer** to venture
une **clé USB** memory stick
se **couper** to cut oneself off
un(e) **cybernaute** internet user
se **débrouiller** to manage, get by
se **documenter** to gather material
enquêter to investigate, inquire, look into
s' **informer** to enquire, make enquiries
s' **inscrire** to register
s' **instruire** to learn, educate
se **mettre à** to start doing
mettre en ligne to publish online, upload
un **mot-clé** keyword
le **partage de la connaissance** sharing knowledge
passer du/le temps to spend time
se **poser une question** to wonder, ask yourself questions
se **renseigner** to do some research, enquire
un **usager** user, service user
s' **utiliser** to be used, in use

2.3 Les pièges de plus en plus sophistiqués de la cybersociété

à grande échelle large scale
abusif (-ive) excessive
calomnieux (-euse) slanderous
le **chantage** blackmail
un **cheval de Troie** Trojan horse
un **cocktail** explosive mixture
la **cyberintimidation** cyberbullying
un **délit** crime, offence
un **détournement** misappropriation, diversion
divulguer to disclose
effrayant(e) frightening
en première ligne first; front line
se **figer** to freeze
imprudent(e) reckless, dangerous
incontestable undisputable, unquestionable
infesté(e) infected
invraisemblable incredible, enormous
un **pare-feu** firewall
performant(e) efficient, reliable
un **piège** trap
le **plagiat** plagiarism
la **poursuite judiciaire** legal proceedings, prosecution

2.4 Le boom technologique en Afrique francophone

à distance remote
une **année de césure** gap year
avidement eagerly, keenly, avidly
le **commerce mobile** e-commerce (via smartphone)
la **commodité** convenience
constater to note
la **cybersanté** e-health
se **déplacer** to get around, travel
faire des affaires to do business
importer to import
isolé(e) remote
un **particulier** private individual
parvenir à to get to, manage, succeed in
prometteur (-euse) promising
rapprocher to bring closer
relever un défi to take up, to rise to a challenge
résolument firmly, bravely
rompre to break
saisir sa chance to seize an opportunity, take a chance
soigner to nurse, treat
le **soutien** support, help
universitaire academic

UNIT 3

Le rôle du bénévolat

3.1 **Aider les défavorisés – pourquoi et comment ?**
3.2 **Le bénévolat transforme des vies**
3.3 **Une expérience de volontaire**

Theme objectives

In this unit you study the role of voluntary work in French society. The unit covers the following topics:

- why people want to become volunteers
- how charity organisations help those in need
- how volunteering benefits those who help

Grammar objectives

You will study and practise the following grammar points:

- forming comparative and superlative adjectives
- recognising and using the imperfect and pluperfect
- recognising and using direct and indirect object pronouns

Strategy objectives

You will develop the following strategies:

- summarising information and extracting key points from written/recorded material
- extending vocabulary by looking at how words are formed
- answering questions in French

3.1 Aider les défavorisés – pourquoi et comment ?

- Comprendre pourquoi devenir bénévole
- Faire des comparaisons en utilisant des adjectifs comparatifs et des superlatifs
- Apprendre à résumer ainsi qu'à mettre en valeur les idées-clés d'un document

On s'échauffe

1 a Pour chaque mot ou expression en anglais trouvez son équivalent en français.

1	homeless person	a	un foyer d'accueil
2	on the street	b	faire du bénévolat
3	homeless person	c	un(e) sans-abri
4	a volunteer	d	un(e) bénévole
5	volunteering	e	à la rue
6	homeless shelter	f	un(e) SDF
7	social worker	g	un(e) assistant(e) social(e)
8	penniless	h	démuni(e)

1 b Travaillez par deux et discutez des questions suivantes. Ensuite mettez vos idées en commun avec le reste de la classe.

1. **Que veut dire le terme SDF ?**
2. **Y a-t-il des SDF en Grande-Bretagne ?**
3. **Avez-vous déjà fait du bénévolat ? Si oui, pour quelle cause ? Si non, aimeriez-vous en faire ? Pourquoi ? Pourquoi pas ?**

2 a Lisez le document page 47. Trouvez les mots français qui correspondent aux expressions ci-dessous.

1	après	**5**	à l'intérieur de
2	ceux qui reçoivent	**6**	dévouement
3	ce que vous savez faire	**7**	vous serez prêt(e)
4	(vivant) dehors	**8**	puisque

2 b Relisez le document et répondez aux questions en français.

1. Quand on rejoint les bénévoles, quelles actions fait-on ? (2 détails)
2. Quelle est la première étape de l'engagement bénévole ?
3. Où va débuter la deuxième étape ?
4. Avec quoi doit-on aider à la deuxième étape ?
5. Que se passe-t-il si on n'aime pas la mission concernant les repas ? (2 détails)
6. Qu'est-ce qu'il ne faut pas hésiter à faire ?
7. Un bénévole est-il bien préparé après les différentes étapes ?
8. Pour quelles raisons un bénévole doit-il être présent régulièrement ?

ÊTRE BÉNÉVOLE

Il vous est plus difficile que tout de voir tous ces gens à la rue, dans la détresse, et vous avez envie de donner autant de temps que vous le pouvez pour les aider... Rejoignez les bénévoles de *La Mie de Pain* qui sont aussi enthousiastes que vous pour accueillir, créer du lien et apporter vos compétences aux personnes que nous accueillons et hébergeons.

Les quatre étapes de l'engagement bénévole

1 Le premier contact avec le service bénévolat

Nous vous proposons de participer à une réunion d'information pour que vous puissiez voir si vous êtes aussi intéressé que vous le pensiez.

2 Participer à une soirée découverte au « Refuge », centre d'hébergement

À l'issue de la réunion d'information et de votre entretien individuel, vous êtes invité à participer à une soirée de découverte qui vous donnera plus d'expérience au sein de notre « Refuge », centre d'hébergement. Vous aiderez au service des repas et pourrez ainsi avoir vos premiers échanges, les plus importants, avec les bénévoles, les salariés et les bénéficiaires de *La Mie de Pain.*

3 Définir votre mission et votre disponibilité

Si le service des repas au « Refuge » vous plaît, nous vous proposerons de garder cette mission. Si vous préférez une autre mission, vous pourrez dès lors en discuter et voir quelles autres activités bénévoles sont possibles.

Aider les SDF en hiver

N'hésitez pas non plus à nous faire part de vos idées, nous aimons la créativité que nous trouvons la chose la plus essentielle !

4 S'engager

À la suite de ces étapes, vous aurez toutes les cartes en main pour décider de vous engager en tant que bénévole, et de nous rejoindre dans la plus grande aventure humaine au service des plus démunis. Mais n'oubliez pas que le bénévolat est aussi un engagement, et que le plus de temps vous passerez au centre, le mieux les activités développées se passeront !

www.miedepain.asso.fr

Grammaire

Les adjectifs comparatifs et les superlatifs (Comparative and superlative adjectives)

Study B8 and B9 in the grammar section.

1 In the reading passage above, find:
   a two examples of comparative adjectives
   b three examples of superlative adjectives
2 Write down the phrases containing these adjectives and then translate them into English.
3 What do you have to include every time you say or write a superlative in French?

3 Remplissez les blancs dans les phrases suivantes pour compléter les opinions, en utilisant *moins/aussi/plus...que*.

1 Les bénévoles de *la Mie de Pain* sont .... enthousiastes .... le gouvernement.
2 Les SDF ont tendance à être .... scolarisés .... la moyenne de la population.
3 Il y a .... chômeurs en Grande-Bretagne .... en France.
4 Les .... scolarisés sont les .... à risque.
5 Puisque c'est une entreprise caritative, les salariés sont .... bien payés .... dans le privé.

6 Le bien-être de la famille a tendance à être la chose .... préoccupante pour les femmes.

7 Mais, pour certains hommes, le travail est .... important.

8 Heureusement, de .... en .... d'hommes deviennent .... portés sur la famille et .... obsédés par le travail.

4 a Les témoignages de trois bénévoles. Écoutez les trois bénévoles et décidez qui a dit ces phrases, Carine (C), Hassan (H) ou Nadine (N).

1 J'aide les plus jeunes dans les zones défavorisées.
2 Trouver du temps n'est pas un problème.
3 J'aime aider ceux qui n'ont rien à comprendre leur situation.
4 Ça a été difficile de ne plus travailler.
5 Même si je ne faisais pas ce métier, j'aimerais quand même aider.
6 J'aide grâce à une recommandation.
7 Pour bien écouter les autres il ne faut pas penser qu'à soi.
8 Avoir de l'humour est essentiel.

4 b Écoutez les témoignages encore une fois. Pour chaque début de phrase choisissez la bonne fin de phrase.

1 J'adore aider les plus démunis...
   a ...à comprendre leur situation.
   b ...à compris leur situation.
   c ...à comprendre leurs situation.
2 Il est injuste de prendre ceux qui...
   a ...est dans le besoin pour des victimes.
   b ...est dans le besoin comme des victimes.
   c ...sont dans le besoin pour des victimes.
3 Personnellement, j'aide dès que je...
   a ...peux dans les quartiers défavorisés.
   b ...puisse dans les quartiers défavorisés.
   c ...peut dans les quartiers défavorisés.
4 La volonté d'aider est plus...
   a ...importante que le métier qu'on exerce.
   b ...important que le métier qu'on exerce.
   c ...importantes que le métier qu'on exerce.
5 On n'est pas nécessairement déprimé...
   a ...comme on est défavorisé.
   b ...qui on est défavorisé.
   c ...quand on est défavorisé.
6 Je me suis sentie vide quand je suis...
   a ...parti en retraite.
   b ...partie en retraite.
   c ...partir en retraite.

7 J'ai commencé à...
   a ...aider deux fois par semaine.
   b ...aidé deux fois par semaine.
   c ...aidant deux fois par semaine.
8 Le Secours populaire m'a fait...
   a ...découvert tout un monde de gentillesse.
   b ...découvre tout un monde de gentillesse.
   c ...découvrir tout un monde de gentillesse.

Stratégie

Summarising information and extracting key points

- Make sure you understand the main points of the passage. You may need to look up key words or expressions to do this. If so, note them down.
- Three bullet points will be given to you in French to tell you what you need to include.
- Each bullet point is followed by a number of marks available for that point. For example, if a point is worth 2 marks, remember to give *two* pieces of information.
- It is important to proofread your finished work and track down any inaccuracies.
- Make sure you write in full sentences and use your own words as far as possible when writing a summary.

5 Summarise the document about volunteers (page 47). Try to give the following details:

1 reason for taking part
2 different stages
3 actions
4 how to join the team

6 Translate the following paragraph into English.

Être bénévole

Le bénévolat c'est une démarche personnelle. Être bénévole, c'est donner un peu de son temps libre, son initiative et ses aptitudes pour aider autrui. En outre, c'est une partie intégrante et importante de nos sociétés. Le plus souvent, les organismes en question créent des liens grâce aux bénévoles, comblent les manques existants et travaillent avec les pouvoirs publics qui, sans eux, n'auraient pas une aussi grande connaissance des situations de précarité. Aujourd'hui la France se situe dans le peloton de tête européen en ce qui concerne le temps donné aux autres par tous les bénévoles quels qu'ils soient.

Être bénévole, c'est donner un peu de son temps libre pour aider autrui

7 a Vous allez produire une brochure pour promouvoir le bénévolat au sein d'une association ou organisation caritative. Travaillez à deux pour discuter du contenu de votre brochure en pensant au travail des bénévoles, ainsi que faire des recherches si nécessaire.

7 b Faites votre brochure et n'oubliez pas d'inclure le plus de renseignements possibles sur les bénévoles : qui ils sont et ce qu'ils font.

3.2 Le bénévolat transforme des vies

- Comprendre l'importance du bénévolat pour les gens qui souffrent
- Renforcer sa connaissance de l'imparfait et du plus-que-parfait
- Étendre son vocabulaire actif en étudiant comment sont formés les mots

On s'échauffe

1 Faites le quiz ci-dessous.

1 Quel est le pourcentage de personnes victimes d'une dépendance quelconque ?
30% 60% 90%

2 Qui sont plus concernés par les dépendances ?
les hommes les femmes les enfants

3 À quel âge la dépendance est-elle la plus fréquente ?
entre 15 et 25 ans entre 10 et 15 ans après 40 ans

4 Quelle est la proportion d'ados qui prennent du cannabis plus de 10 fois dans l'année ?
un ado sur trois un ado sur cinq un ado sur 10

2 a  **Lisez les définitions suivantes et trouvez les mots qui correspondent dans l'article page 51.**

1 action de priver
2 petit texte qu'on reçoit sur son téléphone
3 intoxication due à un excès de consommation de tabac
4 qui dure
5 qui vise/qui a pour but
6 une réunion
7 le stade d'un processus
8 action d'aider

2 b Relisez l'article puis lisez les phrases 1 à 8. Pour chaque phrase écrivez vrai (V), faux (F), non donnée (ND).

1 Le programme de sevrage tabagique existe toujours.
2 Arrêter de fumer est très avantageux financièrement.
3 Le plus facile pour arrêter de fumer est de s'attaquer à l'aspect physique.
4 Être en groupe n'est pas suffisant, il faut aussi traiter l'individu.
5 Recevoir un SMS est obligatoire dans le programme.
6 Les participants recevront un SMS tous les jours.
7 Le SMS sera envoyé par un médecin.
8 La plupart des participants aiment le système de textos.

Des SMS pour soutenir les accros au tabac

Certains systèmes d'assurance médicale proposent depuis 2008 un programme unique de sevrage tabagique, comportant soutien psychologique en groupe et suivi par SMS. Les résultats de ce programme sont très positifs (sept participants sur 10 arrêtent de fumer), beaucoup plus qu'ils ne l'étaient sans soutien.

Vingt-neuf pour cent des Belges fument. Or, le tabagisme est une cause importante de cancers, de maladies cardiovasculaires et d'affections chroniques des voies respiratoires. C'est pourquoi, comme on l'avait toujours pensé, arrêter de fumer offre de réels avantages pour la santé.

Beaucoup d'ados continuent à fumer

Soutien psychologique en groupe

Il est plus facile d'arrêter de fumer lorsque les aspects physiques, psychologiques et comportementaux sont examinés ensemble. Le programme de sevrage tabagique cible ces trois aspects.

Dirigé par un psychologue de la santé spécialisé en tabacologie, ce programme est constitué de six séances de groupe d'une durée de deux heures chacune. Au cours des premières séances, l'accent est mis sur la préparation et le contrôle du comportement tabagique. Au cours des séances suivantes, tout est mis en œuvre pour arrêter de fumer et tenir bon. En plus de la dynamique de groupe, une attention particulière est accordée aux questions et besoins individuels.

Un soutien innovant : le SMS

Parallèlement aux sessions de groupe, les participants peuvent, s'ils le souhaitent, bénéficier d'un soutien innovant supplémentaire. Durant 10 semaines, ils recevront quasi quotidiennement un SMS de motivation personnalisé. Chaque message est adapté à la phase dans laquelle le participant se trouve : « Vous n'avez pas encore arrêté de fumer », « Vous avez arrêté de fumer » et « Vous recommencez à fumer ».

L'évaluation du programme 2008 démontre que le soutien par SMS est considéré comme une aide précieuse par la majorité des participants.

www.mloz.be

3 Traduisez les phrases suivantes en français.

1. People find that it is easier to quit smoking when the physical and psychological aspects are taken into account.
2. You are offered six two-hour group sessions.
3. In the first few sessions, the focus was on trying to control the behaviour associated with smoking.
4. I started smoking when I was 12. When I was 17, I was smoking two packets a day.
5. I used to start my day with a cigarette and that is what I would like to get rid of.
6. I had gone to numerous groups in the past and nothing has worked so far.

4 a L'importance du bénévolat. Écoutez le témoignage de Clara, ancienne malade et bénévole à l'association Enfine (association qui s'occupe d'aider les personnes affectées par des troubles du comportement alimentaire). Puis complétez les phrases avec un mot choisi dans la liste. Attention ! il y a quatre mots supplémentaires.

1 Clara a commencé à s'intéresser à son ....
2 Elle a fini par en faire une ....
3 Elle s'est retrouvée à ....
4 L'aide de l'association a décidé de son ....
5 Elle nous recommande d'accepter notre ....
6 Il faut aussi avoir confiance en ....
7 Pour elle, il est important de savoir ....
8 Apprendre à exprimer ses sentiments est ....

avenir	**la clinique**
corps	**l'hôpital**
décevoir	**maladie**
essentiel	**mental**
fixation	**physique**
image	**soi**

4 b Écoutez les témoignages de Clémence et Magali et répondez aux questions en français. Quelquefois vous donnerez deux informations.

1 Que représentait l'anorexie pour Clémence ? (2 détails)
2 Quel était le but de Clémence à travers la maladie ?
3 Qu'est-ce qu'elle a fini par réaliser ?
4 De qui est-elle plus proche maintenant ?
5 Combien de temps a duré l'anorexie pour Magali ?
6 Qu'est-ce qu'elle a redécouvert après sa maladie ? (2 détails)

Grammaire

L'imparfait et le plus-que-parfait (Imperfect and pluperfect tenses)

Study H6 and H7 in the grammar section.

1 Find an example of each tense in the newspaper article on page 51.
2 Listen to the two recordings again and find verbs both in the imperfect and the pluperfect tenses. Then translate them into English.
3 Listen again to the audio for exercise 4 or look at the transcript. Find:
  a three examples of the first person singular (*je*) imperfect tense
  b two examples of negative expression with the imperfect tense
  c two examples of the pluperfect tense
4 Note down the expressions containing the examples and translate them into English.
5 If you already know how to use the imperfect tense and the perfect tense, why is the pluperfect tense straightforward to learn?

5 Corrigez les erreurs des verbes dans les phrases suivantes. Mais attention ! une phrase est correcte.

1. La patiente avais arrêtée de fumer, grâce au conseiller qui travaillez avec elle.
2. Nous ne pouviont pas tout contrôler, mais l'infirmière nous avait apporter du soutien moral.
3. Il y a 50 ans, 45% des Belges avait fumé un minimum de dix cigarettes par jour sur plusieurs années et on pouvai même fumer dans les cinémas !
4. Le traitement de mon fils m'avais ouverte les yeux pour de bon.
5. Le groupe de soutien nous avions certainement donnés de quoi réfléchir pendant que Jacques étais incarcerée.
6. J'avais oublié combien le soutien de la famille était essentiel pour ma guérison.
7. Je m'appelle Claudie : L'anorexie m'avaient isolé de ma famille et de ma clique pendant que je refuser d'accepter ma condition.
8. Nous avions recevé au quotidien un sens de motivation supplémentaire pendant que nous faisons nos exercices.

Stratégie

Extending vocabulary by looking at how words are formed

In order to extend your vocabulary here are two activities you should regularly do:

- Word families: start with a word (noun or other) and find its derivatives, e.g. *pouvoir* (verb), *le pouvoir/la puissance* (noun), *puissamment* (adverb), *puissant(e)* (adjective). Note that you need to use a French dictionary and that you might not find all categories.
- Synonyms/antonyms: aim to include at least one synonym and one antonym every time you speak or write in French.

6 a Travaillez par deux et faites un jeu de rôle. Une personne est journaliste et pose des questions, et l'autre a beaucoup souffert (à vous de choisir l'addiction) mais maintenant il/elle est guéri(e) et a recommencé à vivre une vie normale. Vous devez inclure :

- les détails de l'addiction
- l'aide reçue
- le temps que la réhabilitation a duré
- comment la vie normale a repris

6 b Prenez la place du/de la journaliste. Écrivez le premier paragraphe de l'article, celui qui introduit et résume l'interview. Utilisez l'imparfait et/ou le plus-que-parfait si possible.

Écrivez des phrases complètes et faites attention aux fautes de grammaire !

3.3 Une expérience de volontaire

- Comprendre la valeur du bénévolat pour ceux qui aident
- Réviser l'utilisation des pronoms d'objet directs et indirects
- Développer les stratégies pour répondre à des questions en français

On s'échauffe

1 Voici des faits concernant les enfants à travers le monde. Lisez-les et traduisez-les en anglais. Êtes-vous surpris par ces chiffres ? Discutez-en en groupe.

Depuis « La Convention des droits de l'enfant » il y a 25 ans :

- **La mortalité infantile a été réduite de près de 50%.**
- **Deux fois plus d'enfants de moins de 11 ans sont désormais scolarisés.**
- **Depuis 2000, le nombre d'enfants forcés de travailler a chuté d'un tiers.**

Malheureusement :

- **Près de 3 millions de nouveau-nés meurent chaque année de maladies pourtant évitables.**
- **168 millions d'enfants sont forcés de travailler.**

Valeurs du SVI

Promouvoir une société plus solidaire

Le SVI s'est donné pour but de promouvoir une société plus juste, pacifique et solidaire en sensibilisant et en impliquant les jeunes dans des projets de volontariat et de solidarité internationale. Le SVI veut encourager les volontaires à être actifs dans la société dans laquelle ils vivent et les aider à devenir des citoyens du monde responsables et solidaires.

Promouvoir un volontariat international accessible à tous

Notre objectif est également de rendre nos projets accessibles au plus grand nombre de jeunes, indépendamment de leurs ressources financières, et de leur donner les moyens nécessaires pour y parvenir.

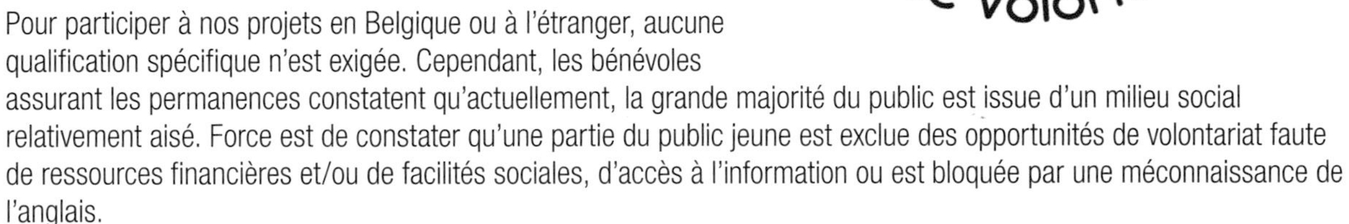

Pour participer à nos projets en Belgique ou à l'étranger, aucune qualification spécifique n'est exigée. Cependant, les bénévoles assurant les permanences constatent qu'actuellement, la grande majorité du public est issue d'un milieu social relativement aisé. Force est de constater qu'une partie du public jeune est exclue des opportunités de volontariat faute de ressources financières et/ou de facilités sociales, d'accès à l'information ou est bloquée par une méconnaissance de l'anglais.

Or, nous pensons que nos projets de volontariat peuvent être également bénéfiques pour des jeunes en situation de crise et qui se cherchent. C'est pourquoi le SVI se préoccupe de plus en plus de publics dits « spécifiques », c'est-à-dire rencontrant des difficultés.

www.servicevolontaire.org

2 a Lisez la page web. Voici quatre phrases qui résument le texte. Remettez-les dans l'ordre.

1. Pouvoir avoir accès aux projets peu importe le milieu social.
2. Participer plus et être actif dans la société.
3. Le SVI est ouvert aux jeunes en difficulté.
4. Le manque de moyen peut empêcher de participer.

2 b Relisez la page web. Complétez ces phrases en français selon le sens du texte.

1. Le SVI voudrait promouvoir une ....
2. Pour ce faire, il faut ....
3. Les volontaires sont encouragés à ....
4. Les projets devront être accessibles à ....
5. On peut participer aux projets en ....
6. Pourtant la majorité du public reste ....
7. Les jeunes en difficulté participent rarement à cause de ....
8. Une des raisons peut-être une mauvaise ....

Stratégie

Answering questions in French

- If a question word has been used, make sure you take note of it so you can answer it in the correct way.
- Find useful words given in the question to help you form your answer.
- Check whether the answer is already in the document and if not infer (come to a conclusion from other evidence) (see question 7 from the listening task where you have to use your common sense).
- When answering a multiple-choice question, if you don't know the answer, do not leave a blank but make an educated guess.
- When there is a number in brackets this indicates more than one piece of information (see question 8 from exercise 3b).
- It doesn't matter whether you write in complete sentences or not (see question 7 from the listening exercise where you could answer « *par peur de l'inconnu* » for example) unless the exam question specifically asks you to do so.

3 a Pourquoi être volontaire ? Écoutez l'entretien avec Philippe qui parle de sa découverte du service volontaire. Toutes les phrases ci-dessous contiennent un détail incorrect. Notez le détail incorrect dans chaque phrase et corrigez-le.

1. C'est grâce à ce service que j'ai trouvé ma place dans la société.
2. Comme trop de jeunes, j'ai quitté l'école à 15 ans.
3. J'ai fait la connaissance du SVI grâce à un copain.
4. Partir est une expérience amusante au niveau personnel.
5. Ça apprend à s'occuper d'un projet.
6. On peut apprendre à gérer son temps.
7. Quitter ses repères familiaux peut être compliqué.
8. Les futurs volontaires doivent être natures.

3 b Écoutez encore. Répondez aux questions suivantes en français. Utilisez la stratégie.

1. Qu'est-ce qu'a fait Philippe dans le passé ?
2. Comment le SVI a-t-il changé la vie de Philippe ?
3. Comment Philippe a-t-il trouvé sa place dans la société ?
4. Que pensait-il quand il a quitté l'école ?
5. Quelle est la personne qui lui a fait connaître le SVI ?
6. À quel niveau est-ce que l'expérience est enrichissante ?
7. Pourquoi est-ce qu'il est difficile de quitter ses repères familiers ?
8. Que recommanderait-il aux futurs volontaires ? (2 détails)

Grammaire

Les pronoms d'objet directs et indirects (Direct and indirect object pronouns)

Study C1 and C3 in the grammar section.

1. Find examples of these pronouns in the audio for exercise 3 (it will be easier if you refer to the transcript) then translate the phrases into English:
   a. one example of a direct object pronoun referring to a female person
   b. one example of a direct object pronoun referring to an object
   c. one example of a direct object pronoun referring to more than one item
   d. two different examples of indirect object pronouns
2. Then observe where these pronouns are placed in the sentence and how this is different from English.

4 Réécrivez chaque phrase en remplaçant les mots en italique par des pronoms.

1 On parcourt *une grande distance* en deux heures.
2 Un site est accessible *pour l'entraînement.*
3 Ce contact donne un sens *à la vie* de Jules et moi.
4 Il faut permettre *aux équipes* de s'entraîner *au bureau.*
5 Un mur de photos retransmettra *les images pour les intéressés.*
6 Elle ne veut pas donner ses *détails bancaires* volontairement *à un inconnu.*
7 J'ai établi *le classement* graduellement *pour l'équipe.*
8 Nous donnons *une partie de notre salaire aux défavorisés.*

5 a Faites des recherches sur le SVI et leurs projets à l'aide d'Internet. Choisissez un projet qui vous intéresse ; utilisez les points suivants et prenez des notes.

- des informations sur l'organisme : but, mission, valeurs, etc.
- pourquoi développer un projet avec cet organisme
- quel type de projet peut être développé
- ce que les bénévoles peuvent tirer de l'expérience

5 b Travaillez en groupes de trois ou quatre et expliquez aux autres ce que vous avez trouvé.

5 c Discutez en groupe des aspects positifs et négatifs du travail sur les différents projets. Si vous deviez être bénévole, quel projet choisiriez-vous et pourquoi ? Quels seraient les bénéfices pour vous en tant qu'individu ?

Un jeune bénévole participe à une étude sur la préservation de l'eau au Kenya

Vocabulaire

3.1 Aider les défavorisés – pourquoi et comment ?

à la rue on the street
accueillir to welcome
un(e) **assistant(e) social(e)** social worker
autrui others
un(e) **bénéficiaire** recipient
bénéficier de to benefit from
un(e) **bénévole** volunteer
défavorisé(e) underprivileged
démuni(e) penniless
la **détresse** distress
égoïste selfish
en outre besides
en retraite retired
être déprimé to be depressed
faire du bénévolat to do volunteering work
un **foyer d'accueil** shelter
la **gentillesse** kindness
héberger to put up; to shelter
le **peloton de tête** front-runner(s)
un **quartier** neigbourhood, district
un **refuge** shelter
un(e) **sans-abri** homeless person
un(e) **SDF** homeless person

3.2 Le bénévolat transforme des vies

un(e) **accro** addict
un(e) **ado** teen
l' **aide** (*f*) help
un **aspect** aspect
l' **assurance médicale** (*f*) medical insurance
bénéficier de to benefit from
le **cancer** cancer
le **cannabis** cannabis
de fil en aiguille one thing leading to another
la **dépendance** addiction
en ligne online
une **époque** era, period
la **fumée** smoke
fumer to smoke
la **guérison** recovery, healing
innovant innovative
maladie cardiovasculaire cardiovascular disease
mettre en œuvre to put into place
un(e) **participant(e)** attendee
le **poids** weight
au préalable beforehand
se préoccuper de to worry about
quotidiennement daily
un **réseau social** social network
restaurer to restore
une **séance** session
le **sevrage** quitting
un **SMS** text message
soutenir to support
le **soutien** support
suivant(e) following
supplémentaire additional
le **tabac** tobacco
le **tabagisme** tobacco addiction
la **voie respiratoire** airway

3.3 Une expérience de volontaire

à l'étranger abroad
actuellement at the moment
une **association** organisation, society
l' **autonomie** (*f*) autonomy
le **bénévolat** volunteer work
une **brochure** brochure
un **but** goal, target
chuter to fall
constater to notice
désormais from now on
le **droit** right
enrichissant enriching, rewarding
être forcé de to be forced to
évitable avoidable
grâce à thanks to
impliquer to involve
la **méconnaissance** ignorance
le **milieu social** social background
le **monde** world
la **mortalité infantile** mortality in children
un **moyen** way
un **objectif** goal, target, objective
un **organisme** organisation
une **ouverture** opening
parvenir à to manage to
un **pays en voie de développement** developing country
se **préoccuper de** to worry about
promouvoir to promote
le **recrutement** recruitment
réduire to reduce
la **ressource** resource
scolarisé(e) in school
sensibiliser to raise awareness
la **société** society
un **tiers** third

UNIT 4

Une culture fière de son patrimoine

4.1 **C'est quoi exactement, le patrimoine ?**
4.2 **Le patrimoine – un atout pour le tourisme ?**
4.3 **Architecture et gastronomie**
4.4 **Est-ce qu'on peut créer du patrimoine moderne ?**

Theme objectives

In this unit you study the importance of heritage in France. The unit covers the following topics:

- how heritage is a cultural and physical phenomenon
- how UNESCO protects sites in France and Francophone countries
- how architecture and gastronomy play an important role in France's heritage
- whether modern structures can be part of modern Francophone heritage

Grammar objectives

You will study and practise the following grammar points:

- irregular verbs in the perfect tense
- negative forms
- the passive voice and *on*
- infinitive constructions

Strategy objectives

You will develop the following strategies:

- effective listening techniques
- comparing and contrasting viewpoints and expressing opinions
- techniques for reading comprehension
- checking your writing for grammatical accuracy

4.1 C'est quoi exactement, le patrimoine ?

- Comprendre et discuter l'idée du patrimoine comme phénomène culturel et naturel
- Savoir utiliser les verbes irréguliers au passé composé
- Développer les techniques pour bien écouter les passages

On s'échauffe

1 a Reliez les exemples de patrimoine avec leur catégorie correspondante.

1 *Jean de Florette* (Marcel Pagnol)	a gastronomie
2 escargots de bourgogne	b bâtiment
3 Notre Dame de Paris	c film
4 Massif du Mont-Blanc	d langue régionale
5 l'occitan	e site naturel

1 b Qu'est-ce que c'est, le patrimoine ? À deux, trouvez des exemples de patrimoine sur les sujets ci-dessus, si possible dans des pays francophones, mais aussi dans d'autres pays. Si nécessaire, faites des recherches sur Internet.

1 c Comparez vos exemples avec ceux de la classe.

1 d Quelle expression anglaise correspond le mieux au terme « patrimoine national » ?

a national treasure
b national pride
c national heritage
d national culture

2 a Lisez les trois blogs sur le patrimoine. Trouvez les phrases qui correspondent aux expressions ci-dessous.

1 heritage sites
2 living heritage
3 as much as a castle
4 the planning
5 undertook
6 full of spirituality
7 wanted to reflect
8 cultural heritage

2 b Relisez les blogs. Choisissez les cinq phrases vraies.

1 Protéger nos bâtiments est essentiel afin de garder notre héritage vivant.
2 La priorité c'est la conservation.
3 Les caractéristiques d'un bâtiment ont besoin d'interventions.
4 Les jardins de Versailles font partie du patrimoine naturel et national.
5 L'aménagement des jardins de Versailles a duré 20 ans.
6 Lourdes est une petite ville au bord de la mer.
7 Lourdes est une petite ville pleine de spiritualité.
8 Lourdes est bien connu comme endroit pour réfléchir et s'échapper de la vie moderne.

2 c Corrigez les phrases fausses.

C'est quoi exactement, le patrimoine ?

Jérôme
Aujourd'hui, 11:00

Moi, j'ai travaillé dans la restauration de sites classés monuments historiques comme la Tour Saint-Jacques à Paris (également classée au patrimoine mondial), car je crois que protéger nos bâtiments est essentiel pour garder notre héritage local vivant. La ville de Paris a pris en charge la restauration de la Tour entre 2006 et 2009. À mon avis, la priorité c'est la conservation des caractéristiques d'un bâtiment sans trop d'interventions.

Nathalie
Hier, 20:03

Pour moi, le patrimoine, c'est une chose culturelle et naturelle. Un jardin peut faire partie du patrimoine autant qu'un château. Pendant les vacances, ma famille et moi avons pu visiter les jardins du château de Versailles, bâtiment du patrimoine national français. En 1661, le roi Louis XIV a chargé André Le Nôtre de la création et de l'aménagement des jardins de Versailles qui étaient aussi importants que le château. Le jardinier du roi a entrepris les travaux en même temps que ceux du palais et ils ont duré 40 ans.

Jardins du Château de Versailles

Émilie
Hier, 18:00

Ma mère est allée visiter Lourdes, une petite ville dans les montagnes, pleine de spiritualité. Elle a voulu réfléchir et s'échapper de la vie moderne, donc elle est restée deux jours dans cette ville bien connue pour ses histoires de personnes guéries de maladies et de soucis grâce aux rituels qui y sont transmis d'une génération à l'autre. Chaque année, six millions de pèlerins visitent les trois basiliques et l'église Sainte-Bernadette qui font partie du patrimoine culturel de la France.

Grammaire

Le passé composé – les verbes irréguliers (Perfect tense: irregular verbs)

Study H4 in the grammar section.

1 In the forum posts above, find the following examples:
   a three regular perfect tense verbs with the auxiliary *avoir*
   b four irregular perfect tense verbs with the auxiliary *avoir*
   c two perfect tense verbs with the auxiliary *être*

   Copy the phrase containing each example, and translate it into English.

2 What do you notice about the past participles of the verbs using *être*?

3 Choisissez la bonne forme du participe passé.

1. André Le Nôtre a (*eu/être/été*) .... un jardinier célèbre.
2. La restauration de la tour Saint-Jacques a (*eu/avais/avait*) .... ses problèmes.
3. Nathalie a (*dis/di/dit*) .... combien elle adorait les jardins de Versailles.
4. Le roi s'est (*fais/fait/faire*) .... une grosse fortune durant sa vie.
5. Elle a (*mis/mit/mi*) .... une robe noire pendant sa visite à Lourdes.
6. Les touristes ont (*prendu/prit/pris*) .... beaucoup de photos.
7. Ma mère est (*sorti/sortie/sortis*) .... de la cathédrale de Lourdes.
8. Émilie a (*décris/décrit/décri*) .... la visite de sa mère à Lourdes.

4 a Le patrimoine breton. Écoutez la conversation entre trois amis (Stuart, Marie et Pierre) qui discutent du patrimoine en Bretagne. Pour chaque personne, choisissez les phrases qui conviennent le mieux. Écrivez S, M ou P.

1. La musique est très importante pour garder notre patrimoine culturel.
2. La musique régionale me passionne.
3. La gastronomie bretonne fait partie du patrimoine de cette région.
4. Ces rassemblements de danseurs peuvent durer toute la nuit.
5. Il faut léguer nos connaissances aux jeunes.
6. L'héritage celtique m'intéresse.
7. Moi, j'ai préféré la nourriture à la danse.
8. Les joueurs d'accordéon nous ont fait danser.

Le patrimoine en Bretagne

4 b Écoutez la conversation encore une fois et décidez si les mots appartiennent à la catégorie de patrimoine gastronomique (G), patrimoine de musique (M) ou les deux (G + M).

1 la cornemuse
2 la galette
3 le fest-noz
4 le far breton
5 les crêpes
6 l'accordéon

4 c Regardez la transcription de la conversation pour vérifier vos réponses et traduisez les mots en anglais.

4 d Translate the following passage into English.

Visitez l'Auvergne !

Je recommande d'aller passer des vacances en Auvergne, une région avec un patrimoine historique et local. J'y suis allée l'hiver dernier faire du ski avec trois copains. C'est une région riche en eaux minérales et l'eau de Volvic vient du cœur des volcans. Mes amis et moi avons aussi visité quelques châteaux impressionnants et découvert quelques-uns des plus beaux villages de France qui font partie du patrimoine local.

Stratégie

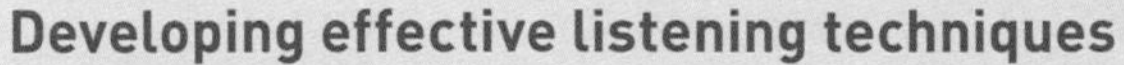

Developing effective listening techniques

- The title and any illustrations or photos will help you to get an idea of what the passage is about.
- Always listen to the passage all the way through to help you give the passage a context and to understand the gist. Then go back and listen for details.
- Don't panic if you can't recognise a word. Try listening to the whole sentence to work out what the word could be in context.
- Watch out for tricks like negatives in the sentence (*sauf*, *ne...pas*) which change the meaning of the whole sentence or phrase.
- Use the question to work out what you need to find out. Are there any time phrases to give you clues?
- Listen to French radio and French news via websites, to tune in your ear to the French accent. Try repeating some phrases to work out what they mean.

5 a En groupe, discutez vos opinions sur les questions ci-dessous. Expliquez vos réponses.

1 Avez-vous visité un monument ou une région sur les recommandations de vos parents ou grands-parents ? Qu'en avez-vous pensé ?
2 Est-ce que les jeunes d'aujourd'hui s'intéressent au patrimoine ?
3 Est-il important qu'une région préserve sa langue régionale (comme en Bretagne ou au pays de Galles) ?
4 Quand vous visitez une autre région, goûtez-vous les spécialités gastronomiques ou préférez-vous manger ce que vous mangez chez vous ? Discutez.

5 b Écrivez un paragraphe résumant votre discussion sur un des sujets dans l'exercice 5a. Vérifiez bien que les verbes sont écrits correctement.

4.2 Le patrimoine – un atout pour le tourisme ?

- S'informer sur les différents sites français et francophones inscrits au patrimoine mondial de l'UNESCO
- Utiliser la forme négative
- Comparer des points de vues opposés et exprimer les opinions

On s'échauffe

1 a Testez vos connaissances sur les sites du patrimoine, désignés par l'UNESCO.

1. **Il y a combien de merveilles du monde ? 7 12 3**
2. **Parmi ces sites, lesquels ne sont pas classés au patrimoine mondial de l'UNESCO ?**
   - **Robben Island en Afrique du Sud**
   - **l'opéra de Sydney en Australie**
   - **la grande muraille de Chine**
   - **la cathédrale Saint-Paul en Grande-Bretagne**
   - **le palais et le parc de Versailles en France**
   - **le pont du Gard en France**
   - **la tour Eiffel en France**
   - **l'Acropole d'Athènes**
3. **En quelle année a eu lieu la Convention de l'UNESCO pour la protection du patrimoine mondial, culturel et naturel ? 1962 1972 1982**
4. **Combien de sites UNESCO existent aujourd'hui ? 550 750 1031**
5. **Dans quel continent peut-on trouver le plus grand nombre de sites UNESCO ? Afrique Amérique Europe**
6. **Combien y en a-t-il en France ? 35 37 41**
7. **Combien y en a-t-il au Royaume-Uni ? 29 35 45**

1 b Connaissez-vous des sites UNESCO dans votre pays et dans des pays francophones ?

2 a Lisez l'article à la page suivante. Trouvez l'intrus dans ces listes de mots :

1. installation implantation construction génération
2. dégradation population pollution bruit
3. autoriser préserver protéger aider
4. patrimoine héritage tourisme UNESCO
5. la chute l'augmentation la disparition la baisse

2 b Lisez l'article encore une fois et décidez si ces phrases sont vraies (V), fausses (F) ou non données (ND). Corrigez les phrases fausses.

1. L'inscription sur la liste mondiale du patrimoine de l'UNESCO permet de protéger un site.
2. On ne peut pas dépenser trop d'argent car les fonds sont limités.
3. L'inscription sur la liste ne change pas le nombre de touristes.
4. En tant que site protégé, on peut refuser certaines installations.
5. On a installé une usine de recyclage près du Mont Saint-Michel.
6. Un trop grand nombre de touristes a des conséquences négatives sur les sites.
7. Les tortues de l'Archipel de la Guadeloupe ne sont pas en danger.
8. Certains poissons et crustacés de Guadeloupe sont protégés.

Le patrimoine protégé par l'UNESCO – un avantage ou un désavantage ?

On ne peut pas nier qu'il existe plusieurs avantages à être inscrit sur la liste du patrimoine mondial de l'UNESCO. Cela assure la protection de ces sites et exprime l'engagement commun de préserver l'héritage pour les générations futures. On n'a pas peur non plus de dépenser de l'argent car on a accès au Fonds du patrimoine mondial. C'est une aide financière de diverses sources pour des projets de conservation du patrimoine. Comme par exemple la préservation de la Médina (vieille ville) de Tétouan au Maroc, site du patrimoine mondial de l'UNESCO depuis 1997.

La Médina bleue, Tetouan

En plus, c'est un grand prestige qui attire plein de touristes dans la région. On cite une augmentation de 30% du nombre de touristes. C'est excellent pour l'économie de la région (grâce aux hôtels, restaurants, achats de souvenirs). C'est bon aussi pour les habitants comme dans le cas du Mont Saint-Michel en France. On n'est pas forcé d'accepter de nouvelles installations comme l'implantation d'éoliennes car on est un site protégé. Par contre, comme le disait un des résidents de la région, « On ne m'a pas autorisé à installer des panneaux solaires », ce qui n'est pas de chance pour ceux qui veulent utiliser plus d'énergie verte.

Le Mont Saint-Michel

D'un autre côté, la population locale des régions visitées souffre car l'arrivée en masse des touristes finit par entraîner des dégradations sur les sites touristiques. On voit une consommation exagérée des ressources naturelles, la pollution par les déchets, et une augmentation du bruit. Dans le cas de l'Archipel de la Guadeloupe (désigné Réserve de biosphère par l'UNESCO en 1992), des mesures de protections internationale et locale ont été mises en place ces dernières décennies afin de lutter contre la chute catastrophique du nombre des tortues et d'éviter leur disparition. Considérées comme « en danger critique d'extinction » leurs habitats sont fortement menacés et nécessitent une attention particulière.

3 Traduisez en français les phrases suivantes.

1 Being listed as a world heritage site ensures the protection of this site.
2 We are not afraid to spend some money.
3 Being on the list is very prestigious.
4 This can increase the number of tourists.
5 On the other hand, tourists are responsible for some problems.
6 They create pollution and noise.
7 The turtles are in danger.
8 Measures have been put in place to protect them.

4 a Mes vacances à Madagascar. Écoutez le dialogue, puis choisissez la phrase correcte.

1 Julien a commencé par visiter...
  a ...le nord de l'île.
  b ...le centre de l'île.
  c ...le sud de l'île.

2 Nosy Be est...
  a ...une petite ville.
  b ...une petite île.
  c ...un petit village.

3 Il a regardé...
  a ...des acrobates.
  b ...des danseurs.
  c ...des artistes.

4 Antananarivo est...
  a ...une île.
  b ...la ville principale de l'île.
  c ...au sud de l'île.

5 L'ancienne cité royale du Rova est...
  a ...un village de vacances.
  b ...une île de pêcheurs.
  c ...un lieu de culte.

6 Il n'y a plus de...
  a ...famille royale.
  b ...palais.
  c ...vieux bâtiments.

7 Les forêts abondent de...
  a ...lions.
  b ...girafes.
  c ...lémuriens.

8 Il a vu les oiseaux dans...
  a ...les parcs zoologiques.
  b ...les parcs nationaux.
  c ...les fermes.

Un lémurien

4 b Écoutez une deuxième fois et résumez en français les vacances de Pierre à Madagascar. Mentionnez ses différentes visites du patrimoine de l'île. Écrivez des phrases complètes, et sans erreurs.

- le paysage de Nosy Be (deux choses)
- le patrimoine culturel d'Antanarivo (deux choses)
- les parcs nationaux (deux choses)

4 c Travaillez avec un partenaire. Lisez son résumé. Est-ce qu'il y a des erreurs grammaticales ? Peut-il/elle trouver des erreurs dans votre résumé ?

Grammaire

Les formes négatives (Negative forms)

Study J in the grammar section.

1 In the article on page 65 there are five expressions using the negative phrase *ne...pas*. Make a note of them and translate them.

2 Find three other forms of negatives in the audio. Make a note of them and translate them.

3 Explain how the position of the negative words changes depending on the tense in the examples you have noted down.

5 Réécrivez les courtes phrases suivantes, ayant remplacé les formes négatives en anglais par les équivalents français. Utilisez les expressions ci-dessous.

aucunement	**plus**
guère	**point**
jamais	**que**
nullement	**rien**
personne	

1 J'ai vu quelqu'un comme ça ! (*never*)
2 Il a essayé récemment. (*hardly*)
3 Elle a payé. (*nothing*)
4 Elles viennent. (*no more*)
5 Je vous connais. (*not at all*)
6 Il y en a trois. (*only*)
7 Récemment, j'ai vu. (*no one*)
8 Je lui parle. (*not at all*)

Stratégie

Comparing contrasting viewpoints and expressing opinions

- Work with others to accumulate a range of opinions. Everyone can draw on their different personal experiences.
- Always try to think of a reason why you have an opinion. Each time you give your own opinion, add a justification.
- It does not matter what opinion you give, as long as you can back it up with an example and a justification.
- Vary the ways you introduce your opinions. Make a list of useful opinion expressions. Keep this list and add to it whenever you hear a new opinion expression.
- When discussing a particular idea, put forward two or three different viewpoints and give reasons why you have rejected some of them.

6 Écoutez la conversation dans l'exercice 4 une troisième fois. Notez les cinq expressions utilisées pour exprimer des opinions. Traduisez-les en anglais. Notez trois expressions d'opinion de plus que vous connaissez déjà.

7 a Travaillez en groupe. Chaque personne choisit un site culturel français ou francophone dans la liste ci-dessous ou un autre que vous connaissez.

- la Médina de Tétouan, Maroc
- le centre historique d'Avignon, France
- Tombouctou, Mali
- le parc national des oiseaux du Djoudj, Sénégal
- l'ensemble de monuments de Huê, Vietnam
- le Parc provincial Dinosaur, Canada

Faites des recherches pour répondre aux questions suivantes.

- C'est où exactement ?
- Pourquoi est-ce que c'est sur la liste du patrimoine mondial de l'UNESCO ?
- Les touristes, qu'est-ce qu'ils peuvent y visiter/faire ?
- Quels sont les avantages de la protection de l'UNESCO ?
- Est-ce qu'il y a des inconvénients ?
- Voulez-vous visiter ce site ? Pourquoi/pourquoi pas ?

7 b En groupes, discutez de vos recherches, et décidez entre vous quel site vous préférez visiter et lequel est le moins attirant. Pourquoi ?

7 c Écrivez un paragraphe résumant vos réponses.

4.3 Architecture et gastronomie

- Étudier comment l'architecture et la gastronomie jouent un rôle important dans le patrimoine français
- Utiliser le passif et *on*
- Apprendre de bonnes techniques pour bien comprendre les textes écrits

On s'échauffe

1 a Lisez ces définitions (1 à 8) et choisissez la phrase qui convient le mieux (a à h).

1 a été répertorié comme site
2 ont été édifiées
3 qui reste de cette période de l'histoire
4 un mélange
5 un plat à base de
6 on m'a appris
7 a des racines
8 on a hérité

a un plat constitué de
b ont été construites
c qui existait déjà à cette époque
d est inscrit sur la liste
e a des origines
f on a reçu (en héritage)
g j'ai appris
h un ensemble varié

1 b Lesquelles des expressions ci-dessus ne sont valables que pour l'architecture, la gastronomie ou les deux ? Connaissez-vous d'autres expressions ou adjectifs pour parler d'architecture ou de gastronomie ?

2 a  **Lisez l'article à la page suivante et pour chaque début de phrase 1 à 8, choisissez la bonne fin de phrase a à l. Attention ! il y a quatre fins de phrases de trop. Faites attention aux conseils dans la case stratégie page 69.**

1 On peut faire du shopping...
2 L'amphithéâtre le Palais Gallien...
3 Les rues autour des églises Saint-Pierre et Saint-Siméon...
4 Aliénor d'Aquitaine s'est mariée...
5 La Grosse Cloche...
6 Deux basiliques sont...
7 Certains monuments...
8 L'ensemble a une belle vue...

a ...date du IIème siècle.
b ...sur la ville.
c ...ont beaucoup de boutiques de mode.
d ...dans la longue et droite rue Sainte-Catherine.
e ...sur la rivière.
f ...datent du XIème siècle.
g ...classées au patrimoine de l'UNESCO.
h ...sont étroites.
i ...est un clocher magnifique.
j ...au XIIIème siècle.
k ...avec Louis VII.
l ...est près de la basilique.

BORDEAUX, UN SITE UNESCO – LA PLUS GRANDE ZONE URBAINE À AVOIR REÇU CETTE CLASSIFICATION

Le passé gallo-romain de Bordeaux peut être vu dans l'organisation de ses rues par exemple la longue et droite rue Sainte-Catherine. De nos jours, on fait du shopping dans la rue Sainte-Catherine – il y a beaucoup de boutiques de mode dans cette rue piétonne commerçante de 1,1 km de long. Le Palais Gallien est la seule structure visible qui reste de cette période de l'histoire, un amphithéâtre datant du IIème siècle situé assez près des jardins botaniques.

La période gothique de Bordeaux peut être vue dans les rues étroites autour des églises Saint-Pierre et Saint-Siméon qui ont été édifiées au XIVème siècle.

Au XIIème siècle, Aliénor d'Aquitaine épouse le futur roi Louis VII dans la cathédrale de Saint-André. On a beaucoup construit à cette période, y compris la Grosse Cloche, un clocher magnifique qui fait partie de la porte Saint-Éloi. La ville a également été transformée en une ville élégante avec de grandes places, de larges rues ouvertes et de belles demeures. La cathédrale, ainsi que la basilique Saint-Seurin et la Flèche Saint-Michel ont toutes été répertoriées comme sites du patrimoine mondial de l'UNESCO depuis 1998 dans le cadre de la route des pèlerins de Compostelle. L'ensemble est une merveilleuse collection d'architecture datant, pour certains monuments, du XIème siècle, et le tout avec une vue sur la rivière.

www.fr.francethisway.com/bordeaux.php

La Grosse Cloche à Bordeaux

2 b  **Faites un résumé de l'article sur Bordeaux. N'oubliez pas d'écrire des phrases complètes en bon français. Considérez les points suivants :**

- les différentes périodes historiques
- les monuments
- les différents styles d'architecture

Stratégie

Techniques for successful reading comprehension

- Note that usually the questions follow the order of the text.
- Make sure that you read the instructions and questions carefully and answer them in the correct language.
- If you have to find a specific number of true sentences, make sure you give exactly that number.
- If a question is multiple choice, make sure you don't leave a blank; if you don't know the answer, make an educated guess.
- Look how many marks are available for each question, and give the right amount of information in your answer.

Grammaire

Le passif et *on* (Passive and *on*)

Study H16 in the grammar section.

1 In the leaflet on page 69, find four examples of the passive voice and two examples of phrases that use *on*. Write down the phrases containing these and translate them into English.

2 What do you notice about the past participles that occur in passive constructions?

3 a Changez chaque action active au passif, en utilisant le passif.

1 Le Palais Gallien a impressionné le touriste.
2 Hélène avait appelé Martine.
3 Les touristes ont applaudi le jongleur dans la rue Sainte-Catherine.
4 La directrice nous avait félicités.

3 b Maintenant, faites la même chose, mais en utilisant *on*.

1 Le motard a été réprimandé pour sa conduite.
2 Le suspect avait été accusé du vol.
3 J'ai été récompensée pour mon honnêteté.
4 Nous avions été aidés à faire notre tâche assignée.

4 a La cuisine cajun. Écoutez la conversation entre Florence et Thierry. Répondez aux questions suivantes.

1 Est-ce que la cuisine louisianaise est typiquement américaine ? Expliquez votre réponse.
2 Donnez deux ingrédients du gombo.
3 À votre avis, est-ce Thierry est un bon cuisiner ? Pourquoi ?
4 De quelle origine est Thierry ?
5 Quels sont les deux spécialités sucrées dont parle Thierry ?
6 À quelle occasion est-ce qu'on mange la brioche des rois ?
7 Comment Florence décrit-elle l'héritage français en ce qui concerne la nourriture ?
8 Quel est le point commun entre la cuisine créole et française ?

Le gombo : un ragoût de la Louisiane française

4 b Écoutez encore une fois la conversation et complétez le texte ci-dessous avec les mots proposés. Attention ! il y a deux mots de trop.

La cuisine Cajun est un **1**.......... d'influences françaises, créoles, espagnoles et africaines. Un plat typique est le gombo, fait d'**2**.......... , de roux, de **3**.......... et de fruits de mer. Deux autres **4**.......... sont les beignets et la **5**.......... des rois, qu'on **6**.......... à l'occasion du Carnaval.

La cuisine cajun a des **7**.......... en France d'où elle a **8**.......... l'amour de la nourriture et des ingrédients frais.

riz	**gâteau**
spécialités	**racines**
déguste	**épices**
mélange	**brioche**
évité	**hérité**

5 Translate the following passage into English.

La cuisine de Louisiane

En Louisiane, la cuisine a des accents qu'on ne retrouve nulle part ailleurs aux États-Unis. Cet héritage culturel remonte au XVIIIème siècle, quand l'Amérique a été découverte. La paëlla espagnole faite à base de riz dans lequel on ajoute des légumes, de la viande et des saucisses, a servi de base pour plusieurs plats. Le gombo (ou okra) a été apporté du continent africain et a donné son nom à de nombreux plats traditionnels.

6 a À l'aide d'Internet, faites des recherches sur le patrimoine architectural du Québec et sur la gastronomie de la région de Bourgogne. Prenez des notes sur les points suivants :

- Québec : l'architecture classique française, l'architecture anglaise, l'architecture de style château et l'inspiration art-déco
- Bourgogne : les vins, la moutarde de Dijon, la crème de cassis, les escargots et le poulet de Bresse

6 b Travaillez à deux et discutez de vos recherches. Est-ce que les sujets ci-dessus peuvent être considérés comme du patrimoine ? Justifiez vos réponses.

6 c Écrivez un paragraphe résumant vos recherches sur le Québec ou la Bourgogne.

AS STAGE

4.4 Peut-on créer du patrimoine moderne ?

- S'informer sur des différents sites du patrimoine moderne et discuter leur appartenance à l'héritage francophone
- Utiliser les constructions infinitives
- Vérifier l'exactitude grammaticale du travail écrit

On s'échauffe

1 a Classez ces expressions en deux listes, une positive et une négative.

- une merveille architecturale
- c'est un scandale
- c'est choquant
- un bijou architectural
- un massacre pour notre patrimoine
- c'est une injure
- ce mélange d'ancien et de moderne est apprécié
- c'est impensable
- savoir marier l'ancien et le nouveau
- une architecture audacieuse

1 b Donnez vos opinions sur ces deux monuments français célèbres. Utilisez les expressions ci-dessus et ajoutez vos propres expressions.

Pyramide du Louvre

Grande Arche de la Défense

2 a Lisez le blog page 73. Trouvez des synonymes pour ces mots tirés du blog.

1. le maillon
2. le chantier
3. le paysage
4. grandiose
5. enjamber
6. intégration
7. la renommée
8. désengorger

Le viaduc de Millau : œuvre d'art du XXIème siècle ?

J'avais l'habitude de perdre quatre heures dans les embouteillages autour de Millau, mais c'est fini grâce au viaduc du Millau. Ce maillon de l'autoroute A75 traversant le Massif Central est le plus haut pont de l'histoire, plus haut que la tour Eiffel. Plusieurs centaines d'hommes se sont appliqués à travailler sur sa conception et sa construction ; le chantier n'a duré que 3 ans.

Sa construction a été intégrée dans un paysage naturel grandiose et s'est efforcée de respecter l'environnement et de préserver des paysages exceptionnels. Le viaduc enjambe la vallée du Tarn.

Cette réalisation monumentale est une œuvre d'art par son intégration dans le paysage des Grands Causses. Le viaduc de Millau connaît déjà une renommée internationale et certains le considèrent comme « la référence architecturale du début du XXIe siècle ». Il sert également à développer le tourisme en Aveyron et a permis de désengorger la ville de Millau.

Une association a l'intention d'obtenir le classement du viaduc au patrimoine mondial de l'UNESCO. Est-ce qu'on peut considérer cette œuvre architecturale comme faisant partie de notre patrimoine français ?

Le viaduc de Millau

2 b Relisez le blog et répondez aux questions en français.

1. Quel est le gros avantage du viaduc de Millau pour la circulation ?
2. Pourquoi est-ce que ce pont est unique ?
3. Combien de temps a duré sa construction ?
4. Quel sont les points positifs de ce projet du point de vue environnemental ? (2 détails)
5. En quoi le viaduc est-il une œuvre d'art ?
6. Quel est son atout du point de vue du tourisme ?
7. En quoi les habitants de Millau bénéficient du viaduc ?
8. Quel est le projet d'une certaine association ?

Grammaire

Les constructions infinitives (Infinitive constructions)

Study H17 in the grammar section.

1. In the blog above, find the following examples of infinitive constructions:
   - a two infinitives followed by *à*
   - b four infinitives followed by *de*
   - c one infinitive where no preposition is needed
2. Note down the phrases containing these constructions and translate them into English.

3 **Il y a deux prépositions plus un blanc à la fin de chaque phrase ci-dessous. Choisissez la bonne préposition s'il en faut une. Puis inventez une conclusion pour la phrase.**
Exemple : Je finirai *à/de/...*→ Je finirai *de regarder le film français ce soir.*

1 Je vais commencer *à/de/...* ....
2 Michel Virlogieux a pu *à/de/...* ....
3 Elle a refusé *à/de/...* ....
4 Nous aimions bien *à/de/...* ....
5 Norman Foster a réussi *à/de/...* ....
6 J'ai oublié *à/de/...* ....
7 Pourquoi voulais-tu *à/de/...* .... ?
8 Nous avions eu l'honneur *à/de/...* ....

4 a  **Pensez-vous qu'on puisse créer du patrimoine moderne ? Un journaliste a interrogé des jeunes pour connaître leurs opinions sur le nouveau Quartier des spectacles à Montréal et en particulier la Vitrine culturelle. Écoutez l'interview et, pour chaque personne (Michel, Karine ou Zahra), choisissez les phrases qui conviennent le mieux.**

1 La Vitrine m'inspire.
2 C'est choquant ce qu'ils ont fait avec le bâtiment.
3 La Vitrine est fabuleuse.
4 Elle encourage plus de visiteurs.
5 Je pense qu'on ne devrait pas dépenser de l'argent sur une folie.
6 On ne devrait pas mélanger le présent et le passé.
7 On visite le quartier plus souvent grâce à la Vitrine.
8 C'est une manifestation de notre patrimoine passé et futur.

4 b **Écoutez la conversation encore une fois. Complétez les phrases avec les mots proposés dans la case. Attention ! il y a deux mots de trop.**

1 La Vitrine m'encourage à visiter le vieux ....
2 Pour moi, la Vitrine culturelle .... une partie de notre patrimoine passé et futur.
3 Ils ont complètement .... ce sentiment et le résultat est bien moche.
4 Ça ne .... pas notre patrimoine.
5 Je déteste ce .... d'ancien et de moderne.
6 La Vitrine est magnifique .... cette technologie lumineuse moderne.
7 C'est bon pour l'économie et pour notre ....
8 Je trouve que c'est une .... d'argent.

devient **revient**
mélange **respecte**
quartier **changé**
ménage **patrimoine**
perte **grâce à**

AS STAGE

Stratégie

Checking your writing for grammatical accuracy

- It is always worth spending some time at the end of the exam going back over what you have written.
- Get into the habit of having a checklist to use every time you write something in class or at home:
  - tenses and verb endings
  - agreements (adjectives, verbs)
  - spellings and accents
  - use of negatives, subjunctive and idioms

  When it comes to the exam, use the same checklist which you should have by then memorised.
- When you are asked to write accurate French, carry out a peer review afterwards and see if you can learn something new to add to your list of points to think about.

5 Traduisez ces phrases en français. Il y a des mots et des phrases dans le blog à la page 73, et dans la transcription de l'exercice 4 qui vous seront utiles. Utilisez les conseils dans la case stratégie quand vous faites les traductions.

1. When can we consider a building to be part of national heritage?
2. Is it necessary to preserve the past?
3. We build buildings without knowing if they will become something to represent our national heritage.
4. It is useful to have cultural buildings, like libraries or theatres.
5. These buildings will be part of our heritage in the future.
6. The construction of modern buildings next to old ones doesn't always work for everyone.
7. Some people find that mixing the past with the future is ugly.
8. They say that it doesn't respect the true heritage of the country.

6 a Faites des recherches sur un mélange d'architecture moderne et ancienne ou sur un bâtiment moderne. Notez les points positifs et négatifs. Ci-dessous vous avez des exemples possibles, mais vous pouvez choisir d'autres exemples à rechercher si vous voulez.

- le Centre Pompidou
- la grande bibliothèque François Mitterrand à Paris
- l'Église Notre-Dame de Royan
- le Musée national des beaux-arts du Québec

6 b Travaillez en groupes de quatre. Choisissez un des bâtiments recherchés et discutez-en. Une personne pense que c'est du patrimoine, une autre que non. Les deux autres choisissent un des deux points de vue et justifient leurs idées.

6 c Résumez votre point de vue en utilisant les conseils pour bien vérifier votre travail écrit.

Le Musée national des beaux-arts du Québec

Vocabulaire

4.1 C'est quoi exactement, le patrimoine ?

l' **aménagement** (*m*) planning, development
les **ancêtres** (*mf pl*) ancestors
une **basilique** basilica
un **bâtiment** building
classer to designate, list
la **connaissance** knowledge
croire to believe
s' **échapper** to escape
les **espaces** (*f pl*) spaces
de génération en génération from generation to generation
l' **héritage** (*m*) heritage (ideas)
léguer to pass on
le **patrimoine** heritage (property)
le **patrimoine culturel/national/mondial** cultural/national/world heritage
prendre en charge to take care of
protéger to protect
réfléchir to reflect
riche en rich in
la **richesse** wealth, treasures
restaurer to restore
la **restauration** restoration
transmettre to pass on
la **transmission** passing on, handover
les **travaux** (*m pl*) the works

4.2 Le patrimoine – un atout pour le tourisme ?

abonder to be plentiful
une **aide financière** financial help
attirer to attract
autoriser à to allow
la **beauté** beauty
une **consommation exagérée** extreme consumption
les **dégradations** (*f pl*) damage
la **diversité culturelle** cultural diversity
l' **engagement** (*m*) **commun** common commitment, involvement
le **Fonds du patrimoine mondial** World Heritage Fund
l' **identité** (*f*) **culturelle** cultural identity
inscrit(e) registered, listed
un **lieu de culte** place of worship
lutter contre to fight against
malgache Madagascan
les **merveilles** (*f pl*) **du monde** wonders of the world
les **nouvelles installations** (*f pl*) new installations, plants, facilities
préserver le patrimoine mondial to preserve world heritage
un **prestige** honour
les **ressources** (*f pl*) **naturelles** natural resources
revitaliser to revitalise
un **site du patrimoine mondial** world heritage site

4.3 Architecture et gastronomie

culinaire culinary
décorer to decorate
édifier to build
à l' **époque** at the time
gallo-romain(e) Gallo-Roman
hériter to inherit
inscrire to list
les **jardins** (*m pl*) **botaniques** botanical gardens
louisianais(e) from Louisiana
un **mélange** mixture, mix
nulle part nowhere
la **période gothique** Gothic era
un **plat typique** typical dish
les **racines** (*f pl*) roots
répertorier to list
savoureux (-euse) tasty
le **siècle** century

4.4 Peut-on créer du patrimoine moderne ?

s' **appliquer à** to apply oneself to
un **atout** an asset
audacieux (-euse) daring, bold
un **bijou** a jewel
un **chantier** building site, project
choquant shocking
dépenser to spend
désengorger to relieve the congestion
détourner quelqu'un to distract someone
du point de vue from the point of view of
grandiose magnificent
une **injure** insult
intégrer to integrate
laid(e) ugly
lumineux (-euse) illuminated
marier to mix
mélanger to mix
moche ugly
nouveau (nouvelle) new
permettre de to allow
plaire à to appeal to, to be a success
un **paysage** landscape
un **quartier** district, area
la **renommée** fame
une **vitrine** (shop)window

UNIT 5

La musique francophone contemporaine

5.1 **Sauvez la musique francophone !**
5.2 **Connaissez-vous la musique francophone contemporaine ?**
5.3 **Vous écoutez de la musique francophone ?**
5.4 **La musique francophone africaine**

Theme objectives

In this unit you study contemporary French music. The unit covers the following topics:

- how to protect contemporary French music
- how diverse French music is today
- what music is popular among young people
- which music and festivals are emerging in Africa

Grammar objectives

You will study and practise the following grammar points:

- forming imperatives
- recognising and using the past historic
- recognising and using the imperfect
- forming present and past participles

Strategy objectives

You will develop the following strategies:

- producing interesting sentences
- practising translation from English into French
- developing accurate pronunciation
- participating fluently in conversations

5.1 Sauvez la musique francophone !

- Réfléchir sur les façons de protéger la musique francophone contemporaine
- Réviser l'impératif
- Faire des phrases intéressantes

On s'échauffe

1 a Voici une liste de quatre styles musicaux francophones, quatre styles non francophones et trois sites d'hébergement de musique. Faites des recherches sur les styles que vous ne reconnaissez pas.

- **le gwoka, le zouk, la French house, la kadans**
- **la techno, le reggae, le rap, le hip hop**
- **Dailymotion, YouTube, Deezer**

1 b Complétez les phrases suivantes à partir de la liste.

1. **Le site d'hébergement de musique que je préfère est ....**
2. **J'adore la musique francophone, surtout ....**
3. **Moi, je n'écoute pas de musique francophone. Je préfère .... et ....**

1 c Maintenant complétez les phrases avec des choix personnels hors liste.

1. **Le site d'hébergement de musique que je préfère est ....**
2. **J'aime la musique francophone, surtout ....**
3. **Je ne connais pas la musique francophone. Je préfère .... et ....**

1 d Quel genre de musique aimez-vous/n'aimez-vous pas ? Discutez-en avec un(e) partenaire.

2 a Lisez l'article page 79. Dans chacun des groupes de mots ci-dessous trouvez l'intrus.

1. **a** musique **b** site d'hébergement **c** rythme **d** chanson
2. **a** talent **b** génie **c** style **d** star
3. **a** diffuser **b** assimiler **c** américaniser **d** mondialiser

2 b Relisez l'article et complétez les phrases en choisissant le bon mot des listes entre parenthèses.

1. La chanson française était menacée de (téléchargement, disparition, reproduction).
2. Un quota de chansons francophones fut (suggeré, conseillé, imposé) aux chaînes de radio et télévision.
3. Hervé Bourges doit consulter les (experts, directeurs de chaînes, compositeurs).
4. 40% du quota doit être réservé à (la publicité, la musique anglo-américaine, la chanson française).
5. Les jeunes Français (préfèrent, pratiquent, présentent) les musiques anglo-américaines.
6. (Deezer, YouTube, Kassav) n'a rien à voir avec la loi sur des quotas.
7. Les jeunes Français téléchargent la musique (à la mode, périmée, rare).
8. L'assimilation à la culture américaine reste (artificielle, légère, fondamentale).

Comment sauver la chanson francophone en France

Un quota obligatoire de 40%

« Les jeunes écoutent de plus en plus de musique américaine. À ce rythme, la chanson française n'existera bientôt plus. Cherchons une solution ! Appelez tout de suite Hervé Bourges et réfléchissons sur le meilleur moyen de sauver notre chanson ! »

Celui qui parle, Jacques Toubon, est ministre de la Culture. Nous sommes en 1994.

« Allô ! Hervé ? Viens immédiatement à mon bureau. Je pense imposer par la loi un quota de 40% de chansons

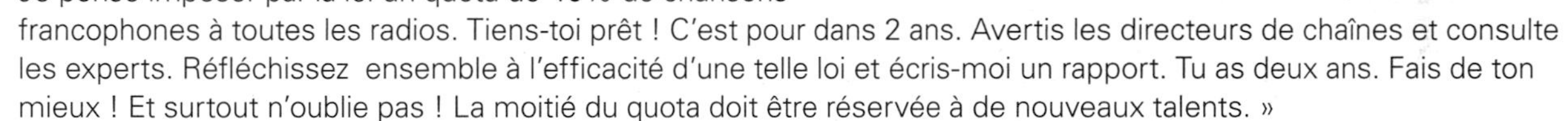

francophones à toutes les radios. Tiens-toi prêt ! C'est pour dans 2 ans. Avertis les directeurs de chaînes et consulte les experts. Réfléchissez ensemble à l'efficacité d'une telle loi et écris-moi un rapport. Tu as deux ans. Fais de ton mieux ! Et surtout n'oublie pas ! La moitié du quota doit être réservée à de nouveaux talents. »

Le bilan, 20 ans après

L'effet des quotas est positif, mais *en partie* seulement. Cela a permis de découvrir des génies de la chanson francophone. Par exemple les groupes antillais *Kassav* et la *Compagnie créole* sont devenus des stars nationales.

Cependant, les jeunes préfèrent les musiques anglo-américaines. Ils apprécient le rock, la pop, le hip hop ou le rap. Avec les sites comme YouTube, la diffusion se mondialise et la règle des quotas ne marche pas. Les très jeunes générations téléchargent les grands succès internationaux du jour.

Est-ce que cela signifie que la jeunesse francophone s'américanise ? Non. Elle ne comprend pas vraiment le contenu des chansons. L'assimilation à la culture américaine reste superficielle.

Grammaire

Comprendre et utiliser l'impératif (Understanding and using the imperative)

Study H14 in the grammar section.

1 In the article above, find:
   - a seven examples of singular imperatives (*tu*)
   - b two examples of first person plural imperatives (*nous*)
   - c two examples of second person plural imperatives (*vous*)

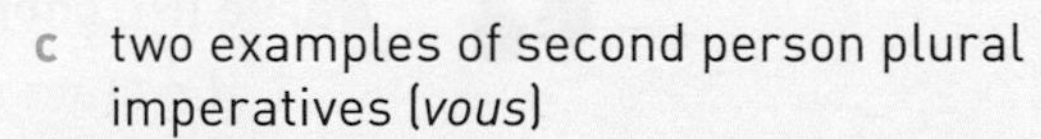

2 Write down the phrases containing the imperatives and translate them into English.

3 What do you notice about the relationship between the present tense endings and the imperative endings?

3 Complétez chaque phrase avec la bonne forme de l'impératif d'un des verbes dans la case.

appeler	oublier
avertir	réfléchir
chercher	refuser
écrire	tenir
faire	

1. Dans les circonstances .... de votre mieux pour aider !
2. .... les directeurs de l'entreprise pendant que nous avons le temps !
3. Monsieur, ... immédiatement votre collègue au téléphone.
4. Tu connais ta mémoire ! Surtout n'.......... pas ton rendez-vous chez le docteur !
5. C'est une urgence, ...-vous prêt !
6. Pierre, nous reconnaissons le problème, ... une solution !
7. Vous deux, ... un rapport sur Internet pour le patron !
8. Mon ami .... un peu sur ta conduite !

4 a Sauver la musique francophone – des solutions ? Écoutez les solutions de Patricia, Lucie et Hervé. Choisissez les mots a à h qui conviennent aux phrases 1 à 8. Attention ! il y a deux mots de trop.

1. Patricia approuve le quota ... aux radios françaises.
2. On ... les nouveaux talents d'abord à la radio.
3. Pour Hervé il faut ... YouTube.
4. Quand on ... un nom sur YouTube, une liste de recommandations apparaît.
5. En appliquant les quotas, YouTube ... les régles.
6. Pour Lucie, le slam ... la chanson francophone.
7. Le slam ... des poèmes.
8. La musique du slam est ... .

- **a** récite
- **b** imposé
- **c** parler avec
- **d** inhabituelle
- **e** tape
- **f** sauvera
- **g** entend
- **h** talent
- **i** respecterait
- **j** discuter

4 b Écoutez la conversation encore une fois. Qui est l'auteur des solutions suivantes ? Pour chaque personne, Patricia (P), Lucie (L), Hervé (H), choisissez les phrases qui conviennent le mieux.

1. Le slam sauvera la chanson francophone.
2. Le quota est une bonne chose pour la chanson francophone.
3. La France pourrait demander à YouTube d'appliquer la règle des quotas.
4. La plupart des nouveaux talents sont connus d'abord à travers la radio.
5. Le slam c'est un beau texte sur un beau fond musical.
6. Il faut agir sur la liste de recommandations de YouTube.
7. Avec un quota francophone, les profits de YouTube ne seraient pas affectés.
8. Le slam convient à la langue française.

Stratégie

Producing interesting sentences

- When you give a description, use some imaginative adjectives, e.g. *incroyable* (unbelievable).
- When you describe an action, add an adverb, e.g. *attentivement* (carefully).
- Join short sentences together with unusual connectives, e.g. *désormais* (from now on).
- Start some sentences with adverbial phrases, e.g. *à peine* (hardly).
- Give your opinion whenever you get an opportunity and always justify it.
- When you give an opinion, try to accompany it with an example.
- Make sure you use a range of tenses in your writing.

5 a Read carefully the advice in the strategy box above and then find the connectives in the following sentences.

Pour sauver la musique francophone...

1 ...il faut ensuite contacter YouTube pour négocier un quota.

2 ...il faut d'abord respecter le quota en France.

3 ...il faut enfin promouvoir des formes musicales comme le slam.

5 b Now put these connectives in a logical order.

6 Translate the following passage into English.

La musique en France

Pour protéger la chanson francophone, la France a cherché des solutions. Elle a imposé un quota. Cependant, un sondage montre que la musique préférée des jeunes Français est la chanson anglo-américaine.

Les jeunes Français ont classé les styles de musique par ordre de préférence. Le hip hop est arrivé en première position. La pop est arrivée en 2ème position.

Les Français aiment plusieurs styles de musique. Cependant, les classes sociales les plus basses ne s'intéressent qu'à un ou deux styles.

Peu de jeunes écoutent de la musique classique.

La grande majorité des jeunes téléchargent de la musique à partir d'Internet.

7 a Si possible, faites des recherches sur la musique préférée des jeunes Français, et écoutez une ou deux chansons populaires. Puis, discutez de ces questions avec d'autres membres de votre groupe.

1 Les jeunes Français, pourquoi écoutent-ils plus de musique anglo-américaine que de musique française ?

2 Les sites d'hébergement de musique, comment peuvent-ils aider à sauver la chanson française ?

3 Est-ce qu'un quota est efficace ? Pourquoi ?

7 b Écrivez un paragraphe sur les différentes façons de protéger la musique française. Donnez des exemples. Pensez à suivre les conseils de la stratégie. Vous pouvez prendre en considération :

- la musique préférée des jeunes
- le rôle des sites d'hébergement de musique
- l'efficacité d'un quota

5.2 Connaissez-vous la musique francophone contemporaine ?

- Découvrir la diversité de la musique française aujourd'hui
- Reconnaître et comprendre le passé simple
- Pratiquer la traduction de l'anglais au français

On s'échauffe

1 a Voici une liste de termes musicaux.

le baroque	**la batterie**	**la clarinette**	**la guitare**	**le violoncelle**
le baryton	**le chanteur**	**le classique**	**le hautbois**	**la techno**
la basse	**la chorale**	**folklorique**	**la musique de chambre**	**le tenor**

i Trouvez cinq instruments de musique.
ii Trouvez cinq mots associés à la voix.
iii Trouvez cinq styles de musique.

1 b Pouvez-vous...
- **...trouver d'autres instruments ; d'autres styles de musique.**
- **...indiquer votre musicien/chanteur/groupe préféré. Pourquoi ?**
- **...comparer votre réponse avec le reste de la classe. Des chanteurs français ont-ils été mentionnés ? Si la même question était posée dans une classe en France, y aurait-il des chanteurs anglais ou américains dans la liste ? Pourquoi ?**

2 a Lisez l'extrait à la page suivante, tiré d'une encyclopédie en ligne, et trouvez les mots ou les expressions qui correspondent :

1 à ces expressions en anglais
   a wit   b the sixties   c a double bass   d a self-assured woman
2 à ces synonymes français :
   a transmettre   b étonner   c se trouver   d rebelle
3 Trouvez les contraires en français de :
   a cesser   b moderne   c indifférence   d proche

2 b Relisez l'article puis lisez les phrases 1 à 8. Pour chaque phrase écrivez vrai (V), faux (F), non donné (ND). Pour les réponses fausses (F), donnez la bonne réponse.

1 La chanson française chante souvent des poètes célèbres.
2 La chanson permet de diffuser des opinions.
3 La musique anglo-américaine a redonné de l'importance à la batterie.
4 Il n'est pas difficile d'abandonner des vieilles traditions.
5 On a classé les chanteurs selon les idées exprimées dans les chansons.
6 La chanteuse Camille tente de nouvelles expériences musicales à chaque nouvel album.
7 Rokia Traoré a une voix cristalline.
8 Tiken Jah Fakoly critique l'attitude des Français quand ils visitent les anciennes colonies.

Histoire de la chanson francophone

Roka Traoré

La tradition

Pendant des siècles, la chanson française se concentra sur la langue et les idées. Elle exprima des points de vue avec poésie, esprit et parfois cynisme.

Les années soixante

Les années 60 virent l'arrivée massive de la musique anglo-américaine, de son rythme et l'ennoblissement de la batterie. L'enthousiasme de la jeunesse fut immense ; il généra le prodigieux *mouvement yé-yé.*

Le compromis

Le style anglo-américain persista jusqu'au rap contemporain. Les générations successives l'adoptèrent. Mais on n'abandonne pas facilement des traditions anciennes. Les chanteurs gardèrent le rythme, mais ils perpétuèrent la tradition.

Les attitudes

La chanson francophone continua donc de transmettre des convictions. Certains médias classèrent les chanteurs par catégories, selon les attitudes face à la société.

On suggéra la catégorie des alternatifs : ceux qui rêvent d'un autre monde et dénoncent les injustices sociales, le nucléaire, etc. comme le groupe Tryo, défenseur de l'écologie, influencé par le reggae et les musiques du monde.

Un journaliste conçut la catégorie des courageux, comme la chanteuse Camille. Elle ne craint pas la nouveauté et chaque album est une surprise. Pour son album Le Fil, elle appliqua le concept du segue : une seule note du début à la fin, des effets de voix étonnants et un seul instrument, une contrebasse.

Anaïs se distingue par sa simplicité : une guitare, un kazoo et une pédale sampler pour la voix.

Il y eut également le groupe des femmes sans complexe comme la Malienne Rokia Traoré, qui combine instruments traditionnels et voix originale, éloignée des modes.

Dans la catégorie des chanteurs révoltés on trouve l'Ivoirien Tiken Jah Fakoly ou Lavilliers. Les messages de Tiken Jah Fakoly sont politiques quand il dénonce les relations entre la France et ses anciennes colonies, sociétaux quand il dénonce les traditions mutilantes de la femme africaine.

Grammaire

Le passé simple (Past historic)

Study H10 in the grammar section.

1 In the article above, find:
   a ten examples of the third person singular past historic (*il/elle*)
   b five examples of the third person plural past historic (*ils/elles*)

2 Write down the phrases containing the verbs in the past historic tense and translate them into English.

3 What do you notice about the third person plural endings of the past historic?

Jean-Michel Jarre

3 Remplacez les verbes *en italique* par les mêmes verbes au passé composé.

1 Les musiciens *gardèrent* le rythme.
2 La musique française *continua* à favoriser les mêmes thèmes.
3 Le nouveau siècle *vit* l'arrivée d'une vague de musique africaine.
4 Nous *ne perpétuâmes pas* notre tradition de rébellion.
5 Le mouvement yé-yé *changea* tout.
6 Nous *choisîmes* les chansons d'amour.
7 Le rap *mit* fin au style anglo-américain.
8 Il y *eut* également une révolution musicale en Afrique.

4 a On aime toutes sortes de musique. Écoutez la conversation sur la musique entre Marie, Nicolas et Hugo. Faites correspondre chaque nom avec son style de musique.

A Noms	B Style de musique
a Grand Corps Malade	a la musique africaine
b Jacques Higelin	b la musique électronique
c Jean-Michel Jarre	c le rap
d MC Solaar	d le rock
e Touré Kunda	e le slam

4 b Écoutez la conversation encore une fois et répondez aux questions suivantes en français.

1 Quelles chaînes de télévision sont mentionnées ? (2 détails)
2 Hugo, que pense-t-il de la musique classique ?
3 Jean-Michel Jarre a vendu combien de disques pendant sa carrière ?
4 Youssou N'Dour est originaire de quel continent ?
5 Lynda Lemay est de quelle nationalité ?
6 Quels sont les deux styles de musique que les Français confondent ?
7 Comment est-ce que Florence décrit la musique de MC Solaar ?
8 Dans quels pays a lieu le festival des Francofolies ? (2 détails)

Stratégie

Translating from English to French

In the AS exam you have to translate sentences from English into French.

- Don't always translate word for word, but make sure you translate every bit of the meaning.
- It is fine to use cognates, but make sure you use the French spelling, not the English one, e.g. rhythm = *rythme*.
- Check your verbs carefully and make sure you have used the correct tense.
- Can you think of something similar that you already know how to say? If so, maybe you can adapt it.
- Is there something in the reading or listening passage that is useful for adaptation?
- Finally, check carefully to make sure that what you have written reads smoothly and does not contain grammatical errors.

5 Traduisez ces phrases en français.

1. Many people in Europe don't know much about French music.
2. They have always preferred Anglo-American music.
3. They need to listen to more French music.
4. They will realise that there are many different styles.
5. French music has produced many great talents, such as Georges Brassens and Jacques Brel.
6. The great French poets were an endless source of inspiration for them.
7. Claude Nougaro, Jacques Higelin and Alain Souchon adopted a very sophisticated language and musical style.
8. Their modern musical arrangements appeal to all generations.

6 a Dans la liste ci-dessous se trouvent des chanteurs, auteurs, compositeurs et groupes francophones (français, antillais, africains, canadiens, belges). Sélectionnez un nom et faites des recherches.

- Décrivez les moments importants de sa carrière.
- Recherchez quelques-unes de ses œuvres et traduisez les titres en anglais.
- Écoutez une œuvre ou un extrait en ligne, dites ce que vous en pensez et justifiez votre réponse.
- Écrivez un résumé de votre recherche.

Anaïs	**Bernard Lavilliers**
Jacques Brel	**Linda Lemay**
Camille	**Olivier Messiaen**
Manu Chao	**Jean-Louis Murat**
Manu Dibango	**Noir Désir**
Serge Gainsbourg	**Alain Souchon**
France Gall	**Stromae**
Johnny Hallyday	**Yann Tiersen**
Jacques Higelin	**Touré Kunda**
Jean-Michel Jarre	**Kassav**

6 b Préparez des questions à poser à votre partenaire sur les recherches. À tour de rôle, posez et répondez aux questions.

5.3 Vous écoutez de la musique francophone ?

- Réfléchir sur la musique canadienne et la musique préférée des jeunes
- Réviser l'imparfait
- Développer une prononciation juste

On s'échauffe

1 a Parmi les quatre groupes suivants, trouvez et expliquez la liste intruse. Si possible, faites des recherches sur Internet sur les noms que vous ne connaissez pas.

1. **Festival international de jazz de Montréal, Festival d'été international du Québec, Francofolies de Montréal.**
2. **Lara Fabian, Céline Dion, Lynda Lemay.**
3. **David Guetta, Phoenix, Jean-Michel Jarre.**
4. **Gigue québécoise, musique canadienne, Reel Béatrice**

1 b Pouvez-vous, par équipe de deux, constituer une liste de trois mots liés à une musique de votre choix ? Expliquez au reste de la classe les raisons de votre sélection.

2 a Lisez l'article page 87. Complétez les phrases 1 à 8 en choisissant un mot ou une expression dans la liste (a à k). Attention ! il y a trois expressions de trop.

1. Le Québec était en tête pour défendre ....
2. Pour .... , il vaut mieux chanter en anglais.
3. La première .... de Céline Dion était en 1981.
4. Céline Dion a vendu .... dans le monde.
5. Une chanson de Céline Dion .... comme musique du film *Titanic*.
6. Les sœurs McGarrigle étaient québécoises et ....
7. Un timbre .... des sœurs McGarrigle a été émis.
8. Trois chanteurs ont édité ....

- **a** la francophonie
- **b** dix albums
- **c** a été choisie
- **d** un album en commun
- **e** apparition à la télévision
- **f** une carrière mondiale
- **g** devait
- **h** irlandaises
- **i** 230 millions d'albums
- **j** la foule enthousiaste
- **k** à l'effigie

2 b Relisez l'article. Résumez les deux premiers paragraphes. Vous pouvez vous aider des cinq points suivants :

- rôle du Québec dans la francophonie
- importance de l'anglais
- le succès
- l'ouverture des jeux olympiques d'Atlanta
- *Titanic*

Écrivez des phrases complètes et faites attention aux fautes de grammaire !

La chanson québécoise

La musique francophone canadienne

Dans les années 70, le Québec était à la pointe de la francophonie. Beaucoup d'artistes faisaient une carrière entièrement francophone. Mais les plus célèbres, comme Céline Dion ou les sœurs McGarrigle, comprenaient qu'une carrière mondiale se construisait en anglais.

Québec, Québec

Les grands noms

Céline Dion apparaissait pour la première fois à la télévision en 1981. Mais son premier album anglais ne devait sortir qu'en 1990. Son succès aux États-Unis pouvait alors décoller. À cette époque, chacun de ses albums se classait en tête des ventes. Depuis, elle a vendu plus de 230 millions de disques dans le monde.

À l'ouverture des jeux olympiques d'Atlanta, 3,5 milliards de téléspectateurs regardaient Célinc Dion dans le monde entier. En 1997, la chanson « My heart will go on » était sélectionnée pour la bande originale du film *Titanic*.

Anna et Kate McGarrigle étaient de père irlandais. Elles écrivaient et chantaient donc en français et en anglais. Leurs mélodies s'apparentaient au folklore. De nombreux chanteurs s'inspiraient de leur style. Elles avaient beaucoup de succès, essentiellement au Canada. En 2008 elles arrêtaient leur carrière. En 2010, Kate décédait. Elles ont publié 10 albums en tout. En 2011, La Poste émettait un timbre avec leur portrait.

Les autres

Le Québec a produit beaucoup de grands artistes. En 1974, les chanteurs poètes Gilles Vigneault, Félix Leclerc et Robert Charlebois se produisaient ensemble à la Superfrancofête, devant une foule enthousiaste de plus de 100 000 personnes. Gilles Vigneault comparera l'événement à un Woodstock québécois. Leur performance allait être immortalisée dans le disque « J'ai vu le loup, le renard, le lion ».

Grammaire

L'imparfait

Study H6 in the grammar section.

1 In the article above there are 14 verbs in the imperfect tense, some used more than once:
 a Find 10 verbs in the singular.
 b Find 11 verbs in the plural.
 c Translate all the verbs you found into English. To what stem do you add the endings in the case of regular verbs? Do any of the verbs identified have an irregular stem?

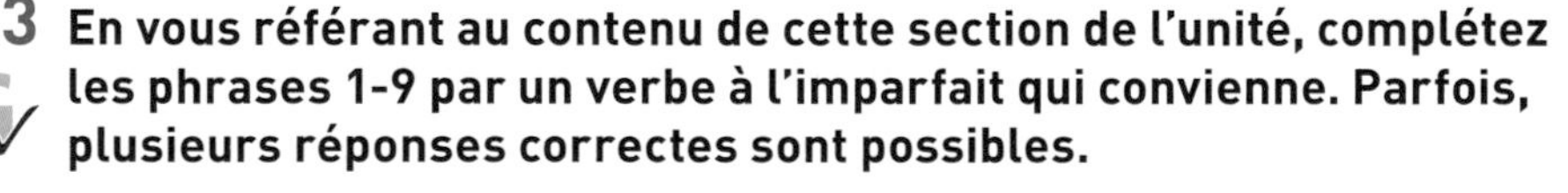

3 En vous référant au contenu de cette section de l'unité, complétez les phrases 1-9 par un verbe à l'imparfait qui convienne. Parfois, plusieurs réponses correctes sont possibles.

1 Après le tremblement de terre au Japon, on ne .... pas reconstruire si rapidement.
2 À 11 heures nous .... l'hymne national.
3 Il .... loin de savoir la vérité.
4 Le public ne/n' .... que les célébrités à la mode.
5 J'.......... l'habitude de ne pas regarder les annonces publicitaires interminables.

6 Pour ce rythme entraînant, l'audience .... la mesure avec les mains.

7 Les médias ne/n'.......... que de la propagande en faveur du régime du tyran.

8 Chaque fois, nous .... dans la salle de concert longtemps après la fin de la séance.

4 a Un sondage sur la musique des jeunes. Écoutez la conversation entre Rébecca, Marie et Clément, sur qui apprécie la musique francophone. Écrivez un mot que vous avez entendu qui correspond aux expressions (a à f).

a de la région
b soixante-quinze pour cent
c on pose des questions
d on s'étonne
e en première position
f dans tout le pays

4 b Réécoutez le dialogue. Pour chaque personne, choisissez les phrases qui conviennent le mieux.

A **Noms**

a Marie
b Rébecca
c Clément

B **Propos**

1 Le hip hop est apprécié par la moitié des jeunes Français.
2 Le R'n'B arrive en deuxième position après le hip hop.
3 Les résultats nationaux sont la moyenne de tous les résultats régionaux.
4 Chaque région apprécie les groupes de sa propre région.
5 À Toulouse on apprécie le groupe Zebda.
6 Ces groupes locaux disparaissent des sondages nationaux.
7 Très peu de jeunes aiment la musique classique.
8 75% des jeunes de 16 ans téléchargent de la musique.

Le hip hop

Stratégie

Developing accurate pronunciation

In the AS exam you need to have good pronunciation. To develop a more accurate pronunciation, you can:

- listen several times to the audio that accompanies this book.
- listen to French radio and television programmes, e.g. France Inter online or LW 162 kHz (1852m)
- watch French films
- watch documentaries on YouTube or Dailymotion
- do online pronunciation exercises
- record yourself reading a text. Listen to how you sound. Work in a pair with another student and listen to each other.
- talk with native speakers whenever possible
- practise the strategy task below

5 Read the following sentences with a partner.

a In these sentences pay attention to liaisons and to the different pronunciation of /ai/, /è/ and /é/:

1. Elle écoutait du hip hop depuis des heures.
2. Les sœurs étaient célèbres.
3. Un grand artiste. Les grands artistes.
4. Les artistes anglo-américains.

b Here pay attention to the final /s/ in the words *plus* and *tous*:

1. Elle ne vend plus d'albums.
2. Elle vend plus d'albums.
3. Il écoute Céline Dion tous les jours.
4. Il les a tous écoutés.

c In the following note the difference between *h muet* and *h aspiré*:

1	un homme	un home	des histoires
2	des huit	dix-huit	des harmonies

6 Traduisez en français le texte suivant sur la musique.

Céline Dion sings in English but before she sang in French. Francophone music was important to her, but she also knew that for an international career, English was indispensable.

The McGarrigle sisters had a French Canadian mother and an Irish father. They sang in both languages.

Until the 80s, the French adored the Anglo-American songs and they knew the Anglo-American groups of the 60s very well, for example.

Francophone music was more popular than Anglophone music, but today, a majority of teenagers listen to Anglo-American rhythm and blues and hip hop.

7 a Si possible, écoutez quelques chansons françaises sur YouTube. Choisissez une chanson que vous aimez. Apprenez quelques couplets par cœur pour améliorer votre prononciation.

7 b Comparez les résultats du sondage sur la musique des jeunes que vous avez écouté avec la situation dans votre pays. Discutez de ces points avec un(e) partenaire.

- la musique préférée des jeunes
- les préférences différentes selon les régions
- la musique nationale et américaine
- le téléchargement de la musique

7 c Écrivez un paragraphe pour résumer votre discussion. Écrivez des phrases complètes et faites attention aux fautes de grammaire !

AS STAGE

5.4 La musique francophone africaine

- Découvrir la chanson et les festivals de musique africains
- Réviser les participes présent et passé
- Prendre part à une conversation courante

On s'échauffe

1 a Voici une liste de quatre artistes africains et de leur quatre pays d'origine. Le nom de l'artiste est suivi de la capitale de son pays d'origine.

1 Rokia Traoré (Bamako)	**a le Sénégal**
2 Touré Kunda (Dakar)	**b le Cameroun**
3 Yannick Noah (Yaoundé)	**c la Côte d'Ivoire**
4 Antoinette Konan (Yamoussoukro, Abidjan)	**d le Mali**

Parmi les artistes, dites lesquelles sont des chanteuses (2) et lesquels sont des chanteurs (2).

1 b En vous aidant des capitales, trouvez le pays d'origine de chaque artiste.

1 c Où se situent les quatre pays ? Décrivez leur situation en Afrique.

1 d Sélectionnez un(e) artiste francophone africain(e). Faites des recherches.

- **Il/Elle est de quel pays ?**
- **Il/Elle chante en quelle langue ?**
- **Est-ce que vous pouvez citer un ou deux titres ?**

2 a Lisez l'article page 91. Trouvez dans l'article des synonymes pour les mots et les expressions ci-dessous.

1 célèbres
2 sans mérite
3 communiquer avec beaucoup de gens
4 les avantages
5 les habitants
6 les habitudes
7 correctes

2 b Relisez l'article. Pour chaque début de phrase 1 à 8, choisissez la bonne fin de phrase (a à h).

1 De nombreux chanteurs africains...
2 Les chanteurs africains francophones ont d'abord...
3 En chantant en français, leur message...
4 En français, ils ont pu montrer au monde...
5 Les grands artistes s'autorisent...
6 Maintenant, les médias internationaux diffusent...
7 Par les chansons, les Africains ont pu...
8 Les statistiques prévoient...

a ...les conséquences de la colonisation.
b ...juger leurs propres traditions.
c ...chanté en français.
d ...a touché beaucoup de pays.
e ...des chansons en langues africaines.
f ...700 millions d'Africains francophones.
g ...sont devenus célèbres.
h ...à chanter en langue africaine.

La chanson francophone contemporaine

En quelle langue chanter ?

L'Afrique est musicalement très riche. Beaucoup de chanteurs africains sont maintenant très connus. Les francophones ont d'abord chanté en français. Puis, le succès aidant, ils ont introduit des mots africains. Beaucoup d'entre eux, comme Touré Kunda ou Rokia Traoré, étant maintenant de grandes stars, chantent presque entièrement en langue africaine.

Un choix de langues réfléchi

Un guitariste africain

Ces choix ne sont pas futiles. En décidant de chanter en français, les artistes ont pu parler au monde. Ils ont fait connaître les côtés positifs et négatifs de l'Afrique. Ils ont dénoncé les mauvaises conséquences de l'esclavage et la colonisation. Et en entendant leur langue locale dans les médias internationaux, les populations africaines ont ressenti de la fierté. En même temps, elles ont appris à critiquer leurs propres coutumes.

L'avenir de la francophonie

En Afrique, il y avait 250 millions d'habitants en 1950. Sa population est maintenant passée à 1,2 milliard. Les statistiques prévoient 2 milliards pour 2050 dont 700 millions de francophones. Si les statistiques sont justes, les chanteurs francophones ont des raisons d'être optimistes.

Grammaire

Réviser les participes présent et passé (Revise present and past participles)

Study H3 and H4 in the grammar section.

1 In the article above, find:
- a seven examples of past participles used after the auxiliary *avoir*
- b one example of a past participle used after the auxiliary *être*
- c one example of a past participle used in other ways than the perfect tense — explain how they are used
- d two examples of present participles with *en*
- e two examples of present participles used in other ways — explain how they are used

2 What do you notice about the endings of present participles?

3 Choisissez le bon participe et la bonne forme dans chaque phrase.

1 Ils ont prospéré en (choisissant/choisissantes/choisi) de nouvelles techniques.

2 Les nouveaux chanteurs antillais sont (connaissant/connu/connus) partout dans le monde.

3 Il y a un nombre toujours (décroissant/décroissante/décru) de chanteurs folkloriques.

4 En (décidant/décidants/décidé) de chanter en anglais, ils ont élargi leur part du marché.

5 C'est certainement une histoire (réussissant/réussi/réussie).

6 Ils ont commencé vers le (tournant/tourné/tournée) du siècle.

7 La plupart des peuples de ce continent sont une race (oubliant/oublié/oubliée).

8 Ce n'est pas encore (décidant/décidé/décidée).

Quatre musiciens africains en action

4 a Le festival de musique du Sahel. Écoutez la conversation entre Amara, Changa, Makosa et Xavier. Choisissez les quatre phrases vraies.

1 Amara est assistante.
2 Changa est directrice.
3 Xavier est reporter hollandais.
4 Makosa est électricien.
5 Makosa s'occupe du son.
6 Omar Pène est musicien.
7 Il vient du Sénégal.

4 b Écoutez la conversation encore une fois et complétez les phrases suivantes en choisissant un mot dans la liste ci-dessous. Attention ! il y a deux mots de trop.

Xavier fait un **1**.......... sur le festival qui a eu lieu dans la grande région du **2**.......... , plus exactement dans le **3**.......... du Lompoul. Les générateurs sont **4**.......... et le son est **5**.......... .

Le festival est là pour faire connaître les traditions **6**.......... et culturelles du Sahel. Le succès du festival stimule **7**.......... . Au festival il y avait des artistes du Sénégal et du Mali. Farka Touré est surnommé le Hendrix du **8**.......... .

désert	**Sahara**	**musicales**	**chanson**	**excellent**
l'économie	**puissants**	**Sahel**	**reportage**	**bonne**

Stratégie

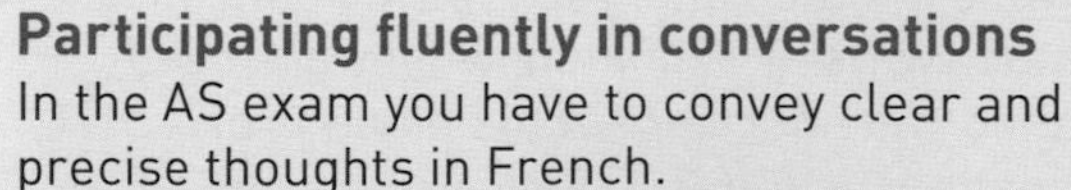

Participating fluently in conversations

In the AS exam you have to convey clear and precise thoughts in French.

- When you are asked a question, make sure you answer it before giving reasons, opinions and examples.
- Make sure you ask questions as well as answer them.
- Don't speak too fast or too slowly and make sure you pronounce words clearly.
- If you do not understand, ask for clarification using sentences such as *Pouvez-vous répéter, s'il vous plaît ? Pouvez-vous l'épeler, s'il vous plaît ?* etc.
  - Learn a list of fillers to give you time to think, e.g. *bon, alors, on va voir.*
  - If you do not remember or do not know a word, ask for help using phrases like *Comment dit-on ? Qu'est-ce qu'un... ?*
- If you do not know or can't remember a word for an object, describe it in such a way that you still get your point over, e.g. *c'est un objet qui...; c'est un appareil qui...*
- If you do not know or can't remember a word:
  - use a synonym or a word with a similar meaning
  - you can describe the object, e.g. *c'est si bruyant, c'est une couleur plus...*
  - you may use gestures but with caution (some gestures can be misinterpreted)

5 Work in pairs and use the advice given in the strategy box to complete the following exercise.

a *A* pose une question à *B* sur la musique africaine francophone et *B* lui répond.

Exemple :

A Où se déroule le festival du Sahel ?

B Il se déroule au Sénégal, dans le désert du Lompoul.

b L'un(e) dit une circonlocution, l'autre essaie de trouver le mot.

Exemple :

A un appareil qui produit de l'électricité

B un générateur

6 Translate into English the following passage.

La chanson contemporaine

La musique ayant toujours été essentielle à l'Afrique, de plus en plus de festivals s'y sont créés. Un bon exemple est le Festival du Sahel. Ce festival a commencé voilà environ 6 ans ; mais cette année on a célébré la 5ème édition.

Il est le plus important des pays du Sahel. Depuis le début, son but a été de promouvoir la musique de cette vaste région d'Afrique.

Le pays organisateur étant le Sénégal, le festival a logiquement lieu au Sénégal. Il se déroule dans le désert du Lompoul, au nord du pays. Jusqu'à maintenant, ce festival a été économiquement très bénéfique.

7 a Faites une recherche sur Internet sur la musique francophone africaine. Trouvez un autre festival de musique francophone :

- ses chanteurs, ses musiciens
- les lieux, les dates
- les thèmes et les messages
- ce qui vous a frappé etc.

7 b La classe va vous poser des questions sur vos recherches. Votre but est de pratiquer la stratégie.

Votre rôle d'interrogateur :

- Entraînez-vous à parler à la bonne vitesse.
- Prononcez correctement.
- Révisez les différentes façons de poser des questions en français.
- Si vous avez oublié un mot, utilisez une paraphrase.

Rôle d'auditeur :

- Si vous n'avez pas compris une question, faites répéter en utilisant les bonnes expressions.
- Si vous ne comprenez pas, demandez des explications.
- Si un mot est difficile, demandez qu'on l'écrive au tableau.
- Si nécessaire, utilisez une circonlocution dans vos réponses.

Vocabulaire

5.1 Sauvez la musique francophone !

à ce rythme at that rate
un(e) **adolescent(e)/ado** teenager
à mon avis in my opinion, to my mind
Antillais West Indian
à portée de main within reach
d' **après moi** in my opinion, as I see it
avertir to warn
avoir raison to be right
le **bilan** result, assessment
la **chaîne** channel
de face full frontal
en partie partially
s' **enthousiasmer pour** to praise
étonnant astonishing, amazing
le **fond** background
le **goût** taste
inhabituel different, unusual
méconnaître to be unaware
le **mode de vie** way of life
ouais *(informal)* yeah
par la suite subsequently, thereafter
les **paroles** *(f pl)* lyrics
plébisciter to vote in
pourtant yet, however
prêt(e) ready
rapprocher to bring closer
un **sondage** survey, poll
surprenant surprising, perplexing
taper to type (keyboard)
télécharger to download
se **tenir prêt** to stand ready

5.2 Connaissez-vous la musique francophone contemporaine ?

un **auteur** author, writer
la **batterie** drums
un(e) **compositeur (compositrice)** composer
la **contrebasse** double bass
un **effet de voix** voice/vocal effect
un **genre musical** musical genre
un **groupe** band
une **guitare** guitar
la **mode** fashion, trend
le **mode** mode
le **mouvement yé-yé** yé-yé fever/movement
la **musique contemporaine** contemporary (classical) music
les **musiques du monde** *(f pl)* world music
une **note** music note
la **nouvelle vague** New Wave
un **ordinateur** computer
le **si** B (music note)

5.3 Vous écoutez de la musique francophone ?

à la pointe at the forefront, cutting edge
s' **apparenter à** be similar to, relate to
la **bande originale** original soundtrack
la **carrière** career, profession
se **classer** to be ranked
se **construire** elaborate, be built up, develop
décéder to die
décoller to take off
émettre release
en tête in the lead, in front
en tout in all
une **époque** time, age, period
un **évènement** event
la **foule** crowd, mob
le **milliard** billion
mondial(e) global, worldwide
la **moyenne** average
l' **ouverture** *(f)* opening
se **produire** to perform, appear
publier to publish, release
sortir to be released, come out
la **Superfrancofête** a festival in Quebec
un(e) **téléspectateur (téléspectatrice)** viewer
un **timbre** stamp

5.4 La musique francophone africaine

avancer (chiffre) to claim (figure)
un **avenir** future
avoir lieu to take place, happen
croître to grow
défavorisé(e) underprivileged, disadvantaged
délivrer to convey
démonter to dismantle
destiner to intend for, aim at
un **éclairage** lighting
un **emploi** job
en fonction de according to
enchanté(e) pleased/nice to meet you
l' **esclavage** *(m)* slavery
la **fierté** pride
la **francophonie** French-speaking countries
un **hommage** compliments
se **montrer** appear
oser to dare
parallèlement at the same time, simultaneously
les **peuples** *(m pl)* peoples
présenter to introduce
promouvoir to promote
le **public** audience
redonner to give back, return
réfléchi(e) rational, judicious
renseigner to inform
la **scène** stage
la **souffrance** suffering
surnommer to nickname
tournant du siècle turn of the century

UNIT 6

Cinéma : le septième art

6.1 **Le cinéma : un art populaire**
6.2 **Les moments forts du cinéma en France**
6.3 **La passion du cinéma**

Theme objectives

In this unit you study French cinema. The unit covers the following topics:
- when cinema was invented and its place in France
- what the greatest developments in French cinema in the twentieth century are
- how popular cinema is in France

Grammar objectives

You will study and practise the following grammar points:
- recognising and using the present subjunctive
- understanding and using the conditional mood
- using adverbs

Strategy objectives

You will develop the following strategies:
- acquiring useful listening techniques for the exam
- developing revision techniques
- learning and using more sophisticated language

6.1 Le cinéma : un art populaire

- Comprendre et discuter à quel moment est apparu le cinéma et sa place en France
- Reconnaître et utiliser les formes les plus communes du présent du subjonctif
- Acquérir des techniques pour la compréhension orale à l'examen

On s'échauffe

1 a Travaillez en petits groupes et répondez aux questions suivantes à l'oral. Justifiez vos réponses.

- **Allez-vous souvent au cinéma ?**
- **Regardez-vous des films chez vous : à la télé ou en téléchargement ?**
- **Quels types de films préférez-vous ?**
- **Pourquoi va-t-on au cinéma alors qu'on peut facilement regarder ce qu'on veut chez soi ?**

1 b Les titres de ces films français ont été traduits plus ou moins mot à mot. Retrouvez-les en anglais. Faites cette activité par deux à l'oral.

1 *La belle et la bête*
2 *Les 400 coups*
3 *À bout de souffle*
4 *Au revoir les enfants*
5 *Les enfants du paradis*
6 *Les vacances de Monsieur Hulot*
7 *La haine*
8 *Le fabuleux destin d'Amélie Poulain*

a *Mr Hulot's holiday*
b *Breathless*
c *The 400 blows*
d *Goodbye, children*
e *Beauty and the beast*
f *Amélie*
g *Hate*
h *Children of Paradise*

1 c Associez le type de film avec la bonne définition. Pouvez-vous ajouter d'autres genres à la liste ?

1 **film destiné à faire rire**
2 **film musical**
3 **film à but pédagogique**
4 **film utilisant des animations plutôt que des acteurs**
5 **genre cinématographique dans lequel on trouve une histoire policière**
6 **genre qui se passe dans le futur**

a **un documentaire**
b **un dessin animé**
c **un polar**
d **une comédie**
e **un film de science-fiction**
f **une comédie musicale**

2 a Lisez les extraits d'un forum sur le cinéma (page 97) et mettez les phrases 1 à 8 dans l'ordre du texte.

1 Des gens dans le public offrent d'acheter la nouvelle machine.
2 Le cinéma est considéré comme une forme d'art.
3 Le Salon reçoit jusqu'à 2 500 personnes par jour.
4 Georges Méliès était un génie.
5 Le cinéma devient rapidement une industrie.
6 Georges Méliès utilisait beaucoup d'effets spéciaux.
7 Les frères Lumière emploient des jeunes pour faire découvrir leur invention à travers le monde.
8 Un des films projetés est *Sortie d'usine*.

Le début du cinéma

Nous avons demandé à trois étudiants à l'institut du cinéma de nous expliquer comment a commencé le cinéma en France.

Noémie
Aujourd'hui, 21:17

Le 28 décembre 1895 les frères Lumière décident de projeter dix films au Salon Indien à Paris. L'un de ces films est d'ailleurs très célèbre et s'appelle *Sortie d'usine*. Il faut que je dise que les premiers spectateurs sont sous le charme mais je ne pense pas qu'il faille oublier qu'il n'y en a que 33 dans la salle ce soir-là. C'est pourtant un triomphe et le bouche-à-oreille marche bien puisque quelques semaines plus tard le Salon Indien reçoit jusqu'à 2 500 spectateurs par jour !

Fabrice
Aujourd'hui, 19:55

Je suis surpris que certains spectateurs offrent d'acheter le nouvel appareil très cher ; Georges Méliès est prêt à le payer 10 000 francs. Vous le connaissez peut-être grâce à son film de 1902 *Voyage dans la lune*. Ce type était un génie et je ne crois pas qu'il soit à négliger dans le développement du ciné. Il a contribué à énormément de trucages et d'innovations techniques.

Hubert
Hier, 23:01

Alors il ne faut pas penser que les frères Lumière s'arrêtent là. Dès le début de l'année 1896 ils emploient des jeunes pour aller un peu partout dans le monde faire découvrir ce nouveau procédé cinématographique. Le ciné devient vite un art populaire, un divertissement, une industrie et un média. En France on l'appelle même le septième art parce qu'il est considéré comme un produit culturel différent des autres.

2 b Qui a dit ça ? Lisez les phrases et retrouvez leur auteur dans le texte : Noé (N), Fabrice (F) ou Hubert (H).

1. *Sortie d'usine* est un des films projetés le 28 décembre 1895.
2. Les frères Lumière ont fait beaucoup pour faire connaître le cinéma.
3. Les tous premiers spectateurs sont subjugués par cette nouvelle technique.
4. Les premiers spectateurs sont peu nombreux.
5. Le nouvel appareil de cinématographie suscite la convoitise de certains spectateurs.
6. Georges Méliès est une figure qui compte dans l'histoire du cinéma.
7. Le cinéma est le septième art en France.
8. Les spectateurs propagent vite la nouvelle de cette nouvelle technique.

À la première projection des frères Lumière

2 c Traduisez les phrases suivantes en français.

1. The students are going to explain to us how cinema started.
2. The Lumière brothers started showing films in 1895.
3. Only 33 people were in the audience at the first showing.
4. Georges Méliès was a genius and contributed a lot to the development of special effects.
5. Young people were employed to travel around the world and promote cinema.
6. Nowadays, in France, cinema is considered the seventh art.

Grammaire

Le présent du subjonctif (les formes les plus communes) (Present subjunctive (most common forms))

Study H15 in the grammar section.

1 In the web forum on page 97, find five verbs in the present subjunctive. Write down the clauses containing the verbs and translate them into English.

2 In each case, explain why the verbs are in the subjunctive.

3 a Remplacez les infinitifs entre parenthèses par les bonnes formes du subjonctif.

1 Votre mère est contente que vous (*aller*) à l'université.

2 Pour que vous (*savoir*) la réalité de la situation, je vous l'explique.

3 Il ne faut pas que nous (*oublier*) que monter un film coûte très, très cher.

4 J'accepte de t'épouser à condition que tu (*perdre*) ta barbe !

5 On ne croit pas que ça (*être*) vrai !

6 Cela ne m'étonne pas qu'il y (*avoir*) des accidents sur cette route hyper dangereuse.

7 Honnêtement, je préfère que vous (*rester*).

8 J'accepte de participer, pourvu qu'il (*finir*) les préparatifs lui-même.

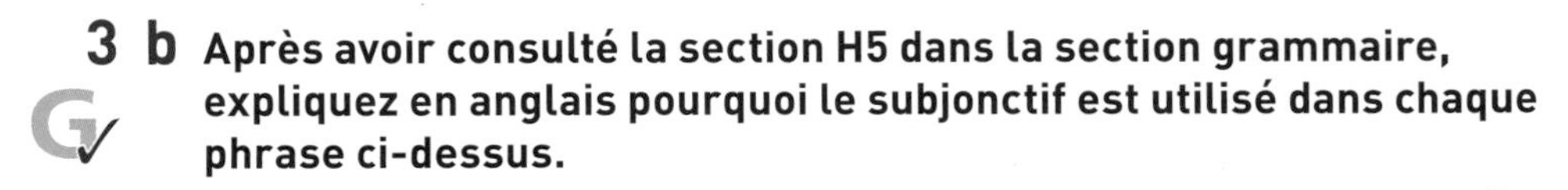

3 b Après avoir consulté la section H5 dans la section grammaire, expliquez en anglais pourquoi le subjonctif est utilisé dans chaque phrase ci-dessus.

Stratégie

Developing listening techniques

- Read the title (topic) — it will help you infer information.
- Read the questions to be familiar with what you will be asked.
- Use linguistic clues in the questions to help you focus on key language in the passage.
- If it says find a specific number of true answers, make sure you give the right number.
- If a question is multiple choice, don't leave a blank. Make an educated guess.
- If you have to give answers in French, check how many pieces of information are required (number in brackets).
- Check whether complete accurate sentences are required, or whether you just need to write enough to answer the question.
- If choosing endings for sentences, make sure they fit grammatically, as well as for meaning.
- If you have to write a summary, note key words during the first hearing, then add details during the second hearing.
- Make sure your answers are written in accurate French.

La Cinémathèque française à Paris

4 a Les Français aiment le cinéma. Écoutez l'enregistrement et choisissez les cinq phrases vraies.

1 Charlotte dirige une salle de cinéma indépendante.
2 Le cinéma est le cinquième art pour les Français.
3 En ce moment l'industrie du cinéma est vraiment florissante.
4 Le dynamisme peut se voir grâce aux entrées.
5 L'année passée, 66,6% des Français sont allés au moins deux fois au cinéma.
6 Les spectateurs qui vont le plus au cinéma sont les personnes âgées.
7 Le marché français est en tête en Europe.
8 Les films français ont toujours été aimés.

4 b Réécoutez l'enregistrement et écrivez un résumé en français. Considérez les points suivants :

- la place du cinéma aujourd'hui
- les spectateurs assidus
- la place du cinéma français en Europe

4 c Travail à deux. Lisez le résumé de votre partenaire. Est-ce qu'il y a des erreurs à corriger ?

5 a Utilisez Internet, et faites des recherches sur les films français les plus populaires de ces dix dernières années. Comparez vos recherches en petits groupes. Puis répondez à la question suivante : « Quel semble être le genre de film le plus populaire en France ? »

5 b Écrivez un paragraphe dans lequel vous comparerez la place du cinéma en France et celle qu'il tient en Grande-Bretagne (ou dans le pays dans lequel vous vous trouvez). Faites quelques recherches au préalable si nécessaire.

6.2 Les moments forts du cinéma en France

- S'informer sur les grands mouvements cinématographiques français du XXème siècle
- Comprendre et utiliser le mode conditionnel
- Développer des techniques de révision

On s'échauffe

1 a Le vocabulaire du cinéma. Trouvez le bon équivalent a à k pour chaque mot de vocabulaire 1 à 11.

1 un(e) scénariste	**a production**
2 un(e) réalisateur (réalisatrice)	**b launch (of a film)**
3 le gros plan	**c director**
4 la mise en scène	**d trailer**
5 en version originale	**e music soundtrack**
6 le décor	**f scenery**
7 la sortie	**g close-up**
8 la bande-annonce	**h to dub**
9 la bande originale (BO)	**i subtitled**
10 sous-titré	**j in the original language**
11 doubler	**k scriptwriter**

1 b Testez vos connaissances sur le cinéma en faisant ce quiz. Êtes-vous correct ? Cherchez les réponses correctes sur Internet.

1 Quel est l'auteur dont l'œuvre littéraire a donné le plus grand nombre d'adaptations cinématographiques ?
William Shakespeare Victor Hugo Edgar Wallace

2 En 1987, quel film français remporte un lion d'Or à Venise ?
Comédie ! Agent trouble Au revoir les enfants

3 Le festival du film de Deauville est consacré à quel type de films ?
anglais américain indien

2 a Trouvez dans l'article à la page suivante un synonyme pour les mots ou expressions suivants et ajoutez un antonyme.

1 l'arrivée
2 le cinéma avec son
3 de même importance
4 dehors
5 s'attachent
6 la diminution
7 l'apparition
8 cependant

2 b Relisez l'article puis lisez les phrases 1 à 8. Pour chaque phrase écrivez vrai (V), faux (F) ou non donné (ND).

1 À partir de 1929 le cinéma doit inclure des dialogues.
2 Les grands cinéastes des années 30 aiment filmer à l'intérieur.
3 À cette époque le cinéma se concentre sur les costumes des acteurs.
4 La Nouvelle Vague apparaît vers la fin des années 50.
5 L'expression Nouvelle Vague est utilisée pour la première fois par un journaliste.
6 Le public va moins au cinéma dans les années 60.
7 Le cinéma français est varié.
8 Les thèmes ne se préoccupent plus de la société.

Le développement du cinéma à partir des années 30

Le réalisme (poétique) des années 30

Hôtel du Nord **de Marcel Carné (1938)**

L'avènement du parlant en 1929 impose de repenser le cinéma. Avec l'aide de Jacques Prévert (poète), le cinéma des années 30 voit l'apparition du dialogue à part entière. Le lieu préféré de certains grands cinéastes de l'époque (Carné/Duvivier) est la rue, lieu populaire par excellence, mais paradoxalement une rue reconstituée en studio. Le réalisme poétique recréerait donc le réel tel qu'il serait vu par les réalisateurs. On pourrait dire que le cinéma se concentre sur l'esthétique et l'apparence plutôt que sur la vie réelle.

La Nouvelle Vague

Les 400 coups **de François Truffaut (1959)**

Vers la fin des années 50, certains réalisateurs (Truffaut/Godard/Chabrol) dénoncent le faux réalisme imposé au cinéma français. Le cinéaste voudrait devenir un auteur ; il se distance des gros budgets et préfèrerait être indépendant pour pouvoir imposer sa vision du monde. Ce nouveau style se veut libre, c'est-à-dire que le nouveau matériel permet de filmer en extérieur, on choisit souvent des acteurs inconnus qui donnent une fraîcheur ainsi qu'une liberté de ton aux textes et on montre des thèmes qui collent à la réalité tels que l'adultère par exemple.

Le renouveau (à partir des années 90)

La vie est un long fleuve tranquille **d'Étienne Chatiliez (1988)**

Après la baisse de fréquentation des salles dans les années 70, le cinéma connaît un renouveau à partir des années 90. Bien qu'un style français s'impose, c'est la différence qui domine entre les grandes productions qui voudraient rivaliser avec les films américains et les œuvres plus stylisées de certains grands noms (Jeunet/Chatiliez/Besson). On peut voir aussi l'émergence d'auteurs et de comédiens venus du café-théâtre. Les grands thèmes de société restent néanmoins présents.

3 Relisez l'article et traduisez les phrases suivantes en français.

1 Dialogue in the cinema of the thirties is given more importance.
2 Reality is recreated by directors.
3 In the fifties some directors are against the false realism of the thirties.
4 These new directors want to impose their vision of the world.
5 Unknown actors are chosen to play lead roles.
6 In the seventies people go to the cinema less often.
7 Cinema is very varied including big productions that would like to compete with American films.
8 Some directors want to retain the role of authors.

Colette : une actrice de la Nouvelle Vague

4 a L'actrice Colette parle de la Nouvelle Vague. Écoutez puis remettez les phrases dans le bon ordre.

1 Un nom a été inventé pour certains réalisateurs des années 50.
2 Le cinéma français a été régénéré.
3 Le matériel a changé et on a pu filmer en extérieur.
4 Elle n'avait pas beaucoup d'expérience à l'époque.
5 Colette voulait appartenir à la Nouvelle Vague.
6 Colette a commencé sa carrière dans les années 50.

4 b Réécoutez Colette et complétez les phrases suivantes en choisissant un mot dans la liste ci-dessous. Attention ! il y a deux mots de trop.

commerciaux	jeune	référer	artistique
filmer	nécessaire	1956	films

1 J'ai commencé ma carrière au cinéma en ....
2 J'étais .... à l'époque.
3 Les producteurs privilégiaient les films ....
4 Sortir pour .... était impensable.
5 Un journaliste a fini par se .... à cet esprit.
6 Avec le recul, je vois qu'il était .... de faire bouger l'industrie.

4 c Translate the following sentences into English.

1 Quand j'ai commencé ma carrière, tout était nouveau.
2 Le cinéma était plutôt commercial.
3 On a réussi à filmer en extérieur grâce à l'allègement du matériel.
4 La Nouvelle Vague, à cette époque, désigne un certain type de réalisateur.
5 J'ai été très influencé par ce nouveau mouvement.
6 Le cinéma français a repris son élan à partir des années 50.

Grammaire

Le mode conditionnel (Conditional mood)

Study H11 in the grammar section.

1 In the article on page 101, find six examples of verbs in the conditional present.

2 Write down the phrases containing the verbs and translate them into English. What do you notice about the stems of these verbs?

5 a Remplacez les verbes *en italique* par la forme correcte du présent du conditionnel.

1 Je ne *comprends* jamais la baisse des fréquentations du cinéma français.

2 Tu ne *fais* pas très souvent quelque chose de si scandaleux dans tes films, Claude !

3 Ces productions *rivalisent* avec toute l'œuvre de Jean Renoir.

4 La Nouvelle Vague *doit* réussir grâce aux innovations techniques.

5 Alfred Hitchcock *devient* la plus grande influence sur le film noir français.

6 « Nous *sommes* les plus jeunes réalisateurs du cinéma français ! » François Truffaut.

7 Le cinéma *change* pour de bon avec l'avènement de ces jeunes cinéastes.

8 Agnès Varda *est* la première grande réalisatrice dans le monde.

5 b Translate sentences 1–8 above into English.

Stratégie

Developing revision techniques

Some of the following bullets apply to all subjects; others are especially for languages:

- Make a realistic revision timetable and allow for relaxation time.
- Work with others and test each other's knowledge.
- Make spider diagrams on specific topics.
- Use practice papers and make sure you are familiar with the requirements of the exam.
- Listen, watch and read authentic material, e.g. films in French, radio stations, television channels, magazines, newspapers etc.
- Go on specific websites to revise your grammar knowledge.
- Learn vocabulary regularly — every subunit has a vocabulary list to get you started.

6 a Préparez des idées pour les trois points suivants puis discutez-en en petits groupes.

- la notion du cinéma comme 'art'
- le septième art en France
- l'art contre un produit commercial

6 b Ensuite, écrivez un paragraphe résumant vos idées et vos opinions personnelles.

7 Si possible, regardez ensemble un film français. À votre avis, c'est de l'art ou un produit commercial ?

6.3 La passion du cinéma

- Comprendre et discuter à quel point le cinéma est populaire en France
- Utiliser des adverbes
- Apprendre et utiliser du vocabulaire sophistiqué

On s'échauffe

1 Observez les statistiques suivantes sur la part des films français parmi les films regardés en France et préparez à deux un petit commentaire oral. Essayez de comprendre pourquoi vos voyez des fluctuations. Si nécessaire, faites des recherches pour trouver des explications.
Exemple : 1943 – deuxième guerre mondiale et occupation de la France donc surtout des films français présentés

Année	Part des films français
1943	85,0%
1949	42,4%
1959	49,5%
1973	58,5%
1985	44,5%
1991	30,6%
1994	28,3%
2010	35,8%
2012	40,3%

Le cinéma français – exception culturelle ?

« L'exception culturelle française » est une expression utilisée pour définir certaines particularités de la France par rapport aux autres pays d'Europe, et ailleurs dans le monde, dans le domaine de la culture.

Chez les intellectuels, l'expression se réfère à l'action conduite par le ministère de la culture confié à André Malraux en 1959. À cette époque la France met en place un dispositif législatif et réglementaire quant à la création artistique dans le théâtre et le cinéma. Dans les années 80 est venu s'y ajouter des contributions prélevées sur les chaînes de télévision pour financer le cinéma.

Chacun de ces trois domaines, cinéma, théâtre, télévision, doit reverser une partie de ses recettes pour **1**.......... à la création. C'est ainsi que le Centre national de la cinématographie (CNC) déduit un **2**.......... sur chaque billet de cinéma vendu pour apporter des **3**.......... à l'écriture, à la création ou à la diffusion d'œuvres d'expression **4**.......... . Le secteur de la télévision **5**.......... lui aussi très largement la production cinématographique en échange de droits de diffusion.

L'expression « exception culturelle » est **6**.......... une notion développée par le ministère des Affaires étrangères **7**.......... au cours des années 90. Cette notion a depuis été remplacée par **8**.......... plus large de « diversité culturelle » afin d'exporter les « produits » culturels français.

2 a Remplissez les blancs 1 à 8 dans l'article page 104 avec la lettre qui correspond au bon mot choisi dans la liste ci-dessous. Attention ! il y a deux mots de trop.

- **a** celle
- **b** aussi
- **c** française
- **d** aider
- **e** aides
- **f** pourcentage
- **g** français
- **h** finance
- **i** finances
- **j** ainsi

2 b Avec les définitions suivantes retrouvez les mots qui correspondent dans le texte.

1. enlevé
2. redonner une somme d'argent
3. même
4. en ce qui concerne
5. une autorisation
6. la transmission
7. ce qui est reçu en argent
8. qui a le caractère d'une loi

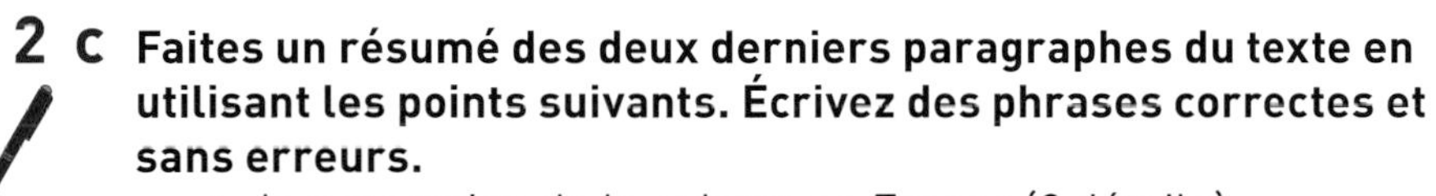

2 c Faites un résumé des deux derniers paragraphes du texte en utilisant les points suivants. Écrivez des phrases correctes et sans erreurs.

- la perception de la culture en France (2 détails)
- le contexte historique
- la législation apparaît
- la télévision

Grammaire

Les adverbes (Adverbs)

Study D1 in the grammar section.

1. In the article about French cinema on page 104, find the following:
   - a four adverbs of time
   - b three adverbs of manner
   - c five adverbs of place
2. Write them down and translate them into English. Which of the adverbs you have found is formed from an adjective?

3 **Camille ne comprend pas bien la différence entre un adjectif et un adverbe et les mélange toujours. Aidez Camille en cherchant l'adjectif incorrect dans chaque phrase et en le remplaçant par la bonne forme adverbiale.**

1 Le cinéma français a été partiel financé par les recettes pour les films américains.
2 Les films français ont gagné régulier des prix internationaux.
3 Les frères Lumière n'ont pas réussi facile avec leur invention cinématographique.
4 Ils ont atteint progressif leur premier but.
5 Mon frère abandonné a attendu impatient à la gare.
6 Je suis total d'accord avec cette opinion raisonnable.
7 J'avais complet oublié ma longue liste de commissions !
8 Il était constant nerveux dans cette situation-là.

4 a **Le festival du cinéma de Cannes. Écoutez la première partie de l'interview parlant de Cannes. Pour chaque début de phrase choisissez la bonne fin de phrase.**

1 Les films français ont été...
- **a** ...ignorés.
- **b** ...récompensés.
- **c** ...déshonorés.

2 Le cinéma français...
- **a** ...est en pleine forme.
- **b** ...ne va pas bien.
- **c** ...n'est pas intéressant.

3 Le film Palme d'Or est authentique car...
- **a** ...le réalisateur vient du Sri Lanka.
- **b** ...les acteurs ne sont pas professionnels.
- **c** ...c'est un documentaire.

4 Deux acteurs français remportent...
- **a** ...le prix du scénario.
- **b** ...les prix d'innovation.
- **c** ...les prix des meilleurs interprètes.

La ville de Cannes, sur la Côte d'Azur

4 b Écoutez la deuxième partie de l'interview sur Cannes. Pour chaque début de phrase 1 à 4 choisissez la bonne fin de phrase a à f. Attention ! il y a deux fins de phrase supplémentaires.

1 Agnès Varda a gagné...
2 Agnès Varda représente la féminité dans l'univers masculin...
3 Les chiffres montrent que le cinéma...
4 270 longs métrages sont...

a ...se porte bien.
b ...à l'affiche toutes les semaines.
c ...la Palme d'honneur.
d ...produits en France tous les ans.
e ...une grande somme d'argent.
f ...des réalisateurs.

4 c Translate the following sentences into English.

1 La Palme d'Or a été remportée par un film français.
2 Le cinéma français a eu beaucoup de succès cette année.
3 Le sujet du film récompensé traite de la vie d'une famille réfugiée en France.
4 Deux acteurs français ont été reconnus pour leur interprétation.
5 Agnès Varda est une des seules réalisatrices dans un univers très masculin.
6 Un grand nombre de films français sont produits chaque année en France.

Stratégie

Learning and using more sophisticated language

- Learn synonyms and antonyms to extend your vocabulary and make sure you use a variety of language.
- Use a monolingual dictionary (French–French) regularly and you will gain more vocabulary by being exposed to the definitions.
- When reading in French, make notes of recurring language and make use of it in subsequent work.
- Try to watch French films with or without French subtitles and make notes of recurring language.
- Use subordinate clauses and connectives to make your sentences longer.
- Use a variety of different tenses including phrases using the subjunctive.
- Do not forget to use the conditional.

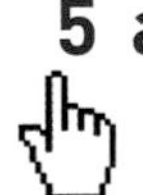

5 a Faites des recherches sur la notion « d'exception culturelle » en utilisant les idées suivantes. Puis décidez si vous êtes pour ou contre.

- Ajouter à la définition déjà donnée dans ce chapitre.
- Est-ce une notion qui existe dans d'autre pays ?
- Quels en sont les avantages et les inconvénients ?

5 b Vous allez discuter de la notion « d'exception culturelle française ». Préparez des arguments pour et des arguments contre. Ensuite divisez la classe en deux et faites un débat.

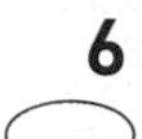

6 Si possible, regardez un des films mentionnés dans le reportage du festival de Cannes. Qu'est-ce que vous en avez pensé ?

Vocabulaire

6.1 Le cinéma : un art populaire

assidu(e) regular/constant
le **bouche-à-oreille** word of mouth
célèbre famous
la **comédie** comedy
la **comédie musicale** musical
le **dessin animé** cartoon
le **divertissement** entertainment
le **documentaire** documentary
un **effet spécial** special effect
en tête ahead/in front
une **entrée** admission/ticket (cinema)
être subjugué(e) par to be captivated
un **film** film
florissant(e) flourishing
le **génie** genius
l' **innovation** (*f*) innovation
l' **invention** (*f*) invention
un **média** medium
négliger to neglect; to forget
un **polar** detective movie
se **porter bien** to be healthy
un **procédé** method
projeter to project
propager to spread
une **salle** cinema
la **science-fiction** science-fiction
sous le charme charmed
un(e) **spectateur (spectatrice)** viewer, audience member
un **triomphe** triumph, success
le **trucage** special effect

6.2 Les moments forts du cinéma en France

une **adaptation** adaptation
une **affiche** film poster
l' **apparence** (*f*) appearance
un **auteur** author
l' **avènement** (*m*) coming
une **baisse** decrease
une **bande annonce** trailer
un(e) **cinéaste** director, filmmaker
le **décor** setting/scenery
le **dialogue** dialogue
doublé dubbed
en version originale in original language
une **époque** era, period
l' **extérieur** (*m*) outside
un **festival** festival
la **fraîcheur** freshness
le **gros budget** big budget
le **gros plan** close-up
une **hausse** increase
impensable unthinkable
indépendant(e) independent
l' **intérieur** (*m*) inside
la **liberté** freedom
un **lieu** place
le **matériel** equipment
un **metteur en scène** director
mettre en scène to stage
la **mise en scène** directing, staging
muet silent
parlant talking
un **prix** prize
une **promotion** promotion
un(e) **réalisateur (réalisatrice)** director
le **réalisme** realism
une **récompense** award
le **renouveau** renewal, revival
un(e) **scénariste** scriptwriter
la **sortie** release
le **souffle** breath
sous-titré subtitled
stylisé(e) stylized

6.3 La passion du cinéma

l' **authenticité** (*f*) authenticity
un **billet** ticket
une **chaîne** channel
un **chiffre** figure
une **contribution** input/contribution/tax
la **création** creation
le **cru** vintage
déduire to deduct, to subtract
diffuser to broadcast
la **diffusion** broadcasting
le **domaine** area
le **droit** right
l' **écriture** (*f*) writing
une **époque** era, period
la **féminité** femininity
financer to finance
la **galère** pain, hell
législatif (-ive) legislative
mettre à l'honneur to publicly recognise
un **ministère** ministry
une **particularité** characteristic
la **passion** passion
populaire popular
prestigieux (-euse) prestigious
la **preuve** proof, evidence
quant à whereas
la **recette** takings, revenue
une **récompense** award
une **règle** rule
réglementaire regulatory
un **secteur** area
un **théâtre** theatre
la **vigueur** strength

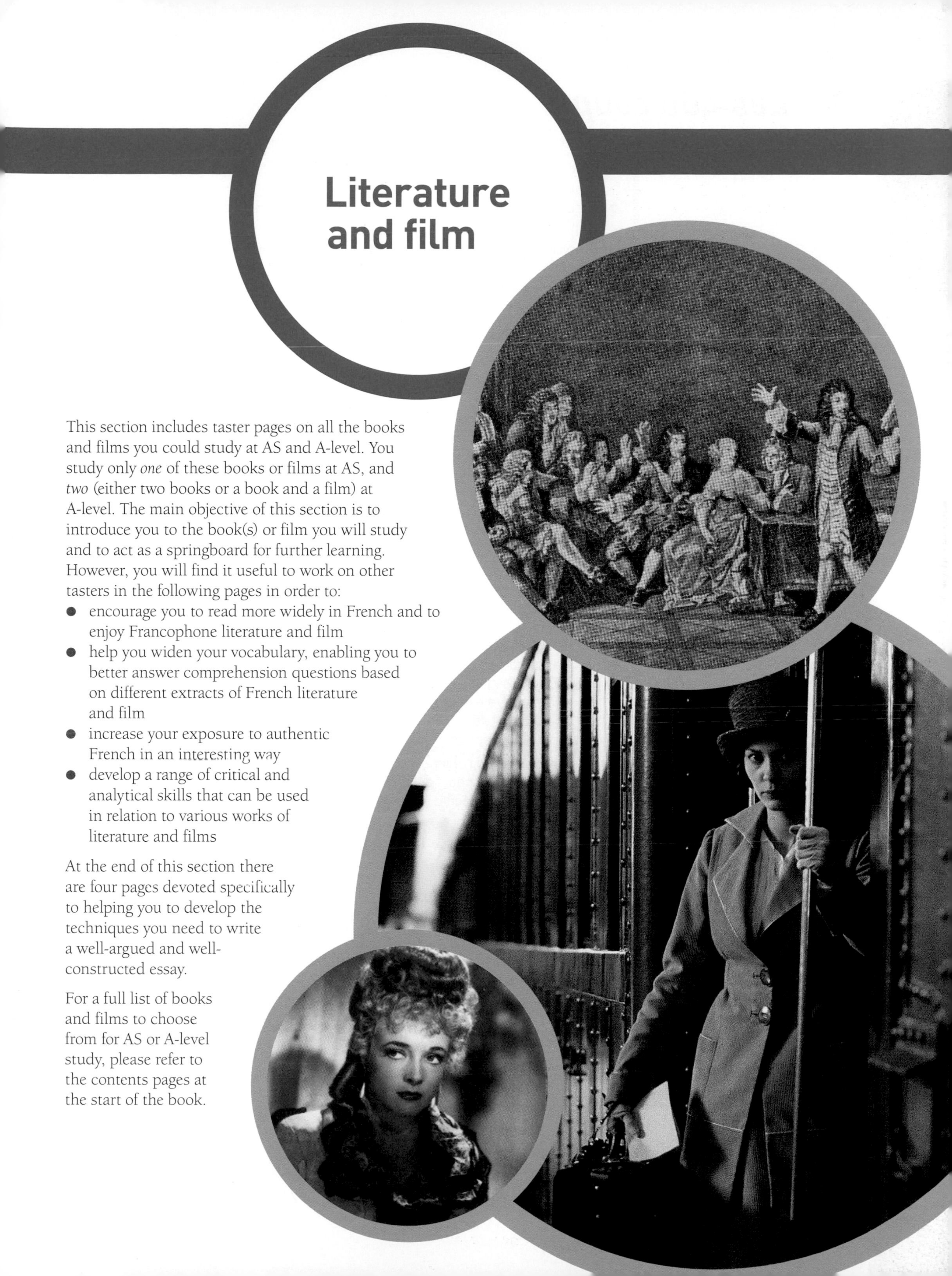

Literature and film

This section includes taster pages on all the books and films you could study at AS and A-level. You study only *one* of these books or films at AS, and *two* (either two books or a book and a film) at A-level. The main objective of this section is to introduce you to the book(s) or film you will study and to act as a springboard for further learning. However, you will find it useful to work on other tasters in the following pages in order to:

- encourage you to read more widely in French and to enjoy Francophone literature and film
- help you widen your vocabulary, enabling you to better answer comprehension questions based on different extracts of French literature and film
- increase your exposure to authentic French in an interesting way
- develop a range of critical and analytical skills that can be used in relation to various works of literature and films

At the end of this section there are four pages devoted specifically to helping you to develop the techniques you need to write a well-argued and well-constructed essay.

For a full list of books and films to choose from for AS or A-level study, please refer to the contents pages at the start of the book.

1 *Les 400 coups*

- Découvrir le film *Les 400 coups* et le mouvement artistique appelé la Nouvelle Vague
- Lire le résumé d'un film et dire s'il vous intéresse ou non, tout en expliquant pourquoi

Une enfance malheureuse

Les 400 coups, dont le réalisateur est François Truffaut, est un des films de La Nouvelle Vague, un mouvement artistique en France qui a révolutionné le monde du cinéma à la fin des années cinquante.

Dans *Les 400 coups*, Antoine Doinel a treize ans. Il habite un petit appartement à Paris avec sa mère et son beau-père. Sa mère, qui ne voulait pas d'enfants, ne lui montre aucune affection et son beau-père s'intéresse peu à lui.

Face à ce manque d'affection, Antoine se révolte, se conduit mal en classe et est souvent puni. Son meilleur ami s'appelle René et tous les deux font souvent l'école buissonnière et traînent dans les rues ou vont au cinéma.

Un jour qu'il manquait l'école, Antoine surprend sa mère avec un homme qu'il ne connaît pas. Il fait une fugue mais pas bien longue. La vie familiale reprend sur de meilleures bases qu'avant. Pourtant, un jour qu'Antoine faisait encore l'école buissonnière, il est dénoncé par un camarade de classe. Antoine explique son absence en disant que sa mère est morte. La vérité toutefois se sait rapidement et Antoine fait une nouvelle fugue.

Afin d'avoir de l'argent, il commet, avec René, de petits délits. Il vole une machine à écrire mais comme il ne peut pas la vendre, il la ramène et est surpris par un employé qui contacte son beau-père qui, lui, l'emmène au commissariat où il passe une nuit en cellule.

Sa mère demande au juge qu'Antoine soit mis dans un centre d'observation pour délinquants. Quand elle va le voir, elle lui dit qu'elle ne veut plus de lui. Il décide de s'évader du centre. Il court longtemps et arrive au bord de la mer. Là, il se retourne, comme s'il regardait son passé, l'air triste. Le film finit sur cette image.

1 a  **Lisez le résumé du film ci-dessus. Identifiez les quatre phrases qui sont vraies (1 à 8).**

1. Antoine est un adolescent qui vit dans un appartement dans la capitale.
2. Antoine n'est pas bon élève et il manque souvent l'école.
3. Antoine s'est échappé de son appartement une seule fois.
4. Il ne ment pas. Il dit toujours la vérité.
5. Il a réussi à vendre la machine à écrire qu'il avait volée.
6. Au poste de police, il a été mis en prison.
7. Il a été envoyé au centre d'observation pour délinquants à la demande du juge.
8. Durant une visite au centre, sa mère a annoncé à Antoine qu'elle ne le reprendrait pas chez elle.

1 b Corrigez les phrases fausses dans l'exercice 1a.

2 Tu es content(e) de l'avoir vu ? Écoutez Océane (O), Justine (J), Théo (T) et Florian (F) qui nous disent ce qu'ils pensent de *Les 400 coups*. Océane ouvre la conversation. Qui a exprimé les idées suivantes ? Écrivez O, J, T ou F.

1 Je suis content que le film n'ait pas été tourné en couleurs.
2 Ça nous donne une idée de la société du temps de nos grands-parents.
3 Truffaut nous raconte plus ou moins sa propre histoire.
4 L'histoire d'Antoine n'est pas particulièrement intéressante.
5 C'est un des premiers films qui ait été tourné à l'extérieur.
6 Moi, je n'ai pas eu une enfance malheureuse mais je comprends bien pourquoi Antoine agit comme il le fait.
7 Les effets cinématographiques étaient très réussis.
8 Ça m'a plu de voir une école de cette époque.

Stratégie

Reading a synopsis of a French film

- Think about the characters. Do you feel you want to know more about them?
- When and where does the film take place? Does the setting sound interesting?
- Think about the plot. Does it sound intriguing or boring? Why?
- Does the film have a particular style or belong to a particular category? If so, do you feel as if you want to explore this further?
- General impression — do you feel like watching the film? Why or why not?

3 a Travaillez à deux ou en groupes. Pour vous aider, demandez à votre professeur l'accès à la transcription et référez-vous aussi aux 'expressions utiles' qui accompagnent ces activités (page 146). Discutez des questions suivantes.

- Qu'aimeriez-vous savoir d'autre sur les personnages du film *Les 400 coups* ?
- Où et quand le film a-t-il été tourné ? Que pensez-vous du cadre utilisé par Truffaut ?
- Trouvez-vous l'histoire intéressante ou ennuyeuse ? Pourquoi ?
- Voudriez-vous en savoir plus sur la Nouvelle Vague ? Pourquoi (pas) ?
- Ça vous plairait de regarder ce film ? Pourquoi (pas) ?

3 b Écrivez un paragraphe qui explique pourquoi vous aimeriez (ou vous n'aimeriez pas) voir le film *Les 400 coups*.

4 Si possible, regardez le film (ou un extrait du film). Est-ce que votre réaction est la même après que vous avez lu le résumé du film ?

2 *Un sac de billes*

- Se familiariser avec le livre de Joseph Joffo : *Un sac de billes*
- Lire le résumé du livre et dire s'il vous intéresse, tout en expliquant pourquoi

Être juif pendant la guerre

Nous sommes à Paris en 1941. Paris est sous l'occupation allemande et le port de l'étoile jaune par les Juifs vient d'être imposé. Ils la portent sur leur veste mais Joseph, un enfant d'âge scolaire, l'a échangée avec un copain contre un sac de billes. Lui et son frère Maurice souffrent d'intimidation à l'école et leurs parents décident alors que la famille doit prendre la fuite.

Joseph et Maurice sont donc envoyés à Menton pour rejoindre leurs deux frères aînés. Avant de partir, leurs parents leur font promettre qu'ils ne diront jamais à qui que ce soit qu'ils sont juifs. Ils doivent passer la ligne de démarcation entre la zone occupée et la zone libre mais ils sont sans papiers. Ils y arrivent tant bien que mal. Leurs parents les y suivront plus tard.

Quelques mois plus tard, on les retrouve à Nice où Maurice et Joseph fraternisent avec des soldats italiens mais cela ne dure pas car la zone d'occupation italienne passe sous domination allemande et les frères Joffo veulent reprendre la fuite. À Nice toutefois, ils sont arrêtés et emmenés à l'Hôtel Excelsior (le quartier général de la Gestapo) où ils sont interrogés sur leurs origines juives mais finalement relâchés. La course à la liberté continue.

On les voit chez leur sœur à Montluçon, chez leur mère à Aix-les-Bains, puis à R, un village où ils se cachent pendant deux ans. Pour pouvoir vivre, l'un travaille dans un restaurant et l'autre dans une librairie.

En août 1944, Paris est libéré et Joseph et son frère y retrouvent leur mère et leurs frères. Leur père toutefois est une des nombreuses victimes juives de la déportation.

1 a Lisez le résumé d'*Un sac de billes* ci-dessus et complétez les phrases 1 à 8 en choisissant les bons mots (a à j) dans la case. Attention ! il y a deux mots de trop.

1 En 1941, les Allemands ont décidé que tous les Juifs, afin d'être identifiables, devaient porter une ....

2 Joseph ne porte pas d'étoile jaune parce qu'il l'a troquée contre ....

3 Il a été vivement conseillé aux deux frères de ne jamais .... leurs origines juives.

4 .... est une frontière que les Allemands ont imposée, divisant la France en deux parties.

5 Afin de ne pas être identifiés en tant que Juifs, les deux frères voyagent ....

6 L'interrogation par la Gestapo qu'ils doivent subir a pour but d'établir leurs ....

7 Les deux frères trouvent une sécurité relative et .... dans un petit village.

8 À la libération, toute la famille est réunie, sauf le père qui est mort en ....

a un emploi stable
b sans papiers
c admettre
d la liberté
e étoile jaune
f la zone d'occupation
g un sac de billes
h origines juives
i la ligne de démarcation
j déportation

1 b Sur Internet, trouvez une carte de la France telle qu'elle était sous l'occupation. Suivez l'itinéraire des deux frères.

2 Un témoignage personnel. Écoutez cette interview avec M. Benayoun, une personne d'origine juive, qui nous explique ce qu'il pense du livre *Un sac de billes*. Traduisez ces phrases en français.

1. It is a poignant testimony of what happened to the Jews.
2. The book is essentially autobiographical and very moving.
3. The new generation sometimes finds it difficult to imagine what it was like.
4. Joffo tells us the extent to which the Jews were mistreated.
5. So many people died quite simply because they were Jews.
6. Some people have tried to deny the facts but the truth always prevails.
7. It is important to remember so that such an event can never happen again.
8. People have the right to know what happened.

Stratégie

Reading the synopsis of a French book

- Pick out points in the synopsis that interest you. Say why.
- Pick out points that put you off reading it. Say why.
- Link some of the positive and negative points in longer sentences: I find...interesting, but... does not appeal.
- Draw a conclusion. Overall, do you want to read it?

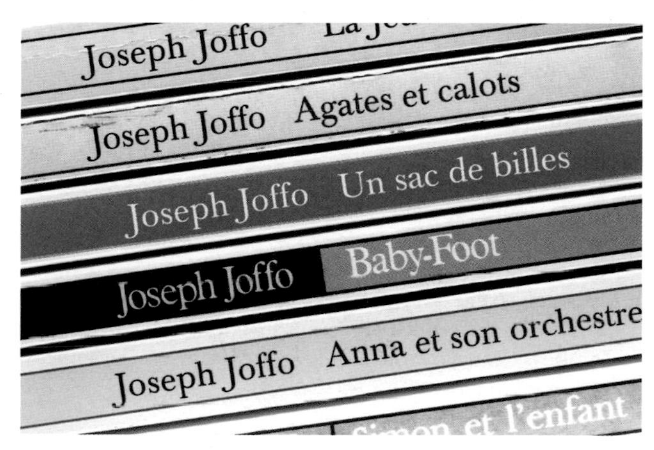

3 a Relisez le résumé d'*Un sac de billes* page 112 et écrivez quelques phrases qui illustrent la stratégie.

3 b Comparez vos notes à celles des membres de votre groupe et discutez-en.

3 c Écrivez un paragraphe qui explique les raisons pour lesquelles vous aimeriez (ou n'aimeriez pas) lire *Un sac de billes*.

4 Si possible, regardez le film qui s'est inspiré du livre. Qu'est-ce que vous en pensez ?

3 *Élise ou la vraie vie*

- Découvrir le roman *Élise ou la vraie vie* et la difficulté des relations sociales pendant la guerre d'Algérie
- Apprendre à décrire un ou plusieurs personnages principaux d'une œuvre littéraire

Les relations sociales en France pendant la guerre d'Algérie

L'Algérie fut une colonie française jusqu'en 1962. L'histoire d'*Élise ou la vraie vie* décrite par Claire Etcherelli, se déroule de 1954 à 1958, en pleine guerre d'indépendance.

En France, le FLN algérien commet quelques attentats ciblés. Par peur ou ressentiment, les sociétés algériennes et françaises évitent les contacts. Ce livre raconte la romance, dans ce contexte de guerre, entre une Française et un Algérien.

Pendant longtemps, tout ce qu'**Élise** savait du monde lui venait de son frère Lucien qui lisait beaucoup. À Paris, sa vie c'est l'usine avec ses cadences infernales, son bruit, sa saleté et le regard des hommes. C'est aussi le tragique impact de la guerre d'Algérie sur la société française.

Au travail elle rencontre l'Algérien Arezki. Mais les évènements politiques ne permettent pas une idylle entre une Française et un Arabe. La relation sera compliquée.

Lucien est un éternel contestataire. Ses idées sont généreuses mais pas conformes à son mode de vie. Il se marie, a une petite fille. Mais il abandonne très vite sa famille pour vivre avec Anna.

À Paris, chez Renaud. Là, il rejoindra la minorité des Français favorables à la cause algérienne. Il avait rêvé de grands projets pour la société, il meurt d'un banal accident de la route.

Arezki est algérien en France, pays en guerre contre l'Algérie. Il devient l'amant d'Élise. Il sait que pour la société française, une relation amoureuse avec un(e) Algérien(ne) équivaut à une trahison. Il cherche donc toujours à protéger Élise malgré elle. Il dissimule leur relation. Il organise des rendez-vous clandestins. Il la protège contre l'atmosphère de violence qui règne des deux côtés français et algérien. Il fait tout pour lui éviter la vue des arrestations massives d'Arabes. On devine qu'il milite pour la cause algérienne. Il disparaît lors d'un contrôle policier. Elise ne saura pas s'il est en prison ou mort.

1 Lisez le résumé du roman ci-dessus et répondez en français aux questions 1 à 8.

1. À quoi correspond la date de 1962 ?
2. À quoi se résume l'histoire de ce livre ?
3. Comment s'instruisait Élise ?
4. Comment se termine la vie de Lucien ?
5. D'après Arezki, qu'est-ce qui est une trahison pour les Français ?
6. Est-ce qu'Élise considère utiles les efforts d'Arezki pour la protéger ?
7. Qui est responsable du climat de violence qui règne en France ?
8. Comment se termine la liaison entre Élise et Arezki ?

2 Le patriotisme à tout prix ? Relisez le résumé du roman, écoutez la conversation et pour chaque personnage Élise (E), Lucien (L) et Arezki (A), choisissez les affirmations qui lui conviennent.

1 Il désapprouve tout.
2 Sa vraie vie c'est l'usine et le regard des autres.
3 Il/Elle protège Élise par tous les moyens.
4 La guerre d'Algérie a un effet indirect sur sa relation amoureuse.
5 Il/Elle mène une vie en contradiction avec ses idées.
6 Il est le petit ami d'Élise.
7 Il/Elle milite discrètement pour la cause algérienne.
8 Il/Elle se lie d'amitié avec un Arabe.

Stratégie

Commenting on the main characters in a book

- Distinguish between main and minor characters.
- Name the main characters. How many are there? Describe them.
- What role does he/she play in the plot? Is he/she a hero or an anti-hero?
- Is there a correlation between the physical appearance and the personality of a character?
- How are the main characters similar/different?
- What is their relationship with each other?
- What does the author want to convey through the characters?

3 a Lisez ce roman ou regardez le film tiré de ce roman. Ou bien choisissez un autre livre (français ou anglais) que vous avez lu et qui a entre deux et quatre personnages importants.

À propos de chacun d'eux, notez des informations :

- Décrivez-les à la fois leur physique et leur personnalité.
- Comparez leurs personnalités.
- Dites ce que vous pensez de chacun et pourquoi, en indiquant vos préférences.

3 b Discutez de ces personnages avec d'autres membres de votre groupe. Explique leur rôle dans le livre.

3 c Rédigez un paragraphe sur un personnage de roman que vous avez aimé ou détesté.

Sur le plateau de tournage du film *Élise ou la vraie vie*

4 Au revoir les enfants

- Découvrir *Au revoir les enfants*, un film français traitant de l'enfance et de la seconde guerre mondiale
- Donner des informations sur un film et comparez-le avec d'autres films que vous avez vus

Une enfance pendant la guerre

Le film se passe dans la France occupée, en hiver 1943-44.
Alors que Julien Quentin (un des personnages principaux) retourne dans son collège catholique après les vacances de Noël, il découvre trois nouveaux élèves dont Jean Bonnet qui va devenir son voisin de dortoir. Celui-ci ne parle pas beaucoup et semble très secret. Julien décide quand même d'en savoir plus sur lui.

Malgré le froid de cet hiver particulièrement rigoureux ainsi que les restrictions dues à l'Occupation (rationnement, etc.) la vie du collège continue. Julien finit par se rapprocher de Jean lors d'un jeu de piste dans lequel ils sont surpris par la nuit et le couvre-feu. Julien pense avoir compris que son nouveau camarade est juif, mais à cette période troublée de l'histoire où le fait même de trop parler peut mener à une dénonciation, il garde le secret de sa découverte.

Pourtant un matin, la Milice accompagnée de la Gestapo, arrive au collège et emmène les trois nouveaux garçons ainsi que le père Jean.

Basé sur l'enfance du réalisateur, ce film a valu à Louis Malle un Lion d'Or à Venise lors de sa sortie et est qualifié par les critiques comme l'un des meilleurs films sur l'enfance.

1 Lisez le texte ci-dessus et répondez aux questions suivantes en français. Notez le nombre d'informations requises.

1 À quelle époque de l'année se déroule l'histoire du film ?
2 Quelles sont les nouveautés pour Julien ? (2 détails)
3 Donnez un détail sur la façon dont l'Occupation affecte la vie quotidienne.
4 Comment se finit le jeu de piste ? (2 détails)
5 Pourquoi ne faut-il pas trop s'exprimer à cette époque ?
6 Comment les critiques perçoivent-elles le film ?

Stratégie

Giving information about a film and making comparisons

In order to give information on a film, you can include:

- the genre of the film
- a brief summary of the plot
- a few facts about the main character(s)
- whether you would recommend the film and why/why not

To compare a film with another film you have seen:

- say whether they are of the same or similar genre
- say which film had the most interesting plot and why
- say which film had the most convincing characters and why
- say which film you would recommend most, giving reasons

2 Qu'est-ce que vous pensez du film ? Écoutez ces opinions sur les acteurs du film et dites si les informations suivantes sont vraies (V), fausses (F) non données (ND).

1. Pour Pauline, les acteurs ont l'air véridique.
2. Selon William, il y beaucoup d'émotion dans tout le film.
3. Pour Max, le rythme du film est lent.
4. Selon Pauline, le réalisateur a choisi des acteurs qu'il connaissait.
5. Pour William, c'est la musique du film qui en dit le plus.
6. Selon Max, les enfants-acteurs l'ont ému au début du film.
7. Pour Pauline, l'œuvre est réaliste car les acteurs sont amateurs.
8. Selon William, les silences sont pesants.

3 Écrivez votre opinion sur un film, français de préférence. Aidez-vous des opinions données dans l'activité d'écoute. Vous pouvez inclure :

- le genre du film
- un résumé de l'histoire (deux phases)
- des descriptions d'un ou deux personnages principaux
- une recommandation ou non et des raisons
- une comparaison avec un film similaire

4 Si possible, regardez *Au revoir les enfants*. Qu'est-ce que vous en pensez ? Discutez-en avec d'autres membres de votre groupe.

Jean Bonnet essaie de cacher le secret de son identité

5 *Bonjour tristesse*

- Se familiariser avec le roman *Bonjour tristesse* de Françoise Sagan
- S'informer sur la biographie de l'auteur, quand le roman a été écrit et la période durant laquelle l'action a lieu

Une adolescente tourmentée

Françoise Sagan a dix-huit ans lorsqu'elle publie *Bonjour tristesse* en 1954.

Cécile, le personnage principal, vient d'avoir dix-sept ans. Elle a perdu sa mère quand elle était toute petite et a été élevée en pension. Elle est de caractère insouciant et depuis l'âge de 15 ans vit avec Raymond, son père qui, lui, est plutôt laxiste et lui laisse beaucoup de liberté.

Cet été-là, Cécile, Raymond et Elsa, sa maîtresse, sont en vacances au bord de la mer dans le sud de la France. Anne, qui est l'amie d'Elsa, a aussi été invitée.

Cécile vient d'échouer au bac et Anne l'encourage à travailler, ce qui ne lui plaît guère. Elle préfère s'amuser et jouir de la vie. Un jour, elle rencontre Cyril, le garçon de ses rêves. Anne n'approuve pas cette aventure amoureuse. Toutefois, elle-même devient l'amante de Raymond. Il tombe amoureux d'elle et pense l'épouser. Cécile ne voit pas cela d'un bon œil. En effet, Anne l'empêche de faire ce qu'elle veut, lui interdisant par exemple de voir Cyril.

Cécile décide alors de se venger. Pour cela, elle demande à Cyril de faire semblant d'être l'amant d'Elsa. Raymond devient jaloux et veut reprendre la liaison amoureuse qu'il avait avec Elsa. Anne les surprend dans les bras l'un de l'autre et décide de s'enfuir à Paris. En route, elle est victime d'un accident de voiture mortel. Accident ou suicide ?

Cécile se rend alors compte que tout ceci est de sa faute et elle se culpabilise. Elle en veut aussi à Cyril qu'elle considère indirectement responsable de la mort d'Anne. Après l'enterrement d'Anne, Cécile et Raymond reprennent leur vie normale, lui avec une nouvelle maîtresse, elle avec un nouveau garçon mais Cécile est maintenant troublée par un sentiment de tristesse qui semble l'envahir et ne plus la lâcher.

1 Lisez le résumé de l'histoire ci-dessus. Complétez les phrases ci-dessous en ajoutant les noms des personnes que les phrases concernent : Anne, Cécile, Cyril, Elsa ou Raymond.

1 .... vient de rater un examen important.

2 Cécile a une liaison amoureuse avec ....

3 .... , en tant que parent, n'est pas suffisamment sévère avec sa fille.

4 Après avoir découvert que .... et .... s'étaient remis ensemble, ... veut rentrer chez elle.

5 .... empêche .... de voir ....

6 .... éprouve de la jalousie et veut redevenir l'amant d' ....

7 .... croit que la mort d'.......... est de sa faute et aussi celle de ....

8 À la fin, ... semble être tombée en dépression.

2 ***Bonjour tristesse*, ça vous a plu ? Écoutez l'interview avec M. Tacussel et Mme Dupeyre, deux lecteurs de *Bonjour tristesse*. Faites correspondre les débuts de phrases (1 à 8) aux fins de phrases (a à h).**

1 Selon M. Tacussel, aucun des personnages…
2 Cécile est excusable…
3 Françoise Sagan nous raconte l'histoire…
4 Cécile n'hésite pas à…
5 Plus tard, Cécile se rend compte…
6 Cette prise de conscience l'amène à…
7 M. Tacussel pense que le message du roman est…
8 Pour Mme Dupeyre, le message important concerne…

a …un sentiment de tristesse incontrôlable.
b …du point de vue de Cécile.
c …qu'il faut réfléchir avant d'agir.
d …n'est attachant.
e …manipuler les autres personnages.
f …vu son âge.
g …le respect de la liberté de chacun de vivre sa vie comme il l'entend.
h …des conséquences de ce qu'elle a fait.

Rentre faire un peu de travail !

Stratégie

Researching background information

- Look up a biography of the author.
- What do you learn about his/her upbringing and life?
- When was the book written?
- When does the action take place?
- Why do you think the author chose to write about this period?
- Are there any autobiographical elements in the book?

3 a **Relisez le texte page 118 et réécoutez l'enregistrement. Prenez des notes sur la manière dont Françoise Sagan a été élevée et sur le milieu d'où elle vient, selon vous. Considérez les aspects suivants :**

- son enfance
- son éducation
- son caractère
- ses parents
- son appétit de liberté
- son gout pour faire la fête

3 b **Utilisez vos notes et discutez-en avec votre partenaire. Êtes-vous d'accord ? Justifiez votre point de vue.**

3 c **Faites des recherches sur la vie de Françoise Sagan pour découvrir si vous aviez raison.**

3 d **Écrivez un paragraphe qui explique l'aspect autobiographique du roman.**

6 Un secret

- Se familiariser avec le livre de Philippe Grimbert, *Un secret*
- Faire des commentaires sur l'action d'un livre et considérer sa popularité de nos jours et quand il a été écrit

Un étrange mystère

Ce livre, publié en 2004 est un mystère. L'intrigue commence peu de temps après la Seconde Guerre mondiale, avec de longues allusions à la guerre elle-même. Le narrateur naît peu de temps après la guerre. Il est fils unique. Il a un frère ! Quel est ce mystère ? Une première réponse est donnée : il s'agit d'un frère imaginaire, l'exact opposé du narrateur. Le narrateur est indécis, maigre et fragile. Son frère est audacieux, athlétique et sûr de lui. Oui, mais pourquoi ce besoin pathologique de s'inventer un frère ? Une deuxième réponse se dessine: il existerait un secret de famille. D'ailleurs le narrateur a découvert dans une vieille malle « un petit chien aux yeux de bakélite ».

Les parents ne parlent pas. Le narrateur essaie donc de se construire une histoire familiale : la guerre, la rencontre de ses parents, beaux et sportifs, et sa naissance ; enfant maladroit et maladif. Mais un enfant zélé qui aime lire.

À 15 ans, il se bat avec un élève qui plaisante sur la Shoah. Il en parle à Louise, sa confidente de 60 ans. Celle-ci lui révèle tout : ses parents sont juifs, son père a eu un enfant, Simon. Simon, demi-frère du narrateur, correspondant à l'image de son frère imaginaire.

Grâce à Louise, il peut enfin connaître sa vraie histoire : la traque des Juifs, l'exil de ses parents vers la France non occupée, l'acte suicidaire de Hannah, mère de Simon et la disparition de Simon dans la tourmente des camps nazis.

Ces révélations vont soulager la conscience du narrateur. Plus tard, il étudiera la psychanalyse. Un jour, il annonce à son père qu'il connaît toute la vérité sur l'histoire familiale. Toute la famille sera enfin libérée de ce lourd secret et retrouvera la paix.

Il reste au narrateur à trouver la paix en lui-même : il décide d'offrir une sépulture à Simon et sa mère en écrivant ce livre.

1 Lisez le résumé ci-dessus et répondez aux questions 1 à 8 en choisissant le mot ou la phrase (a, b ou c) qui convient.

1 En quoi consiste le paradoxe du début ?
- a Le narrateur est fils unique et il a un frère.
- b Il est fils unique et il voudrait un frère.
- c Il est fils unique et veut le rester.

2 Quelles sont les réponses au mystère ? (2 réponses justes)
- a Il a un frère imaginaire.
- b Ce n'est pas un frère mais un chien aux yeux de bakélite.
- c Il ressent confusément comme un secret de famille.

3 Le frère du narrateur est...
- a ...maladif. b ...sportif. c ...faible.

4 Quelle description est-ce que le narrateur fait de lui-même ? (2 réponses justes)
- a diligent b amateur de livres c robuste

5 Pourquoi est-ce que le narrateur se construit sa propre histoire familiale ?
- a Il a beaucoup d'imagination.
- b Ses parents ne mentionnent jamais le passé.
- c Ses parents ne disent pas la vérité.

6 À 15 ans, pourquoi est-ce qu'il s'est battu a l'école ?
   a un élève a nié la Shoah
   b un élève a attaqué la Shoah
   c un élève a ironisé sur la Shoah
7 À quoi ressemblait Simon ?
   a semblable au narrateur
   b semblable au frère imaginaire
   c moins sportif que le frère imaginaire
8 Qu'est-ce qu'apporte la révélation du secret ?
   a remords et regrets
   b embarras et honte
   c paix et soulagement

2 Le langage de l'inconscient. Écoutez l'interview entre une présentatrice et un critique et répondez en français aux questions 1 à 8 ci-dessous.

1 En quoi consiste l'énigme du début du livre ?
2 D'après le critique, quel effet a voulu produire l'auteur d'entrée de jeu? Est-ce qu'il a réussi ?
3 Quelles sont les caractéristiques du frère imaginaire (3 détails) ?
4 Quel jouet est trouvé par l'enfant ?
5 Quelle question se pose le lecteur à propos du chien ?
6 Comment est-ce que le narrateur nomme le chien ?
7 Quels sont les deux faits majeurs que narrateur et lecteur apprennent en même temps ?
8 D'après le critique, qu'est-ce qui prouve que le livre a été et est encore un grand succès ?

Un énigmatique secret

Stratégie

Commenting on a book's plot and popularity
- What is it about the plot that causes readers to be interested in it?
- What aspects of the plot particularly attracted readers when the book was published?
- Which aspects of the plot still attract interest today?
- Does the period in which the book is set make it more interesting to readers today? Why?

7 Un long dimanche de fiançailles

- Découvrir le film *Un long dimanche de fiançailles*
- Évaluer l'efficacité du cadre d'un film sur le développement de son histoire

Critique cinématographique

Un long dimanche de fiançailles est un film de Jean Pierre Jeunet et l'adaptation d'un roman de Sébastien Japrisot. Le film débute en 1917 avec l'auto-mutilation puis la condamnation à mort de cinq soldats, cinq « poilus » pendant la première guerre mondiale. Ceux-ci ayant voulu échapper aux combats sont pris sur le fait puis emmenés et laissés à leur sort dans un terrain vague nommé « Bingo Crépuscule ».

Bien que le film ait pour toile de fond la grande guerre, le spectateur suit le parcours de Mathilde, la fiancée de Manech, l'un des condamnés à mort. Mathilde a 19 ans en 1919. Celle-ci n'a jamais cru en la mort de son fiancé et répète sans cesse que « s'il était mort, elle l'aurait su ». Mathilde se raccroche à son instinct et entreprend de retrouver la trace de Manech et de ses quatre camarades, grâce à une multitude de personnages chers à Jeunet, qui vont l'aider dans son enquête : elle rencontre d'anciens militaires qui vont l'aider à élucider les circonstances des derniers instants de la vie de Manech. Elle fait également appel à un détective ainsi que son avocat qui lui permet d'obtenir des informations de plus en plus détaillées grâce à des petites annonces publiées dans les journaux. Mathilde va faire la connaissance de Tina Lombardi qui fait elle-même des recherches sur le sort de son fiancé.

Mathilde à la recherche de son fiancé

Après des années de recherche et d'imbroglios dans un Paris des années 20 parfaitement recréé en images de synthèse, Mathilde pense avoir retrouvé Manech et se retrouve devant un homme amnésique dans un hôpital…

1 Lisez la page web page 122 sur *Un long dimanche de fiançailles*. Puis sélectionnez les quatre phrases dont les informations sont vraies.

1 Cette histoire a d'abord été écrite.
2 Les soldats français de la première guerre mondiale sont surnommés des « poilus ».
3 Les soldats se sont mutilés pour éviter de se battre.
4 Les cinq soldats sont fusillés.
5 Le film se passe uniquement dans les tranchées.
6 Mathilde est convaincue de la mort de Manech.
7 Mathilde va mener son enquête toute seule.
8 L'homme amnésique n'est pas nécessairement Manech.

2 Deux amis discutent du film. Écoutez-les et remettez les phrases suivantes dans l'ordre de la conversation.

1 Il a quand même apprécié les acteurs.
2 On peut sympathiser avec Mathilde.
3 Fatia a vu le dernier Jeunet pour la fête du cinéma.
4 En plus il fait une comparaison peu flatteuse avec le livre original.
5 Le film est beau et artistique.
6 L'héroïne a beaucoup de force.
7 Karim a trouvé le film nul.
8 Karim n'a pas aimé le côté artistique du film.

Stratégie

Commenting on a film's setting and plot development

In order to comment efficiently on the setting, you can consider:

- costumes (especially for a period drama)
- colours
- music (soundtrack)
- scenery and location
- use of digital technology to recreate a period
- season and weather

3 a Écrivez un paragraphe sur un film que vous avez vu récemment (français si vous pouvez) et décrivez l'utilisation du décor, des costumes, de la musique. Dites pourquoi à votre avis ces éléments permettent à l'histoire de se développer.

3 b Travaillez en petits groupes et parlez du film que vous avez choisi dans l'exercice 3a. Chaque personne va poser des questions aux autres. Vous pouvez utiliser les points suivants :

- utilisation du décor
- utilisation des costumes
- importance (ou non) de la musique
- développement de l'histoire
- opinion personnelle sur le film

8 *Boule de Suif*

- Se familiariser avec la nouvelle *Boule de Suif* de Guy de Maupassant
- Comparer et contraster les différents personnages de la nouvelle
- Faire une analyse de la manière dont les personnages sont décrits

Le lot d'une prostituée

Boule de Suif fait partie d'une collection de contes écrits par Guy de Maupassant en 1880.

L'histoire se passe en 1870 et la France qui était en guerre avec la Prusse a été occupée. Le Général en chef prussien a permis à dix personnes de se rendre de Rouen au Havre en diligence. Il y a trois couples, les Loiseau, les Carre-Lamadou et les De Breville, plus Cornudet, deux religieuses et Boule de Suif, une prostituée.

Au début du voyage, tous semblent gênés par la présence de Boule de Suif. À cause de la neige, le voyage prend plus de temps que prévu et tout le monde commence à avoir faim. Boule de Suif toutefois a un panier plein de provisions qu'elle partage avec tous.

Le soir, la diligence arrive à l'Hôtel du Commerce, à Étaples. Un des résidents de l'hôtel est un officier prussien. Pendant le repas, l'officier prussien parle à Boule de Suif et, pensant que c'était une prostituée, lui demande de coucher avec lui. Boule de Suif ne dit rien à personne mais est très en colère. Par patriotisme, elle refuse de faire ce que l'officier lui demande.

Le lendemain, les voyageurs sont prêts à repartir afin de terminer leur voyage. L'officier toutefois ne le leur permet pas. Personne ne comprend pourquoi jusqu'au soir où Boule de Suif explique aux autres ce que l'officier lui a demandé. Tous sont choqués par cette révélation.

Ce n'est que le troisième jour qu'ils vont essayer de convaincre Boule de Suif de céder à l'officier. Le soir, Boule de Suif décide d'accéder à la demande de l'officier.

Le jour suivant, les voyageurs sont autorisés à partir. Au lieu de recevoir des remerciements de la part des autres, Boule de Suif se sent plutôt méprisée. Dans la diligence, tous partagent leurs provisions mais ne donnent rien à Boule de Suif qui, déçue et attristée, se tourne et pleure.

1 a Lisez le résumé page 124 et remettez ces six phrases (a à f) qui résument l'histoire de *Boule de Suif* dans le bon ordre.

1 b Puis, remplissez les blancs en choisissant les mots corrects dans la liste ci-dessous. Attention ! il y a deux mots de trop.

- **a** Boule de Suif, bien qu'elle soit une .... , ne veut pas partager son lit avec l'ennemi.
- **b** Pour le bien de tous les autres voyageurs, Boule de Suif fait ce que .... lui demande.
- **c** Le contexte .... dans lequel se passe l'histoire nous est expliqué.
- **d** Boule de Suif est blessée par le manque de .... des autres voyageurs envers elle.
- **e** Pour .... , l'officier n'autorise pas le groupe à continuer son voyage.
- **f** Dans la .... , la générosité de Boule de Suif devient évidente.

se venger	reconnaissance	historique	diligence
prostituée	coucher	remerciements	l'officier

2 a Qu'est-ce que tu en as pensé ? Écoutez la conversation entre Quentin et Justine et identifiez les quatre phrases qui sont vraies.

1. Quentin a bien aimé ce livre.
2. L'histoire se passe au début du dix-neuvième siècle.
3. Justine s'intéresse à l'aspect historique du film.
4. Les voyageurs font preuve d'hypocrisie envers Boule de Suif.
5. Selon Justine, les différents personnages rendent l'histoire intéressante.
6. Boule de Suif condamne la bourgeoisie et la religion.
7. Justine pense que la société d'aujourd'hui est bien différente de celle de cette époque-là.
8. Quentin a apprécié non seulement le côté historique du livre mais aussi la description du comportement des classes sociales de l'époque.

2 b Corrigez les quatre phrases ci-dessus qui sont fausses.

Stratégie

Comparing and contrasting characters and analysing their portrayal

- List the main characters and underline any that you consider to have pivotal roles.
- Make notes on what you have learned about their appearance, character, their role in life and in the story.
- Select two important characters and list what is different and what is similar.
- Do you get a clear picture of them in your mind as you read? This will tell you whether they are well portrayed.

9 No et moi

- Connaître les problèmes sociaux des grandes villes, décrits dans le roman *No et moi*
- Étudier la description d'un environnement et dire si le livre donne une bonne idée de la notion de lieu

1 Lisez la critique page 127 et choisissez les expressions (a à j) dans la liste ci-dessous qui complètent les phrases 1 à 8. Attention ! il y a deux expressions de trop.

1 ...on aperçoit les lumières de la ville.
2 L'intrigue se déroule dans...
3 Les personnages évoluent...
4 Les parents de Lou ont...
5 No est... où passer ses nuits
6 Lou aime les endroits anonymes, par exemple...
7 No procède à des...
8 Lou et Lucas pensent que No a besoin d'...

a **sans toit précis**
b **un logement luxueux**
c **là où les foules prennent le train**
d **un collège**
e **la plus grande métropole de France**
f **au milieu de la grande ville**
g **occupations illégales de logement**
h **un point fixe**
i **en arrière-plan**
j **en bordure de route**

2 a Un dialogue entre un journaliste et un professeur de littérature française. Écoutez et répondez aux questions 1 à 8 en français.

1 Pourquoi est-ce que Mme Bertin trouve important de décrire l'environnement ?
2 Le journaliste cite six lieux décrits par l'auteur. Pouvez-vous en citer trois ?
3 Qui Lou aime-t-elle rencontrer dans les gares ?
4 De quelle contradiction de la ville moderne Mme Bertin parle-t-elle ?
5 Quelle vision a Mme Bertin de la gare et de la station de métro ?
6 Les rendez-vous de Lou et No ont lieu devant la gare ; pourquoi Mme Bertin affirme-t-elle qu'ils ont lieu en espace fermé ?
7 D'après Mme Bertin, que représente la gare pour No ? (2 détails)
8 Pourquoi est-ce que le cœur généreux de Lou est attiré par les gares ?

2 b Réécoutez le dialogue et notez les adjectifs et les images utilisés pour décrire l'environnement du roman.

Quand les ados osent la solidarité

L'histoire, écrite par Delphine de Vigan, est présentée comme une fable moderne, avec, en toile de fond, Paris et son anonymat.

Au cœur de la capitale, trois êtres, minés par la solitude, se retrouvent. Grâce aux déplacements des uns et des autres, l'auteur parvient à nous décrire quelques morceaux de la cité.

Lou, une enfant surdouée de 13 ans, habite un appartement confortable, avec ses parents. Elle est d'un milieu social aisé. Elle a deux ans d'avance à l'école. Elle est brillante, mais petite et timide. Sa mère est coupée du monde, brisée par la perte subite de son second bébé.

Lucas a 17 ans. Il habite seul dans un grand appartement de ses parents. Son père est parti et sa mère ne vient que sporadiquement remplir le frigo. À l'école, il a deux ans de retard. Il est grand, beau et déterminé. Lou et Lucas sont dans la même classe.

No a 18 ans, elle habite nulle part. Elle est SDF. C'est une enfant née d'un viol, battue puis abandonnée par sa mère. Sans but ni avenir, elle tue le temps dans les gares, les cafés, les jardins publics et les allers-retours en métro.

Lou aime les rues, les stations de métro et surtout les gares. Elle y croise les voyageurs qui passent et les affligés qui y restent. C'est dans les courants d'air d'une gare et la saleté qu'elle remarque No. L'univers de No c'est les trottoirs avec ses files pour un repas chaud et les squats pour la nuit. Lou est émue par le sort tragique d'une femme si jeune. Elle va s'en faire une amie. Avec l'aide de Lucas, elle mettra toute son énergie à lui trouver un endroit stable, chaud et propre. Elle lui trouvera un emploi dans un hôtel.

Les efforts touchants de Lou et Lucas vont-ils réussir à sauver No ?

Stratégie

Studying descriptions of surroundings

- Check the association between place/site/setting and character.
- Check how the setting is organised in relation to the plot.
- Show the beauty/ugliness/neutrality of the place.
- Which typical aspects of a room/an environment are described (e.g. student's versus teacher's room: order/disorder, quality of furniture/electronic and computer equipment)?
- Are there any useful elements of the setting that contribute to the overall atmosphere?
- Which verb tense is used (for a description, the imperfect will often be the most appropriate).
- Check whether vocabulary is objective, subjective/rewarding or demeaning.

3 a Examinez le cadre d'un autre livre que vous avez lu (de préférence en français) et écrivez un paragraphe qui décrit comment ce cadre contribue à l'évolution d'un personnage ou de l'intrigue.

3 b Partagez vos idées en discussion avec le reste de la classe.

10 *L'Auberge espagnole*

- Découvrir le film *L'Auberge espagnole*, ses personnages et sa technique
- Commenter la représentation d'un personnage dans un film, et l'utilisation de styles narratifs, de niveaux de langue et de la structure (flashbacks, des thèmes parallèles, etc.).

1 a Lisez l'article page 129 sur *L'Auberge espagnole* et faites correspondre chacun des cinq personnages Alessandro (A), Isabelle (I), Martine (M), Wendy (W) et Xavier (X) aux phrases 1 à 8 qui leur conviennent le mieux.

1. Il/Elle est désorganisé(e) mais convivial(e).
2. Il/Elle n'apprécie rien de la nouvelle vie de Xavier.
3. Il/Elle a une mère envahissante.
4. Il/Elle n'hésite pas à braver l'autorité si quelque chose ne va pas.
5. Il/Elle blâme l'éloignement de son ami(e).
6. Il/Elle est studieux/studieuse et aime la propreté.
7. Il/Elle préfère un peu de désordre à l'austérité d'une pièce trop bien rangée.
8. Il/Elle préfère les hasards de l'écriture à une paisible carrière de bureaucrate.

1 b Si possible, regardez le film (ou un extrait du film). Dites si, d'après vous, les faits 1 à 8 ci-dessus sont corrects.

2 Les langues parlées et inexprimées. Écoutez le dialogue entre Aline et François sur les personnages de *L'Auberge espagnole* et répondez aux questions 1 à 8 en français.

1. Pourquoi peut-on dire que Xavier est le personnage principal ?
2. Qui raconte l'histoire et selon quelle technique ?
3. Au maximum, combien est-ce qu'il y a eu de colocataires dans l'appartement ? Combien de filles et combien de garçons ?
4. Qu'est-ce qui gêne Aline avec toutes ces nationalités ?
5. Qui donne une leçon de flirt ? Quelle est sa nationalité ?
6. Qu'est-ce qu'il y a de positif dans l'insouciance et le manque de rigueur des personnages ?
7. En quoi consiste le contraste dans la mise en scène du film ?
8. En quoi consiste le flashback comique cité en exemple ?

Une joyeuse équipe

Dans ce film, dirigé par Cédric Klapisch, **Xavier** envisage une carrière au ministère des finances. Sur le conseil de son père, il part étudier un an à Barcelone. Avec tristesse, il laisse derrière lui son amie Martine et une mère possessive et écologiste.

Seul dans Barcelone, il cherche un logement. Il partagera un appartement avec sept étudiants de sept pays européens. La cohabitation de tant de cultures différentes se révèlera pleine d'exaltation, d'émotions intenses et beaucoup de désordre : de l'organisation des points stratégiques comme la cuisine et le réfrigérateur jusqu'à l'apprentissage de la tolérance, Xavier et ses colocataires auront passé une année riche en péripéties.

De retour à Paris, l'ordre excessif et la froide propreté de son futur bureau au ministère le panique. Il fuit. Il décidera de devenir écrivain !

Wendy est anglaise. Elle est sympathique, fait preuve de maturité et d'ouverture d'esprit. Elle est sérieuse et fait passer les études avant l'amusement. Elle est la seule à nettoyer l'appartement.

Isabelle est une Belge de Wallonie. Elle ne parle pas le flamand et l'assume. Elle assume également son homosexualité. À l'université, elle est la seule à réagir publiquement contre un professeur qui enseignait en catalan. Elle donne même une leçon hardie de flirt à Xavier.

Martine, la petite amie de Xavier, se retrouve seule à Paris. Elle accepte difficilement le départ de Xavier. Elle voit les choses simplement : ils étaient heureux ensemble, pourquoi partir ? Lorsqu'elle vient voir Xavier à Barcelone, tout lui paraît négatif. Elle n'aime pas l'appartement, ni la ville ni les nouveaux amis de Xavier. Elle retourne à Paris fâchée. Leur relation se dégradera jusqu'à la séparation.

Stratégie

Commenting on films

- Think about the narrative process of a film. Does the director relate events chronologically?
- In the case of non-linear narratives, does it spice up the main character's life or story?
- Does the director use flashbacks or other non-linear processes? Which ones?
- Think about the effects such processes produce on the characters and plot. Does it create more suspense?
- Does it improve the quality of the film as a whole? Why?
- Is it more challenging for the viewer? Why?
- Does it reflect the mental state of the characters or the film director?

3 a Rédigez un paragraphe sur la représentation d'un personnage de *L'Auberge espagnole*, ou un autre film que vous avez vu récemment. Mentionnez :

- son importance dans l'intrigue
- ses rapports avec les autres
- son langage et ce que cela indique
- les techniques cinématographiques et leur impact sur le personnage

3 b Partagez avec la classe, expliquant les raisons de votre choix.

11 *Kiffe kiffe demain*

- Se familiariser avec le roman de Faïza Guène, *Kiffe kiffe demain*
- Comparer et contraster les différents personnages d'un livre et analyser la façon dont ils sont représentés

Être un homme ? Pas de quoi être fier !

Doria, 15 ans, raconte une année de sa vie en banlieue parisienne, à Livry-Gargan. Elle vit seule avec sa mère qu'elle adore. Abandonnées par le père, elles sont parmi les plus pauvres du quartier. Ses vêtements démodés proviennent d'associations caritatives. Elle fera l'objet de fréquentes moqueries. Doria critique sans complexe le système. Elle ressent fortement, sans trop le montrer, la trahison de son père. Elle évolue finalement vers l'optimisme.

La mère est analphabète. Mais elle a l'intelligence du cœur. Elle aime sa fille sans modération et la protège de son éternel optimisme. « C'est le destin », répète-t-elle face au malheur. Humiliée sur son lieu de travail, elle pleure en cachette.

Tante Zohra cuisine très bien le couscous. Elle élève seule ses trois enfants pendant 6 mois, le temps que son mari passe avec sa deuxième femme en Algérie.

Le père de Doria est l'opposé de la mère. Autoritaire et violent, il bat sa fille. Il voulait des fils. Il abandonne femme et fille pour épouser une femme plus jeune. Pour lui, fille et femme ne valent pas plus qu'un objet qu'on jette à la moindre contrariété.

Le mari de Zohra partage son temps entre ses deux femmes. Pendant six mois il vient donc terroriser Zohra et ses trois enfants. L'un des fils, Youssef, déstabilisé par la situation, fera de la prison pour trafic de drogue.

Le père et le frère de Samra, une jeune femme majeure, la brutalisent et la retiennent prisonnière dans l'appartement.

Hamoudi, 28 ans et meilleur ami de Doria, récite de la poésie. Il est toujours délicat avec elle. Il a fait de la prison. Il passe des heures à discuter avec Doria en bas de l'immeuble.

Pour sa mère, Nabil est un génie, pour Doria il est une nullité. Il donnera des cours particuliers à Doria et aussi son premier baiser. Il finira par se faire accepter par elles.

Aziz, l'épicier du coin, est le plus riche. Doria pensait qu'il épouserait sa mère, mais il choisira une autre femme. Ultime humiliation, il invitera tout le monde à la noce et oubliera Doria et sa mère.

Quel avenir attend Doria au milieu de tous ces gens ?

1 Lisez la description des personnages ci-dessus. Remplissez les blancs en choisissant des mots dans la liste. Attention ! il y a deux mots de trop.

Dans son quartier, Doria est entourée de gens très différents. Elle-même est plus **1**.......... que Hamoudi. Sa mère est moins **2**.......... que son père et sa tante Zohra fait la **3**.......... cuisine. Pourtant, la pauvre Zohra vit une drôle de situation, son mari passe un temps **4**.......... entre ses deux femmes. Nabil serait pas mal, mais au début, Doria le trouvait plus **5**.......... qu'intelligent. Le père et le frère de Samra sont tous les deux aussi **6**.......... . Aziz est le plus **7**.......... du quartier. Heureusement, Doria est plus **8**.......... à la fin qu'au début.

a stupide
b habile
c insensible
d jeune
e meilleur
f chaud
g positif
h équivalent
i fortuné
j violent

2 Inhumanité ou culture ? Écoutez la discussion sur les personnages de *Kiffe kiffe demain*. Dites qui aurait pu dire cela : Lena (L), Apolline (A), Robin (R) ou Sacha (S).

1 En général les hommes sont brutaux.

2 Il n'est pas facile de remettre en cause les traditions.

3 Seul un couard peut laisser tomber sa famille.

4 Déchirer l'affiche de musiciens sur le mur d'une chambre d'adolescente, c'est stupide.

5 Avoir deux femmes sans en parler avec les personnes concernées n'est pas acceptable.

6 Les femmes sont condamnables car elles ne protestent pas contre les maris cruels.

Faïza Guène

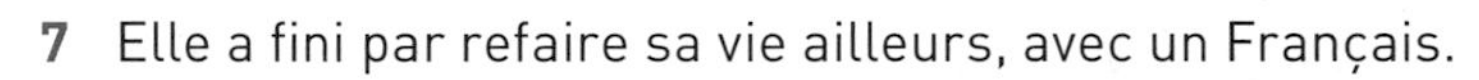

7 Elle a fini par refaire sa vie ailleurs, avec un Français.

8 Il a fait des bêtises dans sa jeunesse, mais il est affectueux avec la narratrice.

Stratégie

Comparing and contrasting characters in a book and analysing their portrayal

- Distinguish between main and secondary characters.
- Pick out one to four main characters and compare their physical appearance, their actions and their backgrounds.
- Decide whether they are symbols or caricatures. Say what they represent.
- Decide whether they belong to the same social class or not.
- Decide whether they come from the same place or not.
- Decide whether they have the same objectives or not.
- Compare their vision of the future.
- Do they have the same chances of success?

3 a Par groupes de deux, posez-vous des questions sur les personnages tels qu'ils sont décrits dans l'article page 130. Demandez ce qu'il/elle pense du père de Doria, de Doria et de l'attitude du père et du frère de Samra. Justifiez vos réponses.

3 b Demandez à votre partenaire s'il/elle pense qu'il/elle aimera les personnages. Demandez-lui pourquoi il/elle pense que certains personnages sont plus/moins attractifs que d'autres. Pourquoi ?

4 Si possible, lisez un extrait du livre où il y a une description d'un de ces personnages. Changez-vous d'avis ?

12 *Candide*

- Se familiariser avec le roman *Candide* de Voltaire
- Apprendre les qualités d'écrivain d'un auteur à travers ses images, ses métaphores, ses analogies, etc.

Fiction ou réalité ?

Au moment de la publication de *Candide*, Voltaire a 64 ans. Il a déjà beaucoup réfléchi et beaucoup écrit. L'Europe est en pleine guerre de 7 ans. Une guerre qui s'exportera aux Amériques et aux Indes par le jeu des colonies. Une guerre tellement violente que Candide en exprimera l'horreur d'un bout à l'autre du livre.

En 1755, un effroyable séisme détruit Lisbonne, faisant 100 000 victimes. Le drame engendre des discussions animées parmi les philosophes et à l'intérieur de l'Église catholique. Voltaire entame alors une longue polémique sur les notions de Bien et de Mal. Il mène un virulent combat contre les superstitions et fanatismes religieux et contre la philosophie optimiste de Leibniz notamment. Leibniz, un philosophe qui soutenait que Dieu avait créé le meilleur des mondes possibles.

En 1759 Voltaire publie *Candide*, un reflet exhaustif des abominations du monde. Candide est enrôlé de force dans l'armée bulgare. Il se bat contre les Abares, au son des trompettes et des tambours. Aucune raison n'est donnée à la boucherie qui s'ensuit. Des jeunes gens sont horriblement mutilés et tués sans connaître la cause qu'ils sont censés défendre.

Après les atrocités de la guerre, Candide arrive à Lisbonne où survient un effroyable tremblement de terre. Pour le philosophe Pangloss, alias Leibniz, « tout est pour le mieux dans le meilleur des mondes possibles ». Les catastrophes sont des épiphénomènes, car le monde ayant été créé presque parfait, le Mal engendrera invariablement le Bien.

À la suite du séisme, Candide est aux prises avec l'inquisition. Pangloss sera condamné à la pendaison pour avoir parlé et Candide à être fouetté pour avoir écouté trop attentivement. Candide part pour les Amériques.

Du temps de Voltaire, l'esclavage était florissant et le mauvais traitement infligé aux noirs commun. Candide fait la rencontre du nègre de Surinam. Il apprendra que la mutilation des esclaves était pour le confort des Européens qui, grâce à l'esclavage, peuvent avoir du sucre et du sucre bon marché. Candide rencontre le négociant escroc Venderdendur (vendeur à la dent dure). Or dans la réalité, Voltaire a eu des problèmes avec un libraire hollandais appelé Van Düren.

1 Lisez le texte ci-dessus sur *Candide*. Dites si les phrases 1 à 8 sont de la fiction (F) ou de la réalité (R).

1. L'Europe était en pleine guerre de 7 ans.
2. L'armée bulgare affronte l'armée abare.
3. À Lisbonne, un terrible tremblement de terre survient en 1755.
4. À Lisbonne, Candide est témoin d'un terrible tremblement de terre.
5. Au Portugal on pouvait être flagellé pour être trop curieux.
6. Au 18ème siècle l'esclavage était très actif.
7. Amputer les esclaves avait un impact sur le prix du sucre.
8. Le marchand escroc Vanderdendur croise la route de Candide.

2 **La pédagogie par le conte. Écoutez le dialogue sur *Candide* et complétez les phrases 1 à 8 en choisissant les bonnes expressions dans la liste (a à j). Attention ! il y a deux expressions de trop.**

1 La situation désastreuse de son époque...
2 Le roman contient les pensées de Voltaire...
3 Il y a eu une Guerre mondiale...
4 Décrire de manière réaliste les horreurs est efficace...
5 Voltaire dénonce les cruautés envers les esclaves...
6 L'intrigue de Candide commence par...
7 Pour s'opposer aux idées de Pangloss...
8 Candide décide de se couper du monde...

a ...une allégorie de la genèse.
b ...et s'occuper de son jardin.
c ...pour vous faire rejeter définitivement les guerres.
d ...a fortement bouleversé Voltaire.
e ...Voltaire crée le personnage optimiste de Martin.
f ...ne correspond pas a la réalité.
g ...mais pas l'asservissement lui-même.
h ...sous forme d'allégories ou d'images.
i ...après le tremblement de terre de Lisbonne.
j ...avant celle de 1914.

Candide et Cunégonde, cousine et amoureuse de Candide

A-LEVEL STAGE

Stratégie

Learning about an author's skills

- Look for figures of speech such as metaphors, cognitive dissonances, understatements etc.
- Is the style realistic? Conventional? Lively? Serious? Humorous?
- Are there many descriptions? Dialogues?
- Are there any symbols? Ambiguities? References to real events?
- Are several stories told simultaneously?
- Are the sentences long? Short? Why?
- Do the literary devices make the book enjoyable?
- What do you learn about the author's beliefs or values from the novel?

3 a **Par deux, faites une liste des principales images et métaphores du roman *Candide*, qui sont décrites dans les exercices de lecture et d'écoute. Ensuite, pensez à des événements plus modernes où ces images pourraient s'appliquer.**

3 b **Écrivez un paragraphe dans lequel vous décrirez la manière dont cette stratégie a été utilisée dans un roman moderne que vous avez lu.**

13 *La Haine*

- Découvrir le film *La Haine*
- Étudier le travail d'un réalisateur et son utilisation des techniques cinématographiques dans le film

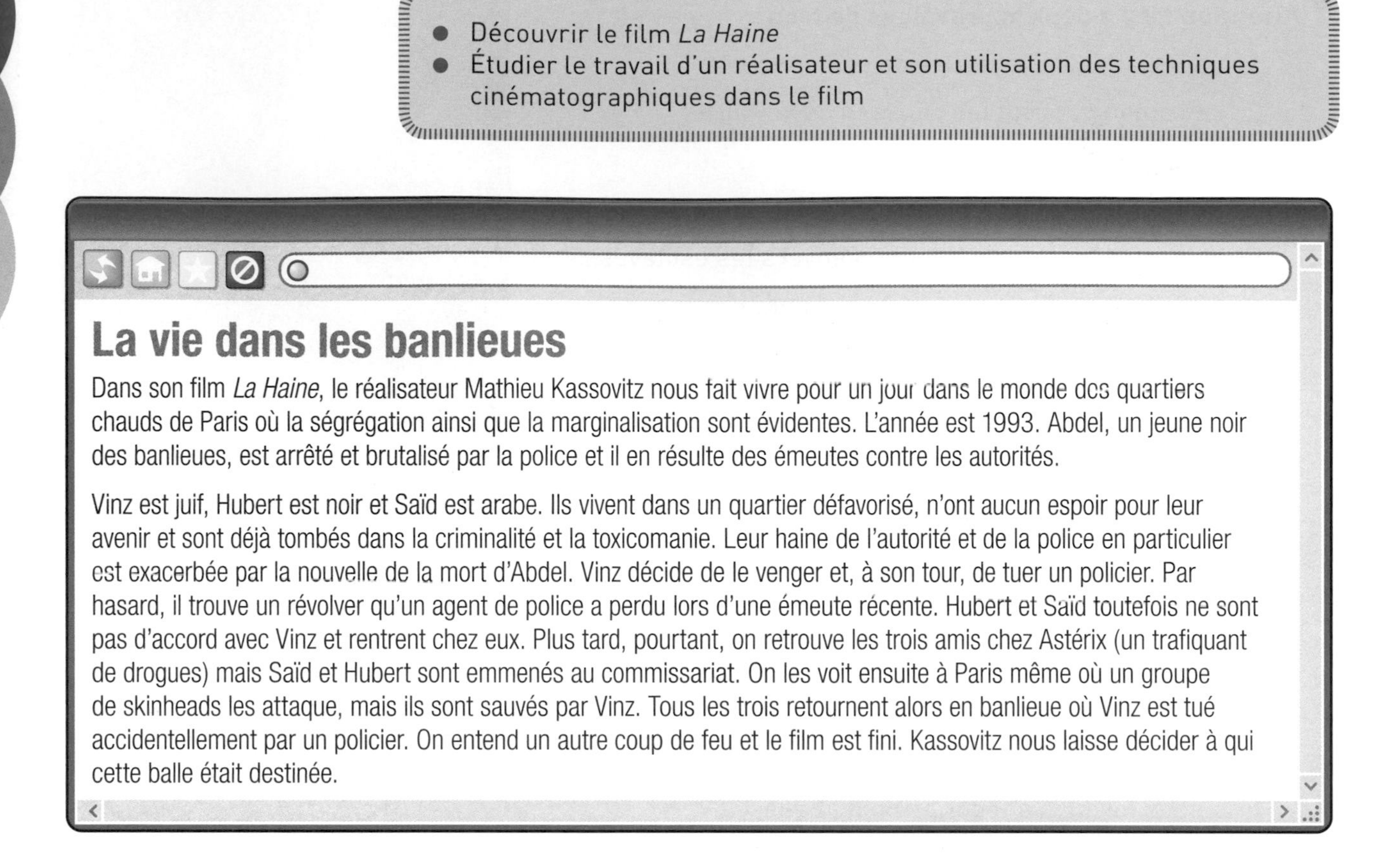

La vie dans les banlieues

Dans son film *La Haine*, le réalisateur Mathieu Kassovitz nous fait vivre pour un jour dans le monde des quartiers chauds de Paris où la ségrégation ainsi que la marginalisation sont évidentes. L'année est 1993. Abdel, un jeune noir des banlieues, est arrêté et brutalisé par la police et il en résulte des émeutes contre les autorités.

Vinz est juif, Hubert est noir et Saïd est arabe. Ils vivent dans un quartier défavorisé, n'ont aucun espoir pour leur avenir et sont déjà tombés dans la criminalité et la toxicomanie. Leur haine de l'autorité et de la police en particulier est exacerbée par la nouvelle de la mort d'Abdel. Vinz décide de le venger et, à son tour, de tuer un policier. Par hasard, il trouve un révolver qu'un agent de police a perdu lors d'une émeute récente. Hubert et Saïd toutefois ne sont pas d'accord avec Vinz et rentrent chez eux. Plus tard, pourtant, on retrouve les trois amis chez Astérix (un trafiquant de drogues) mais Saïd et Hubert sont emmenés au commissariat. On les voit ensuite à Paris même où un groupe de skinheads les attaque, mais ils sont sauvés par Vinz. Tous les trois retournent alors en banlieue où Vinz est tué accidentellement par un policier. On entend un autre coup de feu et le film est fini. Kassovitz nous laisse décider à qui cette balle était destinée.

1 Lisez le résumé du film *La Haine* ci-dessus et complétez les phrases (1 à 8) en choisissant les bons mots dans la liste (a à j). Attention ! il y a deux mots de trop.

1 *La Haine* a essentiellement lieu dans les .... de Paris.

2 Le traitement d'Abdel par la police a donné lieu à des ....

3 Vinz, Hubert et Saïd sont d'origine ....

4 Bien qu'Hubert et Saïd ne soient pas d'accord, Vinz veut .... Abdel.

5 Ils vont tous les trois voir Astérix pour acheter ....

6 À la fin du film, on pourrait supposer qu'Hubert ....

7 Les banlieusards souffrent souvent de ....

8 *La Haine* dépeint non seulement la vie des banlieues mais aussi le désespoir des gens qui se sentent .... de la société.

a exclus
b banlieues
c venger
d criminalité
e tue un policier
f émeutes
g société
h des drogues
i étrangère
j marginalisation

2 a L'opinion d'une cinéphile. Écoutez ce que Marie pense de *La Haine*. Les phrases 1 à 6 sont un résumé de l'opinion de Marie. Remettez-les dans le bon ordre.

1. L'absence de couleurs crée bien l'atmosphère que le réalisateur voulait faire passer.
2. Ils sont plus à plaindre qu'à blâmer.
3. Ça décrit un peu comment les gens vivent dans les quartiers défavorisés.
4. Ça nous fait nous demander si la société dans laquelle nous vivons est bien celle que nous choisirions si nous avions le choix.
5. À part l'amitié, ils n'éprouvent pas d'autres sentiments et ne respectent pas les forces de l'ordre.
6. Ce sont des immigrés qui sont sans travail.

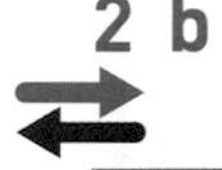

2 b Translate into English the six sentences in exercise 2a.

Stratégie

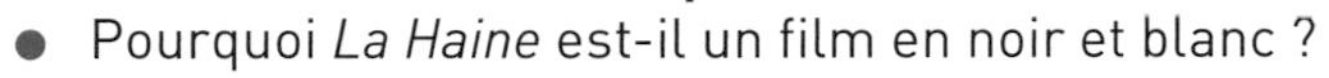

Studying a director's work and cinematographic techniques

Think about:

- the use of colour (or lack of it)
- the use of sound effects
- the use of music
- different types of camera work used (close-ups, distance shots etc.)
- unusual ways of beginning or ending a film

3 a Travail à deux. Discutez des questions suivantes.

- Pourquoi *La Haine* est-il un film en noir et blanc ?
- Quelle est l'importance du tic-tac de l'horloge ?
- Qu'est-ce que le choix de musique du réalisateur illustre ?
- Comment contraste-t-il le Paris touristique et le monde des banlieues ?
- Qu'est-ce que la fin du film a d'inattendu ?

3 b Écrivez un paragraphe qui résume vos réponses aux questions de l'exercice 3a.

4 Si possible, regardez un extrait du film (ou le film entier) et écrivez un paragraphe qui explique comment vous y avez réagi. Écrivez des phrases complètes et faites attention aux fautes de grammaire !

14 *L'Étranger*

- Se familiariser avec le roman *L'Étranger*
- Situer historiquement le contexte du roman et dites si, d'après vous, l'œuvre est le produit de son époque

Albert Camus (1913-1960)

Né en Algérie, colonie française jusqu'en 1962, Camus étudie la philosophie.

L'Étranger et *Le Mythe de Sisyphe* sont publiés en 1942, en pleine Seconde Guerre mondiale, une période de grands bouleversements aux conséquences historiques décisives pour le monde.

En 1951, le philosophe Jean-Paul Sartre critique violemment son livre *L'Homme révolté* : Camus y condamne les révolutions, des mouvements collectifs aliénants et violents. Il y célèbre la révolte individuelle, seule capable de changer la société.

Il gagne le Prix Nobel de littérature en 1957, et meurt dans un accident de voiture trois ans plus tard en 1960.

Pendant la guerre d'indépendance de l'Algérie (1954-1962) il condamne à la fois torture et terrorisme.

L'Étranger, un homme sans prénom

1ère partie : les faits

Nous sommes en Algérie où le soleil de midi est accablant et aveuglant. Meursault apprend que sa mère est morte. Sa réaction est détachée. Il va à l'enterrement. Il ne pleure pas. La chaleur est torride. Il a hâte que cela se termine. Le lendemain il rencontre Marie. Ils vont au cinéma. Raymond, un voisin, lui dit vouloir se venger de sa maîtresse infidèle. Un jour Meursault, Marie et Raymond se retrouvent sur la plage. Là se trouve un Arabe, frère de l'amant de la maîtresse. Raymond et l'Arabe se battent. Pour lui éviter un meurtre, Meursault prend le revolver de Raymond et le met dans sa poche. De retour sur la plage, Meursault revoie l'Arabe. Celui-ci sort un couteau. Écrasé par la chaleur, aveuglé par la lame de couteau, la main de « *Meur*(tre)*sault*(leil) » se crispe sur le revolver. Le coup part, seul. Puis sans raison, il tire quatre autres coups sur le corps sans vie.

2e partie : le verdict

Devant le juge, Meursault ne montre aucun remords. Au procès, l'interrogatoire porte principalement sur le fait qu'il n'ait pas pleuré à l'enterrement de sa mère.

Meursault est condamné à mort. La raison importe peu, Camus nous rappelle seulement que tout homme, dès sa naissance, est condamné à mourir.

Dans sa cellule, il pense à sa mort proche. Il réagit violemment contre les paroles d'un prêtre venu le réconforter. Une fois le religieux parti, goûtant « l'indifférence du monde » et la sentant proche de la sienne, il comprend qu'il est heureux. Et pour être moins seul, il souhaite qu'une foule pleine de haine assiste à son exécution.

Finalement, avec *L'Étranger*, Camus nous aura montré le désert de la condition humaine.

1 Lisez l'article encyclopédique sur Camus et *L'Étranger* page 136 et répondez aux questions 1 à 8.

1. Que pense Camus de la révolte dans *L'Homme révolté* ?
2. Quelle est la position de Camus pendant la guerre d'Algérie ?
3. Comment est perçu le soleil dans cette partie du globe ?
4. Comment réagit Meursault devant la mort de sa mère ?
5. Comment expliquez-vous la présence d'un revolver dans la poche de Meursault ?
6. Quel rôle joue le soleil dans l'accomplissement du meurtre ?
7. Quels éléments ont été déterminants dans la condamnation de Meursault ?
8. Pour quelle raison Meursault se sent-il soudainement heureux ?

2 a L'homme qui refusait de mentir. Écoutez la conversation entre Anna et ses trois amis Denise, Claude et Bernard. Parmi les phrases 1 à 8, identifiez les quatre phrases qui sont fausses (F).

1. *L'Étranger* est un des livres les plus vendus au monde.
2. La jeunesse se reconnaît dans le personnage de Meursault.
3. Au début, on apprend que la mort de sa mère fut une surprise pour Meursault.
4. Le même jour, il demande la main de Marie sans trop y croire.
5. Pour Meursault, les évènements de la vie s'accumulent sans suite logique.
6. On nous dit aussi que Meursault a tué un homme de sang-froid.
7. D'ailleurs il le dit au tribunal en riant.
8. Meursault et la société ont vraiment des points de vue divergents.

2 b Si possible, lisez le premier chapitre du roman. Est-ce que ça vous intéresse ? Voulez-vous continuer à lire ce roman ?

Stratégie

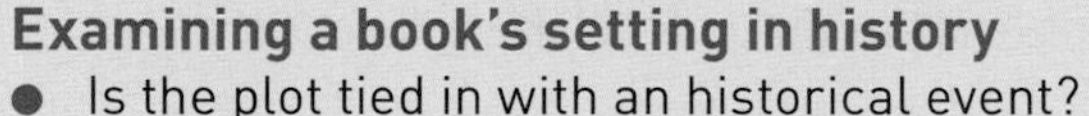

Examining a book's setting in history

- Is the plot tied in with an historical event?
- Is the novel well-documented?
- Does the plot accurately reflect its time?
- Are the characters real or fictional?
- Is the hero a historical figure?
- Does the novel recount a social episode of the past, e.g. the Second World War?
- Does it focus on political life in a given period?
- Does the novel reflect a philosophy linked to a specific time?
- Would the same plot work in a different era?

3 a Pensez à un livre, français ou autre, de plus de 50 ans.

- Dites à la classe si d'après vous il est un produit de son temps. Expliquez pourquoi.
- Dites pourquoi vous estimez qu'il vaut/qu'il ne vaut pas la peine de le lire aujourd'hui.

3 b Écrivez un bref résumé de vos idées sur le livre dont vous avez parlé et comparez-les avec le reste de la classe. Écrivez des phrases complètes et faites attention aux fautes de grammaire !

15 *Le Tartuffe*

- Se familiariser avec la pièce de théâtre, *Le Tartuffe*
- Regarder une critique de livre ou de pièce de théâtre et dire si vous êtes d'accord avec certains aspects de celle-ci

Le Tartuffe

Comme tout le théâtre de Molière en général, *Le Tartuffe* se propose de « corriger les hommes en les divertissant ». La pièce s'attaque à l'hypocrisie et au fanatisme religieux. Elle dénonce les faux dévots et non la religion. Mais l'Église se sentit tout de même critiquée et la pièce fut censurée pendant cinq années.

Malgré la censure, l'œuvre devint très populaire, jusqu'à donner naissance à l'antonomase *un tartuffe*, pour désigner un grand hypocrite ou un faux-dévot.

Molière présente *Le Tartuffe* dans le salon de Ninon de l'Enclos

La pièce met en scène deux types de personnages : ceux qui ont l'autorité et qui en abusent. Ce sont Orgon, père fanatique et tyrannique à l'égard de ses enfants, Madame Pernelle, sa mère, et Tartuffe, l'imposteur haïssable. Et ceux, plus équilibrés, qui tentent de s'opposer par la raison ou les sentiments. Ce sont Cléante, beau-frère d'Orgon et Mariane et Damis, enfants d'Orgon. Ces derniers sont jeunes et sans autorité.

Orgon, riche bourgeois, recueille chez lui Tartuffe, un homme pauvre et en apparence très pieux. Il est très vite subjugué par cet homme austère et détaché des biens matériels. Fanatisé, il en arrive à se désintéresser totalement de sa famille et n'avoir de soin que pour son protégé. Tartuffe, dont on comprend très vite qu'il est un faux dévot, est en fait amoureux d'Elmire, la femme d'Orgon.

Le fanatisme d'Orgon l'empêche de voir l'évidence. Il ne parvient pas à détecter l'hypocrisie chez Tartuffe et il va jusqu'à lui léguer tous ses biens. De plus, en père autoritaire et borné selon la tradition du théâtre de Molière, il décide de lui donner en mariage sa très jeune fille Mariane.

Pour convaincre son mari, Elmire décide de tendre un piège à l'imposteur. Elle oblige Orgon à se cacher sous la table pendant qu'elle laissera Tartuffe la courtiser et ironiser sur la naïveté d'Orgon.

La vérité éclate. Sous le choc, Orgon décide de chasser Tartuffe de sa maison. Mais, *coup de théâtre**, c'est Tartuffe qui donne l'ordre à Orgon et sa famille de quitter les lieux. En effet, à la suite du legs, tous les biens d'Orgon lui appartiennent légalement.

Finalement, par ordre du roi, tout s'arrange.

** Dramatic turn of events*

1 **Lisez l'article sur *Le Tartuffe* page 138 et identifiez les quatre phrases vraies. Corrigez les phrases qui sont fausses.**

1. Molière veut punir les hommes en les détournant de leurs objectifs.
2. La pièce ne critique pas la religion ou l'Église, mais ceux qui déprécient l'Église par leurs mensonges.
3. L'Église reproche à la pièce de s'attaquer aux faux dévots.
4. Dans la pièce s'affrontent le groupe des vieux, autoritaires ou manipulateurs, et le groupe des jeunes, raisonnables et judicieux.
5. Orgon voit en Tartuffe un homme pieux et détaché des biens matériels.
6. Tartuffe aime Mariane et accepte de l'épouser avec empressement.
7. Orgon finit par convaincre Elmire de tendre un piège à Tartuffe.
8. Finalement, « Tout est bien qui finit bien. »

2 **Une opinion inattendue. Écoutez Éric (E), Bénédicte (B) qui nous donnent leur interprétation personnelle du *Tartuffe*. Qui a exprimé les idées suivantes ? Écrivez E ou B.**

1. Je ne suis pas d'accord avec tout.
2. Chaque pièce est une véritable arme contre les travers de la société.
3. Mais Tartuffe est un faux dévot.
4. Mais, dans la maison, on trouve Tartuffe désagréable.
5. C'est Orgon qui prend des décisions importantes sans consulter les membres de la famille.
6. Orgon inflige une certaine violence à sa fille et n'aime pas qu'on courtise sa femme.
7. On ne constate aucune intrigue de la part de Tartuffe pour obtenir les biens d'Orgon.
8. La pièce est une critique de la naïveté et du fanatisme religieux, plutôt que de l'hypocrisie.

Stratégie

Assessing reviews of a book/play

- Has the reviewer introduced the author? Have they made a description of the time and place of the plot?
- Was the subject of the book correctly identified?
- Were the issues well described? Could you visualise how they would come across to an audience?
- Were there any contradictions/misunderstandings about the characters?
- Were the main events well described? Do you think the plot will hold the audience's attention?
- Has the reviewer made a clear distinction between the author, the narrator and the main character?
- Has the reviewer unveiled the plot and described how it is staged?
- After reading the review, did you feel like reading the book or going to see the play?
- Did you want to know more?
- Was the reviewer able to transmit their feelings and emotions towards both the book and the stage play?

3 a **Par groupe de deux, écrivez une brève critique sur une pièce de théâtre connue de vous deux.**

3 b **Par quatre, échangez vos textes et faites une critique – positive ou négative – du compte rendu de votre partenaire.**

16 *Entre les murs*

- Se familiariser avec le film *Entre les murs*
- Rechercher d'autres films du même réalisateur, faire des comparaisons, dire ses préférences en les justifiant

Entre les murs et son réalisateur Laurent Cantet

Nous sommes dans une classe de 4ème, à Paris. Un professeur de français vit un corps à corps de tout instant avec une classe de jeunes à la sensibilité particulièrement réactive.

Le film est l'histoire d'une année scolaire éprouvante, dans un établissement classé ZEP, zone d'éducation prioritaire. Ces établissements accueillent des élèves avec des « difficultés scolaires et sociales ».

Le rôle principal est joué par François Bégaudeau, ancien professeur de français et auteur du roman éponyme *Entre les murs*. On l'aura compris, le film est tiré du roman. L'intrigue s'inspirerait de son expérience, alors qu'il enseignait en ZEP, au collège Mozart, à Paris. François Bégaudeau en a écrit le scénario. Le film obtient la Palme d'or 2008 au festival de Cannes.

Si cette expérience est fidèlement reproduite, cela donne une dimension supplémentaire à l'œuvre, roman ou film : une œuvre artistique à valeur de documentaire.

De quoi s'agit-il ? Un jeune professeur enthousiaste, qui croit à son métier, est confronté à des situations qui semblent le dépasser. Pourtant, il se bat pour sauver ses élèves, censés être inadaptés au système scolaire. Des murs d'incompréhension bloquent toute tentative de communication saine et constructive entre le maître et les adolescents. En guise de récompense pour ses efforts, le vigoureux pédagogue n'obtient qu'équivoque et friction. Il passe son temps à débusquer l'intolérance, à amortir le choc des cultures, à esquiver les pièges de la provocation.

Dans la classe, les élèves s'appellent Burak, Boubacar, Esmeralda ou Souleymane. Derrière une attitude parfois agressive se cache une sensibilité fragile. Il faut faire attention. Entre les quatre murs de sa classe, le professeur se sent seul. Comment réagir quand un jeune faux naïf vous pose publiquement une fausse question sur votre sexualité supposée ? Et un jour, c'est la catastrophe. Un mot de trop, un mot qui vous échappe. C'est le drame. C'est la guerre.

Laurent Cantet, le metteur en scène, a concentré, en 128 minutes, l'équivalent d'une année d'enseignement riche en péripéties. Son film est une masse compacte de temps forts : agressions, frustrations, insultes publiques, désobéissance et irrespect. Heureusement, il a réussi à exprimer cette atmosphère oppressante et la cacophonie persistante de la classe avec talent.

1 a  **Lisez l'article sur Laurent Cantet et son film *Entre les murs* ci-dessus. Parmi les phrases 1 à 8, trouvez quatre faits positifs et quatre faits négatifs. Écrivez P ou N.**

1. Le professeur mène un combat sans relâche avec des jeunes particulièrement susceptibles.
2. Il bataille pour tirer d'affaire ses élèves défavorisés.
3. Le professeur adoucit les conflits culturels.
4. Il passe beaucoup de temps à éviter les pièges que les jeunes lui tendent.
5. Une hostilité manifeste cache souvent une sensibilité touchante.
6. Un élève pose à haute voix une question intime à son professeur.
7. Le film de Cantet est un concentré d'injures, d'indocilité et d'insolence.
8. Laurent Cantet a réussi à décrire cette ambiance lourde et ce bruit incessant avec adresse.

1 b Si vous pouvez, regardez le film. Demandez-vous si la situation décrite est exceptionnelle ou courante.

2 a Cantet : Quatre films et un schéma. Écoutez la conversation entre Amélie et Bruno et répondez aux questions 1 à 8.

1 Quel personnage principal est mis en scène par le film *Entre les murs* ?
2 Dans *Ressources humaines*, quels sont les trois groupes sociaux que Franck doit affronter en tant que DRH (Direction des ressources humaines) ?
3 Dans *L'Emploi du temps*, qu'est-ce que la honte fait faire à Vincent ?
4 Dans *Firefox, confessions d'un gang de filles*, quelle est la cible de Legs et de ses copines ?
5 Dans les films de Cantet, quels sont trois des espaces clos privilégiés où évolue une microsociété ?
6 Face aux injustices, qu'est-ce qui fait que les héros de Cantet sont plutôt des antihéros ?
7 Citez deux des trois faits réels qui ont servi de base aux films de Cantet.
8 Qu'est-ce que le choix des acteurs et leur jeu ont de particulier dans les films de Laurent Cantet ?

Laurent Cantet

2 b Réécoutez la conversation. Faites une liste des similitudes et des différences entre les films de Laurent Cantet.

Stratégie

Researching other films by the same director

- Are they different genres of movie or more or less the same? (e.g. science fiction, detective)
- Which ones have humanist/social/political messages?
- Are the cinematic techniques similar or different? (e.g. use of special effects, narrative style)
- Which ones were more successful? Why? Better actors, choice of subject?
- Are these films based on real facts or fiction?
- Which ones were selected in festivals or won awards? Which ones weren't?
- Do they have the same strengths, e.g. a favourite actor, effective soundtracks?
- Is there analogy/diversity between the films:
  - in the script?
  - in the themes?

3 a Travaillez en petits groupes de trois ou quatre. Prenez les listes que vous avez écrites pour l'exercice 2b et discutez des raisons qui, d'après vous, ont poussé le metteur en scène à faire ces choix.

3 b Écrivez l'introduction d'un essai visant à comparer les films de Laurent Cantet.

17 Writing an AS essay

- Comprendre ce qu'on exige de vous dans la partie littéraire de l'examen *AS*
- Apprendre une variété de stratégies qui vous aideront à produire une rédaction bien structurée au sujet d'un film

Une partie de l'examen *AS* vous exige d'écrire une rédaction sur un livre ou un film que vous avez étudié en classe. On vous présente deux questions sur chaque livre et chaque film. À vous de choisir la question sur le livre ou le film que vous avez étudié qui vous convient la mieux.

1 a Regardez les genres de film ci-dessous, ainsi que les titres génériques de rédaction. Faites correspondre les titres (1 à 3) aux films (A à C).

Film A

Film B

Film C

1 Faites le portrait du personnage principal et analysez son rôle dans le film. Utilisez les points suivants :
   - comment il est physiquement
   - son attitude envers la vie et les autres personnages
   - son mode de vie
   - ce qu'il fait de plus important dans le film
2 À quel point le film est-il lié à un endroit particulier ? Utilisez les points suivants :
   - le choix du lieu principal du film
   - les épisodes et les événements les plus importants du film
   - ce que représente cet endroit pour le personnage principal du film
   - le lien entre le lieu principal du film et le titre du film
3 Analysez l'importance des épisodes et les événements les plus importants de l'histoire. Utilisez les points suivants :
   - les épisodes les plus importants et leur impact
   - l'attitude des personnages envers ces événements
   - le lien entre les épisodes les plus importants et le titre du film
   - comment ils font avancer l'histoire

1 b Translate into English the questions and bullet points in exercise 1a.

2 **Maintenant, regardez le site web d'AQA et trouvez d'autres titres de rédaction pour les films qui s'étudient pour l'examen *AS* en français. Choisissez un titre qui vous intéresse et regardez le film dont il s'agit. Cherchez aussi sur Internet des critiques en français du film. Écrivez environ 250 mots, en utilisant les stratégies ci-dessous.**

Stratégie

Planning your writing

- Make sure you understand the four bullet points, as they are a good guide to what you might want to cover in your answer. You could devote one paragraph to each bullet point. Initially just write brief notes for each. You can write rough notes on your exam paper but make sure you cross them out so that they aren't marked as part of your answer.
- Find an example in the film to illustrate each point. For some it may be appropriate to find a suitable quotation. It is important to learn key quotes from a film or book and use them in the essay when appropriate. This helps to illustrate points that you are making and demonstrate your knowledge of the film. Use these examples and quotes to flesh out your paragraphs.
- Decide the most sensible order for the four points you want to make. It does not have to be in the same order as the bullet points in the question, but this may be the best order. Next, read the sentence you have written for each point again and double-check that it relates to the title.

Stratégie

Writing

- Write a short introduction to set the question in context. This context may be historical, how it fits into the director's body of work, how it was received, its social setting etc. Show that you have some background understanding and are not writing in a vacuum. You need to be concise, so structure your sentences carefully, e.g. *Entre les murs, film du professeur François Bégaudeau, dirigé par Laurent Cantet est....*
- Now refer back to your notes for the first paragraph. Construct the first sentence so that it carries on logically and smoothly from the introduction. See page 146 for useful phrases. Add the rest of the paragraph, making sure you give your own opinion, justify it and that any points you make refer directly to the essay question.
- Carry out the above step for the other bullets.
- Devote one paragraph to each bullet point.
- Read through everything again and then write your conclusion, summarising what you have said and giving your overall opinion. It is not a place to add new ideas, but one to pull together the ideas you have expressed so far.

Stratégie

Checking your writing

- Check the length of your essay. It should be about 250 words but you must make sure you have said everything that needs to be said.
- Finally, check for accuracy and style:
  - verb tenses and past participle agreement
  - adjective agreement
  - variety of styles of sentences, using connectives
  - variety of vocabulary, including some more sophisticated terms (see list of terms on page 146)

Stratégie

Time management

In the exam you have about 1 hour to complete this task, so you need to manage your time carefully. Allocate a certain amount of time for planning, writing and checking your essay and stick to these times as closely as possible, e.g. 10 minutes, planning; 40 minutes, writing; 10 minutes, checking.

18 Writing an A-level essay

- Comprendre ce qu'on exige de vous dans la partie littéraire de l'examen *A-level*
- Apprendre une variété de stratégies qui vous aideront à produire une rédaction bien structurée au sujet d'un roman ou une pièce de théâtre

Une partie de l'examen *A-level* exige que vous écriviez deux rédactions, dont une doit être sur un des livres que vous avez étudiés en classe. L'autre partie de l'examen *A-level* peut être sur un des films ou un autre livre que vous avez étudié. On vous présente deux questions sur chaque livre et chaque film. À vous de choisir la question sur le livre ou le film que vous avez étudié qui vous convient le mieux.

Stratégie

Planning your essay

- Planning your essay is important. You can write rough notes on your exam paper but make sure that you cross them out so that they aren't marked as part of your answer. A good way you could start is to draw a diagram as follows or you could devise your own:

Introduction — *« Dans ce roman les personnages féminins sont beaucoup plus forts que les personnages masculins. » Dans quelle mesure êtes-vous d'accord avec ce jugement?* — Conclusion

- Write the essay question in the middle box and underline the most important words. Refer back to this frequently. Remember that to produce a good essay, you must answer the question exactly — a prepared essay will not be sufficient.
- Using the important words in the essay question as prompts, think about points that you want to make to answer the question. Add these in boxes around the essay question in your diagram in French or in English. Aim for around three to five main points. For example, with the essay question above, you may want to look at:
  - who the main female and male characters are and the relationships between them
  - their attitudes and motivations
  - the main events of the story — how these affect the female/male characters and their reactions to these
  - the relationships between them at the end of the book — have these changed and if so, why?

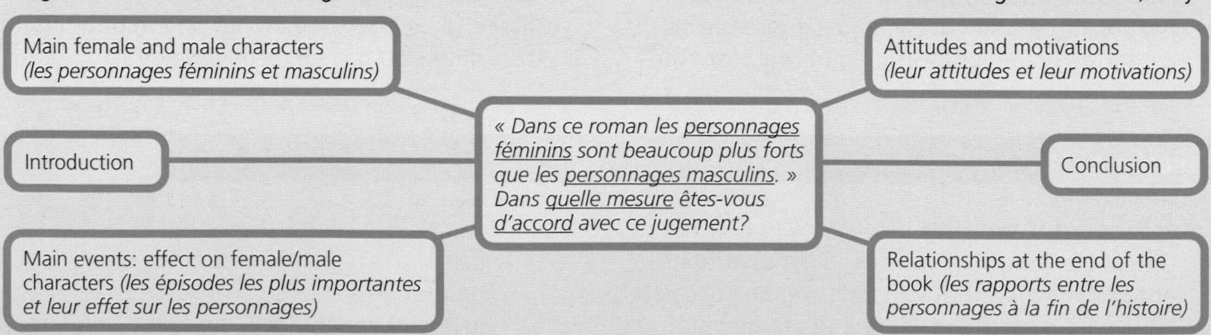

These will become your paragraphs. Decide on a sensible order for them, making sure they follow on logically, and write a simple sentence for each.

1 Regardez le site web d'AQA et trouvez les titres de rédaction pour les livres que vous étudiez. Choisissez le titre qui vous intéresse le plus. Faites un diagramme comme celui ci-dessus en utilisant la stratégie. N'oubliez pas que le nombre de cases variera selon le nombre de points principaux.

2 Maintenant que vous avez fait votre diagramme, écrivez une rédaction sur le titre que vous avez choisi, en utilisant les stratégies page 145.

Stratégie

Getting started on your essay

- Find an example in the book to illustrate each point. It may also be appropriate to find a suitable quotation. You have to offer different viewpoints and present your argument about which one you feel is correct and why. Back up your opinion with evidence from the text and with background information you have researched on issues and themes in the book. Discuss and evaluate the cultural and social contexts explored in the work.
- For the essay question on page 144, for example, you could look at:
  - the role of men and women in the period/place/milieu the book is set

  Then, with this in mind, consider:
  - why the women's reactions to the main events might portray them as being stronger than the men
  - why the men's reactions may suggest that they are actually the stronger characters
  - what you believe to be the case
- Remember that your essay needs to be analytical. Writing down facts about the plot and character is not sufficient. At A-level you also need to analyse features such as form and technique (e.g. effect of narrative voice in prose text, camera work in a film or a playwright's dramatic technique).

Stratégie

Writing your essay

- Now focus on the introduction: what you are going to say and setting the question in context. This may be historical, how it fits into the author's body of work, how it was received etc. Show you have some background understanding and are not writing in a vacuum. You must be concise, so structure your sentences carefully.
- Refer to your notes for the first paragraph. Construct the first sentence of the first paragraph so that it carries on logically and smoothly from the introduction. Add the rest of the paragraph and make sure that you have included differing viewpoints, given your own opinion, justified it and are referring directly to the essay question.
- Always look for more sophisticated ways of making statements and use the correct register for describing a literary work.
- Carry out the steps above with each of the other bullet points.
- Devote a paragraph to each of your main points.
- Read through everything again and write your concluding paragraph: sum up what you have said, give your overall opinion and pull together the ideas you have expressed so far.

Stratégie

Checking your essay

- Check the length. It should be about 300 words. You can write more if you like. Everything you write will be marked, but you should not need to write more than 300 words to get full marks.
- Make sure that you have given evidence to back up every point and that you have referred to the words you underlined in the essay question.
- Finally, check for accuracy and style:
  - verb tenses and past participle agreement
  - adjective agreement
  - variety of styles of sentences, using connectives
  - variety of vocabulary, including some more sophisticated terms (see page 146)

Stratégie

Time management

In the exam you have 2 hours to complete both essays, so you need to manage your time carefully. Allocate a certain amount of time for planning, writing and checking each essay. For example, you could devote 10 minutes, planning; 40 minutes, writing; 10 minutes, checking for each.

Expressions utiles

Essay phrases

En regardant ce film/En lisant ce livre, on se rend vite compte que... On watching this film/On reading this book, you quickly realise that...
Considérons d'abord... Let's first consider...
Il faut considérer aussi... It is also necessary to consider...
En continuant à lire, il devient évident que... On continuing to read, it becomes obvious/evident that...
Passons maintenant à... Let's move on to...
En fin de compte, ceci amène à conclure que... At the end of the day, this leads you to conclude that...
Pour conclure... To conclude...
D'une part..., d'autre part... On the one hand..., on the other hand...
La raison pour laquelle je (ne) voudrais (pas) lire/regarder... The reason why I would (not) want to read/watch....
Le livre est accessible et facile à lire/est compliqué et difficile à lire. The book is accessible and easy to read/is complicated and difficult to read.
Cela m'a fait une forte impression. That made a big impression on me.
Quoi qu'on en pense, il faut dire que... Whatever you think about it, you have to say that...
Il s'agit ici de (l'amour et du regret). Here it is a matter of (love and regret).
Je ne pense pas que ce soit réaliste. I don't think that it is realistic.
Ce qui me saute aux yeux, c'est... What strikes me is...
Ce que je sais du contexte historique/de l'auteur m'amène à croire que... What I know of the historical context/the author leads me to believe that...
Le dénouement du film/de l'histoire a été surprenant/émouvant/décevant. The ending of the film/story was surprising/moving/disappointing.

Character

Le personnage principal est au cœur de l'intrigue. The main character is at the heart of the plot.
Le romancier dresse un portrait exhaustif de son personnage principal. The novelist paints a complete portrait of the main character.
Le personnage symbolise.../est sensible à.../éprouve.../est mal dans sa peau. The character symbolises.../is sensitive to.../feels.../is ill at ease.
Voici un personnage complètement sans sentiments, semble-t-il. This is a character completely without feelings, it seems.
Ce trait de caractère souligne... This character feature underlines...
L'amour, l'émotion, l'ambition manquent presque entièrement dans le caractère de ce personnage. Love, emotion, ambition are lacking almost entirely in (the nature of) this character.
La description de son aspect physique nous indique que... The description of his physique gives us the idea that...
Ce personnage n'est pas aussi bien développé que d'autres personnages. This character is not as well developed as other characters.

Plot and structure

L'histoire se déroule... The story takes place...
Les principaux événements sont... The main events are...
Ce livre est une critique de... This book is a criticism of...
J'ai trouvé l'intrigue bien construite/bien ficelée/originale/décevante. I found the plot well constructed/well put together/original/disappointing.
Cette intrigue présente toutes les caractéristiques de... This plot shows us all the characteristics of...
L'auteur emploie de différents calendriers pour... The author uses different time frames to...
L'auteur a été influencé par... The author was influenced by...
La manière dont l'histoire est écrite est... The way in which the story is written is...
L'intrigue est basée sur une série de quiproquos. The plot is based on a series of misunderstandings.

Setting

Cette ville/quartier sert de lien entre... This town/area serves as a link between...
C'est une toile de fond parfaite. It's a perfect backdrop.
L'auteur fait une belle description de... The author gives a beautiful description of...
L'espace joue un rôle majeur/décisif... The setting plays a major/important role...
L'environnement intensifie l'histoire de... The environment intensifies the story of...
Au premier plan on distingue... In the foreground there are...
Au loin/De plus près on pouvait remarquer... Far away/Close by you could see...
La scène se déroule à l'époque de... The action takes place at the time of...

Cinema

Les réalisateurs ont fait un portrait réaliste de... The directors have portrayed...in a realistic way.
Le metteur en scène a capturé parfaitement l'ambiance de l'époque. The director captured the atmosphere of the time perfectly.
Cela représente un moment clé du film. That represents a key moment of the film.
Les bruitages qu'il a inclus... The sound effects that he included...
Son utilisation de gros plans/flash-backs... His use of close-ups/flashbacks...
On emploie de plus en plus d'effets spéciaux. More and more special effects are used.
Le tournage/La bande originale contribue au succès du film. The filming/original soundtrack contributes to the success of the film.
Beaucoup de spectateurs se mettront dans la peau de... Many viewers will sympathise with...

UNIT 7

Les aspects positifs d'une société diverse

7.1 **Origines du multiculturalisme et accueil des immigrés**

7.2 **Le multiculturalisme – succès ou échec ?**

7.3 **La société canadienne et l'influence de la France dans le monde**

Theme objectives

In this unit you study the role of voluntary work in French society. The unit covers the following topics:

- how French society has become multicultural and how immigrants and their descendants live in France
- how multiculturalism affects society
- Canadian society and France's influence on the French-speaking world

Grammar objectives

You will study and practise the following grammar points:

- recognising and using comparative and superlative adverbs
- recognising and using demonstrative adjectives and pronouns
- recognising and using possessive adjectives and pronouns

Strategy objectives

You will develop the following strategies:

- adapting a text to your own needs
- extracting and summarising information from a longer passage
- researching an event/series of events

7.1 Origines du multiculturalisme et accueil des immigrés

- Étudier comment la société française est devenue multiculturelle et comment vivent les immigrés et leurs descendants en France
- Savoir reconnaître et utiliser les comparatifs et superlatifs adverbiaux
- Adapter un texte selon vos besoins

On s'échauffe

1 a Utilisez Internet pour trouver :
- **le nombre de colonies que la France possédait au XXème siècle**
- **la date d'indépendance des plus grands de ces pays**
- **le nombre de personnes qui parlent français dans le monde actuel**

1 b Travaillez à deux et discutez des questions suivantes. Ensuite mettez vos idées en commun avec le reste de la classe.

1 un pays qui est resté français mais qui peut adapter les lois françaises selon ses besoins
2 un pays qu'auparavant la France gouvernait
3 une personne qui vient d'un autre pays
4 le retours d'un pays à l'indépendance
5 une collectivité composée de personnes issues de cultures différentes

a une société multiculturelle
b un domaine/territoire/une région/ collectivité d'outre-mer
c la décolonisation
d un immigré
e une colonie

Les conséquences de la colonisation

La conférence de Brazzaville qui a eu lieu en janvier 1944 marque un moment important dans l'histoire de la décolonisation. En effet, elle a offert aux pays colonisés l'occasion de gérer leurs propres affaires.

À ce moment là, la France avait encore des colonies en Afrique du nord, en Afrique Saharienne, dans l'océan Indien, au Moyen-Orient, en Asie et même en Océanie.

Vers la fin de la deuxième guerre mondiale, la France, qui perd la guerre, n'est plus vue comme une grande puissance et les peuples colonisés s'engagent alors dans un mouvement d'indépendance.

En 1958, le général De Gaulle, élu président de la république va mener une politique de décolonisation. Ce programme sera pratiquement terminé en 1962.

Quelques-unes de ces anciennes colonies sont maintenant devenues des domaines d'outre-mer ou des territoires d'outre-mer. Toutefois, la plupart d'entre elles sont maintenant complètement indépendantes.

Le général de Gaulle

Un grand nombre d'immigrés dans la société française actuelle sont originaires des anciennes colonies. Le plus souvent, ils appartiennent à la deuxième ou la troisième génération d'immigrés, c'est-à-dire que leurs parents ou leurs grands-parents ont quitté leur pays pour venir s'installer en France. Ils espéraient y trouver un emploi qui leur permette de vivre mieux que dans leur pays d'origine. La culture de ces immigrés fait maintenant partie de la culture française qui s'en trouve plus diverse et donc, enrichie. Certains diront que cette assimilation culturelle s'est faite plus rapidement que prévu et que la vraie culture française a cessé d'exister. D'autres considèrent que c'est une chance que de pouvoir bénéficier de ce que ces autres cultures apportent à la France.

2 a Lisez l'article page 148. Trouvez les mots ou les expressions qui correspondent aux expressions ci-dessous.

1 se prendre en charge
2 à cette époque-là
3 le conflit 1939-1945
4 un pays fort
5 diriger
6 contemporaine
7 font partie de
8 s'est arrêtée de

2 b Relisez l'article. Il contient six paragraphes. Quel titre (a à h) peut-on donner à chacun de ces paragraphes (1 à 6) ? Attention ! il y a deux titres de trop.

a l'actuelle société multiculturelle française
b un événement marquant de la deuxième guerre mondiale
c le grand responsable français du processus de décolonisation
d les colonies françaises pendant la deuxième guerre mondiale
e la société multiculturelle française avant la deuxième guerre mondiale
f les changements de statut des anciennes colonies françaises
g réactions des pays colonisés à la défaite de la France
h l'avantage d'avoir des colonies

Grammaire

Comparatifs et superlatifs adverbiaux (Comparative and superlative adverbs)

Study D4 in the grammar section.

1 In the article on page 148, find one example of:
  a an irregular comparative adverb
  b a regular comparative adverb
  c a superlative adverb

2 Write down the phrases containing these adjectives and then translate them into English.

3 What do you notice about the link between comparative adverbs and comparative adjectives?

3 Complétez les phrases suivantes en choisissant des mots dans la liste ci-dessous.

1 Claudine a trouvé un emploi qui lui permet de progresser ....
2 Heureusement, cette initiative s'est faite .... que la dernière !
3 Ce sont les bénévoles qui aident les démunis ....
4 On a mis .... que les autres pour identifier le problème.
5 En temps de récession l'aide arrive ....
6 Le projet aurait dû commencer .... car maintenant c'est trop tard.
7 La décolonisation a progressé .... que possible.
8 La démocratisation passe .... quand l'ancien pouvoir colonial participe d'une manière financière.

a moins longtemps
b le mieux
c plus tôt
d mieux
e moins vite
f plus rapidement
g le plus fréquemment
h aussi rapidement

4 a Interview avec des immigrés. Écoutez cette interview avec Fatima, Ahmed et Hannah. Dites si les phrases suivantes sont vraies (V), fausses (F) ou non données (ND).

1. Fatima vient d'un pays d'Afrique du nord.
2. Elle est allée en France pour trouver un logement.
3. Elle a maintenant fini ses études.
4. Ahmed a un travail.
5. Il habite dans la banlieue de Paris.
6. Il préférerait retourner en Tunisie.
7. Hannah a été bien accueillie par la France.
8. Elle a seulement des amis canadiens.
9. Elle a rejeté la culture canadienne.

L' harmonie socio-culturelle

4 b Écoutez l'interview encore une fois et nommez la personne, Ahmed, Fatima ou Hannah.

1. Qui a une attitude plus négative que positive ?
2. Qui a trouvé un job en fonction de ses diplômes ?
3. Pour qui l'utilisation de la langue française a-t-elle présenté certaines difficultés ?
4. Qui habite dans un quartier d'immigrés ?
5. Qui a gardé sa culture d'origine tout en s'adaptant bien à une autre culture ?
6. Qui n'a pas encore décidé s'il/elle veut passer le restant de ses jours en France ?

4 c Translate the following passage into English.

L'historique de la décolonisation

La conférence de Brazzaville qui a eu lieu en janvier 1944 marque un moment important dans l'histoire de la décolonisation. En effet, elle a offert aux pays colonisés l'occasion de gérer leurs propres affaires.

Vers la fin de la deuxième guerre mondiale, la France, qui perd la guerre, n'est plus vue comme une grande puissance et les peuples colonisés s'engagent alors dans un mouvement d'indépendance.

En 1958, le général De Gaulle, élu président de la république va mener une politique de décolonisation. Ce programme sera pratiquement terminé en 1962.

AS STAGE

Stratégie

Adapting a text to your own needs

- If a text is too long or too difficult for you to remember its contents, write a summary of it in your own words.
- Use the context as well as visual clues (pictures and diagrams) to help you understand the content of each part.
- Divide it in bite-size chunks and give each part a title.
- From the notes you have made, try to rewrite the gist of the text.

5 Read again the article on page 148 and write a summary of it. Refer to the advice given in the strategy box above and apply it in completing your summary.

Use just your notes to write the summary.

You should mention:

- the situation in 1945
- the programme of decolonisation
- immigrants from the colonies

6 a Travail à deux. Imaginez que vous venez de vous établir dans un pays étranger. Vous êtes invité(e) à un entretien d'embauche. On vous pose les questions ci-dessous. Répondez-y.

- Vous êtes arrivé(e) quand dans notre pays ?
- De quel pays venez-vous ?
- Avez-vous trouvé un logement facilement ?
- Avez-vous été bien accueilli(e) par le voisinage ?
- Que pensez-vous de la manière dont vous avez été reçu(e) dans notre pays ?

6 b Écrivez un paragraphe qui décrit vos expériences. Si possible, utilisez des comparatifs et des superlatifs adverbiaux dans votre paragraphe.

- Décrivez ce qui s'est passé à votre arrivée
- Expliquez les difficultés que vous avez recontrées
- Donnez votre opinion sur l'accueil qui vous a été fait

7.2 Le multiculturalisme – succès ou échec ?

- Étudier les effets du multiculturalisme sur une société
- Savoir reconnaître et utiliser les adjectifs et les pronoms démonstratifs
- Extraire des informations utiles d'un long texte et s'en servir pour le résumer

On s'échauffe

1 a Lisez ces définitions (1 à 6) et choisissez l'expression (a à f) qui leur correspond.

1 une société basée sur plusieurs cultures
2 le processus d'assimilation d'une culture à une autre
3 par exemple le logement, l'éducation, la santé
4 ce qu'une culture apporte à la société
5 une société basée sur une seule culture
6 les problèmes rencontrés à cause d'un manque d'habitations

a les services sociaux
b la crise du logement
c une société multiculturelle
d une société monoculturelle
e les bienfaits culturels
f l'intégration

1 b Écrivez six phrases qui comprennent chacune des expressions a à f de l'exercice 1a.

2 a Lisez l'article page 153 et trouvez-y des synonymes aux expressions suivantes.

1 un immigré illégal
2 là où vivent les immigrés qui n'ont pas d'adresse
3 réaliser
4 tous les jours
5 accorder ce privilège
6 noter, observer
7 se réjouir
8 courir le risque
9 accidentel

2 b Relisez l'article puis choisissez le bon mot (a à j) dans la liste ci-dessous pour compléter chaque phrase. Attention ! il y a deux mots de trop.

Omar est un acteur de renommée **1**.......... . Il vient d'une famille nombreuse et ses parents sont tous les deux d'origine **2**.......... En début de carrière, il est souvent passé à la télé et était alors connu pour son association avec **3**.......... . Le film *Samba* dans lequel il a tenu le rôle principal raconte l'histoire **4**.......... . Pour se préparer à jouer ce rôle, il a tout fait pour savoir l'état d'esprit de ces réfugiés et ce qu'ils ont dû **5**.......... pour arriver à leurs fins. À l'époque où ses parents ont quitté leur pays d'origine, la France accueillait les immigrés **6**.......... qu'elle le fait maintenant. Le but du film *Samba* est de nous faire comprendre le peu de qualité de vie qu'ont les immigrés en France. Le succès d'Omar dans *Les Intouchables* a encouragé **7**.......... à engager plus d'acteurs noirs qu'avant. Omar ne se considère toutefois pas comme **8**.......... de la lutte contre le racisme.

a africaine
b endurer
c d'un immigré illégal
d acteur noir
e mondiale
f des foyers de migrants
g les réalisateurs
h un humoriste
i plus volontiers
j un pionnier

Omar Sy

Omar Sy est un acteur français qui connait un immense succès un peu partout dans le monde.

Il est né il y a trente cinq ans de cela à Trappes, non loin de Paris. Il fait partie d'une famille de huit enfants. Sa mère, d'origine mauritanienne et son père, d'origine sénégalaise sont musulmans pratiquants. Chez lui, on utilise le pular, une des langues qui se parlent au Sénégal.

Avec son acolyte Fred, ils sont rapidement devenus des comédiens populaires et se sont produits dans beaucoup d'émissions télévisées. Lorsque l'occasion s'en est présentée, il s'est tourné vers le cinéma où il a joué le rôle principal dans Samba, un film qui retrace les expériences d'un sans-papiers à Paris. Pour s'y préparer, il a visité des foyers de migrants et s'est rendu compte jusqu'à quel point ces gens vivaient dans la peur. Il a aussi regardé un film qui raconte la traversée de migrants africains. Il explique que, du temps de ses parents, l'immigration était facile, les frontières étaient ouvertes et il était rare qu'un immigré se retrouve au chômage. La situation que ses parents ont vécue, contraste largement avec la réalité actuelle. Ce film nous fait ressentir comment vivent les immigrés de nos jours et nous ouvre les yeux sur les difficultés auxquelles ceux-ci doivent faire face quotidiennement.

Son autre succès pour lequel il recevra un César (le premier acteur noir auquel cet honneur a été conféré) est le rôle qu'il joue dans Les Intouchables. Depuis sa sortie, on peut constater qu'il y a un plus grand nombre d'acteurs noirs dans les derniers films et Omar s'en félicite. Bien que celui-ci ne se voie pas du tout comme quelqu'un qui a fait progresser la cause antiraciste, cette conséquence est toutefois la bienvenue. Omar se considère comme acteur et le fait que sa peau soit noire est fortuit.

En 2012, il a décidé de tenter sa chance aux USA où il a été reçu à bras ouverts. Omar vit avec sa femme et ses quatre enfants et est aussi heureux dans sa vie familiale qu'il l'est dans sa vie professionnelle.

Grammaire

Les adjectifs et les pronoms démonstratifs (Demonstrative adjectives and pronouns)

Study B5 and C4 in the grammar section.

1. In the above article there are four different examples of the use of demonstrative adjectives and two examples of the use of demonstrative pronouns. List them and give their English meaning.
2. Work with a partner. Ask each other questions about Omar Sy's life and try to use demonstrative adjectives and pronouns in your answers.

3 Remplissez chaque blanc avec le bon adjectif ou pronom dans la case.

ces	celles
celle	ceux-ci
ces	cette
celui	laquelle
cet	lesquelles
cette	celles-là
ce	

1. Les Maghrébins en France ? .... ont dû faire face à toute une série de problèmes.
2. C'est la région dans .... cette situation s'est développée.
3. .... incident a eu des séquelles désastreuses.
4. .... des mesures vont réussir ? ....
5. Pour notre poste de gérante du foyer international féminin, ... qui ont postulé sont d'un très bon niveau.
6. .... sportifs d'origine africaine montrent le succès du multiculturalisme en France.
7. Quel président a fait le plus pour libérer l'Afrique antérieurement française ? .... que tu as déjà mentionné, Charles de Gaulle.
8. .... programme d'intégration sociale semble avoir réussi.

4 a  **On discute du multiculturalisme. Écoutez cette conversation entre Camille, Yasmine et Antoine, trois étudiants qui discutent du multiculturalisme. Camille ouvre la conversation.**

Les phrases 1 à 6 sont tirées de la conversation. Mettez les mots de chaque phrase dans le bon ordre et, pour chacune, trouvez une phrase synonyme (a à f).

1 les ne tous réfugiés des pas immigrés sont économiques
2 atteint retraite ils l'âge la ont de
3 est résidence leur une habitation secondaire
4 peu entre il de cultures y fusion a les
5 ce l'autre chacun que apporte de bénéficie culture
6 cause c'est de conflit une

a Tout le monde profite de ce mélange culturel.
b Ceux qui immigrent ne le font pas tous à cause de leur pauvreté.
c Cela crée des problèmes.
d Le mélange culturel ne se passe pas.
e Ils sont propriétaires d'un autre logement.
f Ils ont fini leur carrière et ne travaillent plus.

Une harmonieuse diversité culturelle

4 b  **Écoutez la conversation encore une fois et répondez en français aux quatre questions ci-dessous. Utilisez vos réponses pour écrire un résumé de l'enregistrement.**

1 Camille parle de deux types d'immigrés complètement différents. Expliquez la différence.
2 Quels sont les deux aspects négatifs de l'immigration dont Yasmine parle ?
3 Quel aspect positif mentionne-t-elle ?
4 Selon Antoine, qu'est-ce qui fait que le multiculturalisme ne marche pas toujours ?

4 c Traduisez le texte suivant en français.

A multicultural society is the result of a fusion between different cultures. If it is harmonious, it benefits all that belong to it. Its success depends on the acceptance of another culture by all. Some immigrants don't want to integrate in the host culture. Expatriates tend to want to live close to one another.

Stratégie

Extracting and summarising information

- Divide the longer passage into paragraphs of a manageable size.
- Jot down the main idea(s) of each paragraph, leaving out the details and the non-essential information.
- Using your own words, write a shorter version of each paragraph.
- If reading/listening with a specific purpose in mind, e.g. to answer a question – have an educated guess as to where in the text you are likely to find the answer. If the answer is not clearly stated, use your skills of deduction.

5 a Read again the article on page 153. It is already divided into five paragraphs. Make notes on each paragraph. For example, for the first paragraph: *acteur, succès, partout*.

5 b With a partner, and using only your notes to help you, summarise the article orally.

6 a Discussion de groupe. Pour chacune des questions ci-dessous, donnez votre opinion à un(e) autre étudiant(e) et justifiez-la. Demandez-lui aussi ce qu'il/elle en pense et prenez des notes sur ce qu'il/elle dit.

Répétez l'exercice en parlant aux autres membres de votre groupe.

1. Pensez-vous que notre société multiculturelle marche bien ?
2. Quels en sont les avantages ?
3. Quels en sont les aspects négatifs ?
4. Que pourrait-on faire pour améliorer les rapports entre les membres de différentes cultures ?

6 b Avec l'aide de vos notes, écrivez une réponse à la question suivante :

Quels sont les avantages et les désavantages de vivre dans une société multiculturelle ?

7.3 La société canadienne et l'influence de la France dans le monde

- Étudier la société canadienne et l'influence de la France sur le monde francophone
- Savoir reconnaître et utiliser les adjectifs et les pronoms possessifs
- Faire des recherches sur un événement ou sur une série d'événements

On s'échauffe

1 a **L'article page 157, intitulé « Le multiculturalisme canadien » comprend une cinquantaine de mots ou expressions qui sont les mêmes (ou presque les mêmes) en français et en anglais et ont la même signification. Faites-en la liste.**
Si vous utilisez ces mots ou expressions oralement, faites bien attention à la prononciation.

1 b **À quel mot ou expression (a à g) correspond chacune de ces phrases (1 à 7) ?**

1 les pays où l'on parle français
2 la coexistence de plusieurs cultures
3 le pays dont on a la citoyenneté
4 le droit de s'exprimer
5 le changement de nationalité
6 les générations qui ont précédé celle de nos grands-parents
7 les générations qui nous suivront

a le multiculturalisme
b la naturalisation
c la liberté d'expression
d les ancêtres
e l'appartenance ethnique
f les descendants
g le monde francophone

2 a **Lisez l'article à la page suivante et trouvez-y des antonymes aux expressions suivantes.**

1 dernier
2 monoculturalisme
3 officieuse
4 inégaux
5 le rejet
6 avoir honte
7 passivement
8 en dépit de
9 bas
10 différentes
11 après
12 rendent difficile

2 b **Relisez l'article. Identifiez parmi les phrases ci-dessous (1 à 8) les quatre phrases qui sont vraies.**

1 La politique canadienne du multiculturalisme ne concerne que les droits des immigrés.
2 L'acceptation d'autres cultures aide les Canadiens à être plus tolérants envers ces cultures.
3 L'expérience du Canada a prouvé que le multiculturalisme favorise la compréhension interculturelle.
4 Légalement, seuls les Canadiens d'origine ont les mêmes droits.
5 Le nombre d'étrangers qui deviennent des citoyens canadiens est élevé.
6 Pour être naturalisé Canadien, il faut s'assimiler à la culture autochtone.
7 Les Canadiens considèrent que la diversité culturelle est un atout national.
8 Les Canadiens veulent qu'à l'avenir la société change, de manière à ce que leurs descendants vivent dans une société intégrée.

Le multiculturalisme canadien

En 1971, le Canada a été le premier pays au monde à adopter une politique officielle de multiculturalisme. Ce faisant, il a proclamé la valeur et la dignité de tous ses citoyens, sans égard à leurs origines raciales ou ethniques, à leur langue ou à leur appartenance religieuse. Cette politique a confirmé également les droits des peuples autochtones et le statut des deux langues officielles du pays.

Le multiculturalisme canadien découle de notre conviction que tous les citoyens sont égaux. Il permet à tous de conserver leur identité, d'être fiers de leurs ancêtres et d'éprouver un sentiment d'appartenance. L'acceptation donne aux Canadiens un sentiment de sécurité et de confiance en soi qui les rend plus ouverts aux diverses cultures et plus tolérants. L'expérience a prouvé que le multiculturalisme encourage l'harmonie raciale et ethnique ainsi que la compréhension interculturelle.

Des Canadiens heureux !

Le Canada reconnaît le potentiel de chacun en les encourageant à s'intégrer à leur société et à participer activement à la vie sociale, culturelle, économique et politique.

Tous les Canadiens sont égaux devant la loi. Les lois reconnaissent la diversité du pays sur les plans de la race, du patrimoine culturel, de l'appartenance ethnique, de la religion, et des origines nationales. Elles assurent une pleine liberté de conscience, de pensée, de croyance, d'expression ainsi que d'association et de réunion pacifique. La citoyenneté canadienne nous garantit ces droits, notre liberté et notre dignité.

Grâce au multiculturalisme, le taux de naturalisation est élevé. Comme ils ne se sentent pas forcés de s'assimiler ou de renoncer à une culture qui est la leur, les immigrants choisissent librement leur nouvelle citoyenneté. En tant que Canadiens, ils partagent les mêmes valeurs démocratiques que tous les autres arrivés avant eux.

Notre diversité est un atout national. Les Canadiens qui parlent de nombreuses langues et comprennent beaucoup de cultures facilitent la participation de notre pays à l'échelle mondiale dans des secteurs comme l'éducation, le commerce et la diplomatie.

En prenant part activement à la vie municipale, nous affirmons nos droits et renforçons la démocratie, nous assurant ainsi de léguer à tous nos descendants une citoyenneté multiculturelle et intégrée.

Adapted from www.cic.gc.ca/francais/multiculturalisme/citoyennete.asp

Grammaire

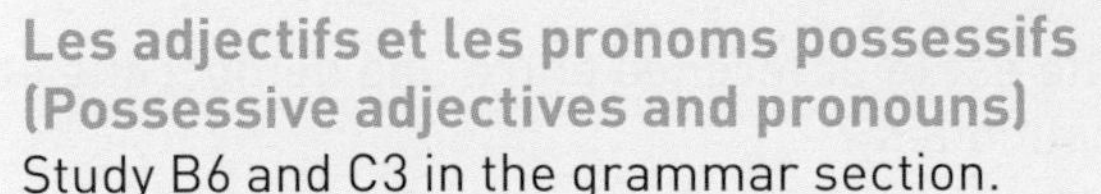

Les adjectifs et les pronoms possessifs (Possessive adjectives and pronouns)

Study B6 and C3 in the grammar section.

1. In the above article, there are 14 different examples of the use of possessive adjectives and one example of the use of possessive pronouns. List them and give their English meaning.
2. Which of the adjectives have different masculine and feminine forms?

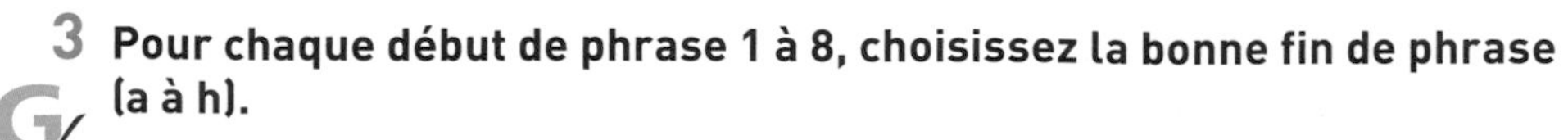

3 **Pour chaque début de phrase 1 à 8, choisissez la bonne fin de phrase (a à h).**

1 Je ne vais pas renoncer à
2 L'atout de la France
3 Le Canada ? Ses principes
4 L'Algérie est le pays
5 Les nouveaux venus acceptent librement
6 La France n'adapte pas ses valeurs
7 Les anciennes colonies
8 Les expatriés français

a dont j'ai la citoyenneté
b doivent changer leur passeport quand ils s'implantent en France
c leur nouvelle nationalité
d achètent nos produits
e ressemblent énormément à notre système
f un pays qui est le mien
g à la globalisation
h est notre républicanisme

4 a **L'influence française dans le monde. Écoutez cette interview avec Mme Brun, professeur de sciences économiques et sociales. Elle explique l'influence française dans le monde actuel.**

À quelle définition a à h correspond chacune de ces expressions (1 à 8) ?

1 tirer des bénéfices de
2 il reste
3 une société laïque
4 une devise
5 en voie de diminution
6 une démocratie
7 la volonté du peuple
8 la libre expression

a ce que veulent les gens
b qui va bientôt être réduite
c profiter de
d une société qui sépare l'État et la religion
e le droit de dire ce qu'on pense par exemple
f un système politique où les chefs d'État sont élus
g il y a encore
h une expression symbolique et emblématique du pays

La devise française

4 b **Écoutez la conversation encore une fois et répondez aux quatre questions ci-dessous.**

1 Quels sont les trois principaux marchés d'exportation de la France ?
2 Donnez quatre raisons qui expliquent la continuation des liens entre la France et les pays avec lesquels elle traite.
3 Pourquoi est-ce que Mme Brun mentionne le Canada ?
4 Selon Mme Brun, quelle est la différence entre une démocratie et les autres systèmes politiques ?

4 C Translate the following passage into English.

Un exemple de tolérance

Le multiculturalisme canadien découle de la conviction que tous ses citoyens sont égaux. Il permet à tous de conserver leur identité, d'être fiers de leurs ancêtres et d'éprouver un sentiment d'appartenance. L'acceptation donne aux Canadiens un sentiment de sécurité et de confiance en soi qui les rend plus ouverts aux diverses cultures et plus tolérants envers celles-ci. L'expérience a prouvé que le multiculturalisme encourage l'harmonie raciale et éthnique ainsi que la compréhension interculturelle.

Le Canada reconnaît le potentiel de chacun en les encourageant à s'intégrer à leur société et à participer activement à la vie sociale, culturelle, économique et politique.

Stratégie

Researching an event or series of events

- Do your research through the internet. Type the title of the event you want to research, e.g. *La création de l'Organisation Internationale de la Francophonie*.
- Find out what led to that event. Type words like 'causes, reasons for, what led to'.
- Investigate what actually happened in that event. Use words like 'the event, what happened'.
- Find out the consequences of that event. Use words like 'the consequences, what happened next'.
- Use other sources of information to confirm your findings and/or find people's comments on that event.

5 Faites des recherches sur l'Organisation Internationale de la Francophonie (quand et pourquoi elle a été créée, ce qu'elle fait, ce que son existence a changé dans le monde francophone).

Écrivez un paragraphe en français qui résume votre recherche et comparez les renseignements que vous avez trouvés sur cette organisation à ceux qu'ont trouvé les autres membres de votre groupe.

6 Discutez en groupe. Pour chacune des questions ci-dessous, donnez votre opinion à un(e) autre étudiant(e) et justifiez-la. Demandez-lui aussi ce qu'il/elle en pense.

Répétez l'exercice avec les autres membres de votre groupe.

1. Que pensez-vous du modèle multiculturel canadien ?
2. Comparez-le à celui de votre pays.
3. Croyez-vous que la France a une grande influence sur le reste du monde ?
4. Est-ce que la laïcité d'un pays est quelque chose d'important selon vous ?
5. L'Organisation Internationale de la Francophonie joue-t-elle un rôle significatif, à votre avis ?

Vocabulaire

7.1 Origines du multiculturalisme et accueil des immigrés

à cette époque-là at that time
à la mesure de to match
accueillir to welcome
actuel(le) present
appartenir to belong
apporter to bring
avoir lieu to take place
ça s'est bien passé it went well
cesser de to stop
une **défaite** defeat
un(e) **descendant(e)** descendant
un **domaine d'outre-mer** overseas territory
s' **engager** to launch oneself
entouré(e) de surrounded by
s' **établir** to settle
être originaire de to originate from
une **grande puissance** superpower
une **guerre mondiale** world war
un(e) **immigré(e)** immigrant
l' **indépendance** (*f*) independence
s' **intégrer** to integrate
passer sa vie to spend one's life
un **pays** country
un **peuple** nation
posséder to own
pour in favour of
un **quartier** area
une **racine** root
soutenir to support
suivre to follow
un **territoire d'outre-mer** overseas territory
une **transcription audio** listening transcript

7.2 Le multiculturalisme – succès ou échec ?

accorder to grant
améliorer to improve
appartenir à to belong to
atteindre to reach
bénéficier à to benefit
un **bienfait** benefit
un **but** aim
conférer un honneur to confer an honour
courir le risque to run the risk
une **coutume** custom
une **crise du logement** housing crisis
décerner to award
du coin local
exercer une pression to put pressure
un(e) **expatrié(e)** expatriate
se **féliciter de** to rejoice about
fortuit(e) incidental
un **foyer de migrants** migrants' refuge
une **frontière** border
une **lutte** struggle
se **manifester** to become evident
un **manque** lack
marcher to walk, to work
un **mélange** mix
le **multiculturalisme** multiculturalism
un(e) **musulman(e)** Muslim
pareil(le) same
la **pauvreté** poverty
un **pionnier** pioneer
le **pouvoir d'achat** purchasing power
pratiquant(e) practising
un **processus** process
se **produire** to appear on stage
un(e) **réalisateur (-trice)** film producer
un(e) **réfugié(e)** refugee
régner to reign
se **réjouir** to rejoice
la **renommée** renown
une **résidence secondaire** second home

7.3 La société canadienne et l'influence de la France dans le monde

à l'échelle mondiale on the world scale
l' **acceptation** (*f*) the acceptance
ancien(ne) former
l' **appartenance** (*f*) belonging
un **atout** asset
un(e) **autochtone** native
la **citoyenneté** citizenship
la **confiance en soi** self-confidence
la **croyance** belief
la **démocratie** democracy
une **devise** motto
la **dignité** dignity
en voie de diminution in the process of going down/reducing
exercer une influence to exert an influence
fier (fière) proud
fort(e) strong
une **idéologie** ideology
la **laïcité** laicity
léguer to hand something down
un **lien** link
le **monde francophone** French-speaking world
la **naturalisation** naturalisation
partager to share
le **patrimoine culturel** cultural heritage
un **principe** principle
une **puissance économique** economic power
renoncer to give up
une **réunion** meeting
tirer des bénéfices to benefit
traiter to deal
la **valeur** value
la **volonté** will

UNIT 8

Quelle vie en France pour les marginalisés ?

8.1 **L'exclusion sociale**
8.2 **L'inclusion sociale des handicapés et des marginaux**
8.3 **Comment traitons-nous les marginaux ?**

Theme objectives

In this unit you study discrimination in French society. The unit covers the following topics:

- how marginalisation affects different sectors of the population
- what the legal position is of marginalised people and what help is given to them
- how other people react to marginalised groups

Grammar objectives

You will study and practise the following grammar points:

- recognising and using *depuis* and *venir de*
- using the passive with tenses other than the present
- recognising and using indefinite adjectives and pronouns

Strategy objectives

You will develop the following strategies:

- listening and understanding a French native speaker on the radio, television or YouTube
- considering different opinions and drawing conclusions
- varying your language by using idioms and synonyms

8.1 L'exclusion sociale

- Étudier les causes et les effets de la marginalisation de différentes sections de la population
- Savoir reconnaître et utiliser *depuis* et *venir de*
- Écouter et comprendre une personne de langue maternelle française à la radio, à la télé ou sur YouTube

On s'échauffe

1 a Lisez cette liste de sections de la population qui sont parfois victimes de discrimination. Traduisez ces expressions en anglais.

1 les banlieusards
2 les gitans
3 les homosexuels
4 les transgenres
5 les immigrés
6 les personnes âgées
7 les nord-africains
8 les juifs
9 les Polonais
10 les Roumains
11 les noirs
12 les pauvres
13 les handicapés physiques
14 les handicapés mentaux

1 b Cette liste n'est, bien sûr, pas complète. Ajoutez-y d'autres sections de la population après en avoir discuté avec les autres membres de votre groupe.

2 a Lisez les contributions à un forum de discussion sur Internet, à propos de la discrimination (page 163). Nommez la personne qui aurait pu dire les phrases 1 à 7 : Gadiéla, Andrzej, Layla ou Mahdi.

1 J'aime bien voir mes amis le week-end.
2 Je comprends bien qu'il lui est difficile de se défendre.
3 On vit pratiquement comme tout le monde.
4 J'aimerais bien que mes gosses aient des amis.
5 Je n'ai jamais pu comprendre les raisons pour lesquelles on nous déteste.
6 Pourquoi ne s'attaquent-ils pas aux riches ?
7 L'absorption de trop d'alcool mène souvent à des scènes dont on pourrait se passer.

2 b Relisez le forum de discussion et répondez à ces questions.

1 Quelles sont les raisons pour lesquelles Gadiéla, Andrzej, Layla et Mahdi sont victimes de discrimination ?
2 Comment cette discrimination se manifeste-t-elle pour chacun d'entre eux ?
3 Quels sont les effets de cette discrimination sur chacun d'entre eux ?

Grammaire

Depuis* et *venir de

Study H13 in the grammar section.

1 In the article on page 163, there are five different examples of the use of *depuis* and two examples of the use of *venir de*. List the phrases in which they appear and give their English meaning.

2 What do you notice about the tenses of the verbs used in French, compared to the English translations ?

La discrimination vécue

Gadiéla
Lundi, 4 juillet, 14:31

Moi, je suis juive et je peux vous dire que l'antisémitisme n'est pas mort. Une proportion de la population nous hait depuis des siècles et on ne sait pas pourquoi. On s'en rend compte partout, même chez soi. Depuis que nos voisins connaissent nos origines, le rapport qu'on a avec eux a changé. Évidemment, ce n'est pas fait pour donner beaucoup de confiance en soi. Cette haine n'est basée sur rien, simplement le fait qu'on ne se conforme pas complètement à la manière dont vit le Français moyen.

Andrzej
Samedi, 23 avril, 08:05

On est ici depuis l'année dernière parce que les salaires sont trop bas en Pologne. Je me doutais bien que notre présence en France ne serait pas appréciée de tous. J'ai un bon boulot et une famille de quatre enfants et c'est un peu ce qu'on nous reproche, c'est-à-dire de prendre le travail des Français de souche et de toucher des allocations familiales et logement. C'est difficile pour les enfants qui souffrent parfois d'intimidation à l'école et n'arrivent pas à se faire de copains. On nous dit d'essayer de nous intégrer, mais ce n'est pas facile !

Non à la discrimination et au racisme !

Layla
Lundi, 21 mars, 10:42

Nous venons de nous faire cambrioler. Depuis longtemps, des bandes de petits voyous terrorisent mon fils de quinze ans à cause de ses origines. On vient d'Algérie mais on habite ici depuis une vingtaine d'années. Mon fils est donc aussi français qu'un autre. Nous vivons dans un quartier pauvre et mon mari est au chômage. Bref, la vie n'est pas facile et comme on n'avait pas l'argent pour nous assurer, ce cambriolage est une catastrophe.

Mahdi
Vendredi, 19 mars, 09:51

À mon avis, tout le monde est victime de discrimination. Moi, ce qui me différencie des autres, c'est la couleur de ma peau. Quand on est noir et qu'on habite un pays européen, ça peut attirer des problèmes. Je vis comme tout le monde et je sors le samedi soir pour faire la fête avec mes copains qui, eux aussi, sont noirs.
À l'occasion, on nous adresse des propos racistes, surtout si quelqu'un a trop bu. Alors, leur nature ressort et c'est vraiment dégoûtant.

3 Remplissez chaque blanc par le bon verbe pour compléter le sens.

1. Les Romains (*auront/ont/avaient eu*) une mauvaise réputation depuis dix ans.
2. Elle (*venait/viendra/est venu*) de partir du centre des handicapés.
3. Depuis vingt ans et plus, les immigrés (*obtiendront/obtenaient/obtiendraient*) un salaire minimal.
4. Un de mes amis (*vient/est venu/sera venu*) de subir de la discrimination à cause de son handicap.

5 J'(*habite/habiterai/habiterais*) la zone depuis vingt ans.

6 Asmat (*essayera/essayerait/essaie*) de s'intégrer dans la communauté depuis son arrivée.

7 Nous (*serons/étions/serions*) là depuis le début de la manifestation.

8 Je (*venais/viendrai/viendrait*) d'entendre la grave nouvelle.

4 a Pourquoi l'exclusion sociale ? Écoutez cette interview avec Marie, Arthur et Chloé, trois étudiants qui discutent de l'exclusion sociale.

Écrivez des mots ou expressions que vous avez entendus qui correspondent aux synonymes ou définitions (1 à 8).

1 de la même façon
2 quelqu'un qui habite aux alentours d'une grande ville
3 ce qu'on a sélectionné
4 la manière dont il mène sa vie
5 ce n'est pas de leur faute
6 une personne qui se croit du sexe opposé
7 une argumentation logique
8 une personne d'une culture bohémienne, tzigane ou romanichelle

4 b Écoutez la conversation encore une fois et dites si les phrases 1 à 8 sont vraies (V), fausses (F) ou si l'information nécessaire n'est pas donnée (ND).

1 Le transgenre dont Marie parle pense que la manière dont la société le traite est justice.
2 Marie n'est pas d'accord avec lui mais comprend son point de vue.
3 Elle croit que la sexualité que certains adoptent est une question de choix.

4 Arthur pense que la situation des noirs et des réfugiés politiques est complètement différente de celle des transgenres.
5 Il trouve que ceux qui choisissent d'émigrer sont plus susceptibles d'être victimes de discrimination que ceux qui sont forcés d'émigrer.
6 Marie fait la liste de différents groupes qui souffrent de discrimination mais dont ce n'est pas la faute parce qu'ils n'ont pas choisi d'appartenir à ces groupes.
7 Chloé n'est pas d'accord avec Marie mais elle respecte tout de même son opinion.
8 Selon Chloé, les gitans et les banlieusards ne souffrent pas d'exclusion sociale ou culturelle.

4 C Traduisez ce texte en français.

We have just arrived in France. We had wanted to emigrate for a long time. We have now been offered accommodation but in an area where there are many problems and where social integration seems to be difficult. We obviously do not want to feel excluded and hope to settle here quickly and be happy.

Stratégie

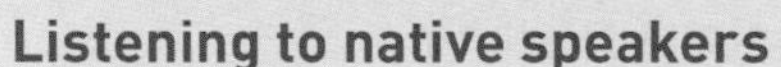

Listening to native speakers

- To understand native speakers better, focus on the overall message rather than on each word.
- You may need to listen several times to get used to their accent.
- Be aware of the rules of pronunciation, e.g. *ils arrivent* is pronounced *il zarriv*.
- There are many words which are the same or nearly the same in French and in English. Use your knowledge of French pronunciation to help you understand such words, e.g. *victime de discrimination sexuelle*.
- Use the context in which the sentence you are listening to occurs. It will help you get the gist of the sentence.
- Use any other clue that might help you, e.g. visual on television, emphasis, tone.

5 Écoutez cet enregistrement. Prenez des notes et écrivez quelques phrases en français qui résument ce que vous avez compris.

Faites le même exercice avec des enregistrements que vous n'avez jamais entendus. Demandez l'accès à votre professeur.

6 Discussion de groupe. Pour chacune des questions ci-dessous, donnez votre opinion à une(e) autre étudiant(e) et justifiez-la. Demandez-lui son opinion.

Répétez l'exercice avec les autres membres de votre groupe.

1 Que pensez-vous de ceux qui tyrannisent ou intimident les autres ?
2 Pourquoi le font-ils ?
3 Est-ce qu'ils se rendent compte du mal qu'ils font ?
4 Croyez-vous que l'intimidation est un problème qui concerne seulement l'individu ou est-ce que la société a aussi une part de responsabilité ?

8.2 L'inclusion sociale des handicapés et des marginaux

- Étudier la position légale des marginaux et l'aide qui leur est apportée
- Savoir utiliser la voix passive en se servant des temps autres que le présent
- Considérer différentes opinions et en tirer des conclusions

On s'échauffe

1 a Utilisez Internet afin de trouver :
- **le nombre de personnes handicapées en Grande-Bretagne**
- **s'il existe une loi concernant l'accessibilité des personnes handicapées aux endroits publics**
- **le pourcentage de personnes handicapées qui ont un emploi**
- **dans quelle mesure l'État contribue aux frais encourus à cause du handicap**

1 b Discutez en groupe de ce que la société de votre pays pourrait faire de plus pour améliorer la vie des personnes handicapées.

2 a Lisez l'article page 167 et trouvez-y des synonymes aux expressions suivantes.

1. le coût du logement
2. l'adaptation
3. une division administrative
4. les vacances
5. l'arrêt du travail avant l'âge normal
6. le fait d'être une personne civique
7. très rapidement
8. une personne qui ne voit pas

2 b Relisez l'article. À quel paragraphe de la loi (1 à 8) correspond chacun de ces commentaires (a à h) ?

a Je trouve ça bien qu'on nous donne une carte qui nous donne priorité aux places assises dans les trains.

b Il va bientôt y avoir les présidentielles. Moi, je ne veux pas m'abstenir.

c Ça, c'est bien pour ceux qui vivent seuls.

d D'essayer de faire comprendre un peu les difficultés qu'ont les handicapés est vraiment une idée que j'approuve.

e Comme ça, ça va encourager ceux qui ont besoin de personnel à recruter plus de personnes handicapées.

f Ils ont déjà fait beaucoup d'arrangements à la bibliothèque municipale pour ceux qui sont en fauteuil roulant.

g Je vais pouvoir faire adapter ma voiture, sans avoir à payer quoi que ce soit.

h Jusqu'à maintenant, ce n'était pas le cas. La société est quand même responsable de l'avenir des jeunes, non ?

Grammaire

La voix passive aux temps autres que le présent

Study H16 in the grammar section.

1. In the article below there are five examples of the passive voice in tenses other than the present. List the phrases in which they appear and give their English meaning.
2. What do you notice about the participles?

La loi du handicap du 11 février 2005

On travaille, comme tout le monde !

La loi pour l'égalité des droits et des chances, la participation et la citoyenneté des personnes handicapées a été votée le 11 février 2005.

Un handicap, selon cette loi, est défini comme une limitation d'activité ou restriction à la participation à la vie en société en raison d'une déficience d'une ou plusieurs fonctions physiques, sensorielles, mentales, cognitives ou psychiques ou d'un trouble de santé invalidant.

Les principaux constituants de cette loi sont :

1 L'accueil. Chaque département doit créer une Maison des personnes handicapées qui a pour mission l'accueil, l'information, l'accompagnement, le conseil des personnes handicapées et la sensibilisation de tous au handicap.

2 Le droit à la compensation. La personne handicapée a le droit à la compensation des conséquences de son handicap. Cela couvre ses besoins en aides humaines et techniques, l'aménagement du logement, du véhicule et les aides spécifiques et animalières.

3 Les ressources. Un complément de ressources et une autre allocation pour la vie autonome ont été instaurés par cette loi. Pour les personnes accueillies en établissement, le département contribue à leurs frais d'hébergement.

4 La scolarité. Tout enfant handicapé doit être inscrit dans l'école de son quartier si les parents souhaitent qu'il y soit éduqué. C'est à l'école de faire les aménagements nécessaires pour que l'enfant puisse y poursuivre ses études.

5 L'emploi. Les entreprises qui emploient un handicapé peuvent bénéficier d'une aide à l'emploi. Les droits au congé et à la retraite anticipée des travailleurs handicapés ont aussi été améliorés par cette loi.

6 L'accessibilité. Les établissements recevant du public et les transports collectifs ont dix ans pour se conformer à la loi.

7 La citoyenneté. Tout le monde a le droit de voter. L'accessibilité des bureaux de vote doit être améliorée dans les plus brefs délais. La question du handicap sera abordée pendant les cours d'éducation civique.

8 Divers. La loi comprend d'autres points tels que :

L'attribution de la carte de stationnement ou celle de 'station debout pénible'.

L'accès aux lieux publics pour les chiens-guides d'aveugles.

http://informations.handicap.fr/decret-loi-fevrier-2005.php

3 **Dans chacune des phrases 1 à 4 ci-dessous, il y a un verbe avec *on* pour communiquer le passif. Mettez les phrases au passif normal.**

1 On a instauré un nouveau centre de réhabilitation.
2 On a amélioré les conditions de travail
3 On a voté de nouvelles lois au parlement.
4 On a amélioré les droits des handicapés sans travail.

Maintenant, faites le contraire avec les phrases suivantes:

5 Une chambre a été trouvée pour lui au centre des handicapés.
6 Demain les prix seront accordés au centre des handicapés.
7 Un fauteuil roulant a été acheté pour le mutilé de guerre.
8 Le niveau de handicap sera abordé.

Comment ça marche ?
Tout va bien ?

4 a Mme Chambert, une assistante sociale, parle de son travail. Écoutez cette interview avec elle.

Les expressions 1 à 8 sont des synonymes d'expressions tirées de l'interview. Écrivez-les en français.

1 les pauvres
2 un paiement tous les mois
3 le coût de la garde des enfants
4 un endroit où on loge et nourrit les gens
5 un organisme qui aide les gens
6 connecter
7 des formalités administratives
8 grâce aux mairies

4 b Écoutez l'interview encore une fois et complétez les phrases 1 à 6 en choisissant la bonne expression.

1 On aide les familles pauvres en leur donnant...
 a ...à manger.
 b ...l'accès à un baby-sitter.
 c ...de l'argent.
2 Les familles qui ont des difficultés financières sont en général des familles...
 a ...recomposées.
 b ...où il n'y a qu'un parent.
 c ...traditionnelles.
3 On aide les réfugiés en leur offrant...
 a ...le toit et le couvert.
 b ...un emploi.
 c ...leur indépendance financière.
4 Les groupes de soutien qui s'occupent des jeunes banlieusards les aident à...
 a ...trouver un emploi.
 b ...se réinsérer dans la société.
 c ...se déplacer.
5 Pour les personne âgées ou les malades, il y a des organisations qui les mettent en contact avec...
 a ...les centres d'hébergement.
 b ...la municipalité.
 c ...les services sociaux.
6 Les assistantes sociales...
 a ...font des démarches administratives.
 b ...informent les gens de leurs droits.
 c ...ont des liens directs avec la municipalité.

4 c Translate the following passage into English.

L'évolution des attitudes

Avant, beaucoup de ces gens soit étaient à l'hôpital soit menaient chez eux une vie plutôt cachée. Ils n'auraient pas voulu sortir de peur de s'exposer à des commentaires déplaisants par exemple. Ils ne faisaient pas partie de la société à part entière. Rien n'était fait pour leur faciliter l'existence. De nos jours, c'est différent. De nombreuses lois ont été passées au fil des années qui leur ont donné l'accès au travail et aux endroits publics. Tout n'est pas parfait mais l'attitude des gens envers eux s'est beaucoup améliorée.

Stratégie

Weighing up opinions and drawing conclusions

- Positive and negative opinions that are actually expressed are easy to identify. Look for phrases like *je pense/crois/trouve que c'est* + adjective.
- An opinion that is both positive and negative often includes words like *mais, par contre, d'autre part, pourtant, cependant, toutefois.*
- Sometimes, you have to infer an opinion, as it is not expressed as such. *Il en aurait pleuré* suggests sadness or disappointment.
- You can draw conclusions with regards to opinions or anything else. Look for words that express feelings, e.g. *la déception, le plaisir* or a reaction to an event.

5 When the law of 11 February 2005 was not rigorously applied by the government, there were demonstrations. Read these comments (1–5). Are these people expressing feelings that are positive (P), negative (N) or both (P+N)?

1. Je comprends très bien les raisons des manifestants. Toutefois, il me semble qu'il leur faudrait patienter un peu.
2. On reproche au gouvernement de ne pas avoir exercé suffisamment de pression sur les divisions administratives départementales.
3. Je trouve que ça valait la peine de le faire.
4. C'est toujours pareil. Ils promettent mais rien ne se passe.
5. Passer une loi est une bonne chose mais il est important de pouvoir l'appliquer.

6 a Discussion de groupe. Pour chacune des questions ci-dessous, donnez votre opinion à un(e) autre étudiant(e) et justifiez-la. Demandez-lui son opinion. Répétez l'exercice avec les autres membres de votre groupe.

1. Que pensez-vous de la loi du 11 février 2005 ?
2. Croyez-vous que l'aide que notre société apporte aux marginaux est suffisante ?
3. Aimeriez-vous devenir assistant(e) social(e) ? Pourquoi (pas) ?

6 b Connaissez-vous quelqu'un qui est marginalisé ? Écrivez un paragraphe qui explique les difficultés que cela lui pose et comment il/elle arrive à résoudre ses problèmes. Lisez votre paragraphe à votre partenaire et répondez à ses questions.

Si vous ne connaissez pas de personne marginalisée, faites des recherches sur Internet pour en savoir plus sur la manière dont ils vivent.

8.3 Comment traitons-nous les marginaux ?

- Étudier les attitudes envers les marginaux
- Savoir reconnaître et utiliser les adjectifs et les pronoms indéfinis
- Varier la langue utilisée en se servant de phrases idiomatiques et de synonymes

On s'échauffe

1 a Les exclus, qui sont-ils ? Lisez cette liste de sections de la population qui souffrent souvent d'exclusion sociale. Écrivez une définition de chacun de ces termes.

1. **les SDF**
2. **les pauvres**
3. **les sans-emploi**
4. **les alcooliques**
5. **les instables**
6. **les sans-papiers**
7. **ceux qui ont fait de la prison**
8. **ceux qui manquent d'instruction**

1 b Cette liste n'est, bien sûr, pas complète. Ajoutez-y d'autres sections de la population après en avoir discuté avec les autres membres de votre groupe ou en avoir fait des recherches.

2 a Lisez l'article à la page suivante. Lisez les phrases 1 à 8 et trouvez une cause de l'exclusion dans le texte qui leur convient.

1. Nous, on n'a pas du tout d'argent.
2. On est victimes de discrimination à cause du fait qu'on vient d'un autre pays.
3. Moi, pour oublier mes problèmes, j'ai besoin de me saouler tous les jours.
4. Je n'ai pas connu mes parents et je n'ai pas vraiment d'amis.
5. J'ai quitté l'école à quatorze ans et évidemment, je ne suis qualifié pour rien.
6. J'ai perdu mon mari l'année dernière.
7. Mon partenaire m'a laissé tomber après dix années de vie ensemble.
8. J'ai été libéré récemment mais mes anciens amis ne veulent pas que j'aille les voir.

2 b Relisez l'article et résumez-le en vous servant des sous-titres suivants.

1. Les facteurs qui contribuent à l'exclusion
2. Le cas des SDF
3. L'exclusion légale et l'exclusion institutionnelle
4. Les conséquences de la précarité
5. L'exclusion en tant que résultat d'un choix de style de vie

Comment devient-on exclus ?

EXTENSION STAGE

L'exclusion sociale est due à différents facteurs qui sont souvent liés et qui peuvent être engendrés par un bouleversement au cours de la vie de l'individu, mais aussi à des facteurs de vulnérabilité, des inégalités sociales, la précarité, la stigmatisation ou encore à des problèmes rencontrés au cours de l'enfance . Elle peut s'appliquer à n'importe qui, et personne n'est « immunisé » contre l'exclusion. Depuis les années 1990, l'exclusion s'est accélérée avec la dégradation du marché de l'emploi, l'immigration, la montée de la criminalité .

Dans les médias, ils sont décrits comme des « mauvais pauvres » (qui sont responsables de leur situation et n'ont pas la volonté de travailler). L'alcool, le manque d'affection, les problèmes psychologiques, sont interprétés comme les causes de la « chute ». Ils ont subi une enfance malheureuse. Les SDF sont séparés précocement de leur famille d'origine. On dit qu'ils ont un manque d'instruction. 41 % sont sans diplôme (pas de différences hommes/femmes). La majorité ont un goût pour l'alcool et sont instables. 37% des hommes SDF ont connu au moins un événement marquant avant l'âge de 18 ans, essentiellement des problèmes de famille (mauvais traitements...).

Pour la majorité des femmes majeures, cet événement marquant concerne le couple et/ou les enfants (rupture, décès).

Il y a d'autres causes d'exclusion comme l'immigration où les sans-papiers arrivent en France de manière illégale ; ceci crée l'exclusion légale. Ou encore un séjour en prison qui provoque chez les amis du détenu une certaine répulsion ; ceci entraîne l'exclusion institutionnelle.

C'est pas ma faute si j'en suis là

Il y a l'exclusion sociale causée par les précarités matérielles avec le manque de logement et les conditions de vie dans des résidences insalubres qui sont un facteur important de l'exclusion sociale car elle fragilise l'inclusion sociale de l'individu dans la société qui ensuite entraîne une perte de liens sociaux, puis la déprime s'installe et cela va jusqu'à la désocialisation totale. Mais considérer les précarités matérielles comme la cause majeure de la désocialisation est une erreur de la part de notre société.

On raconte que les individus sont en partie responsables de la situation dans laquelle ils se trouvent. Les trois-quarts de ceux qui dorment en centres d'hébergement et se nourrissent aux soupes populaires ont déjà eu un logement personnel. Seuls, 14% disent ne pas souhaiter changer de mode de vie.

Pourtant, le sans-abrisme est toujours vu comme un style de vie qui est choisi et non imposé.

Adapted from www.lexclu.webnode.fr/news/les-causes-de-lexclusion-sociale

Grammaire

Les adjectifs et les pronoms indéfinis (Indefinite adjectives and pronouns)

Study B7 and C7 in the grammar section.

1. In the article above, there are three different examples of the use of indefinite adjectives and three examples of the use of indefinite pronouns. List the phrases in which they appear and give their English meaning.
2. What do you notice about the negative that is used as a pronoun?

3 a Séparez les mots et mettez la ponctuation française y compris les accents.

1 ilfautcompatiraquelquunquinepeutpassepasserdalcool
2 ilnyariendeneufauxinfosausujetdeschangementspositifsdanslaloi
3 lesconsequencesdecettedecisionontatteintplusieurssansemploiquejeconnais
4 memelesplusstablesdentrenouspeuventavoirdesproblemesemotionnels
5 certainsalcooliquessontsujetsalaprecariteetalastigmatisation
6 intoxiquestoxicomanestoussaufquelquesunsmeritentnotresympathie
7 faisonsquelquechosedepositifpourresoudreleproblemedesimmigresillegauxetdesancienscriminels
8 chacunedesdifficultesrencontreesaucoursdesajeunesseadisparumaintenant

3 b Now translate these eight sentences into English.

4 a Les conséquences de l'exclusion sociale. Écoutez cette interview avec M. Blanc, professeur de sciences humaines, qui nous explique ce que sont les conséquences de l'exclusion sociale. Complétez les phrases 1 à 8 en choisissant chaque fois la bonne expression. Attention ! il y a deux expressions de trop.

Les exclus n'ont ni les moyens de manger ou de se loger, ni les moyens d'acheter des **1**.......... ou de **2**.......... . Leur frustration peut parfois se transformer en agressivité et ils peuvent alors commettre des délits de **3**.......... . Beaucoup de **4**......... pensent que les exclus abusent du système social. Les exclus vivent souvent **5**.......... . Ils peuvent devenir **6**.......... à tout, ce qui entraîne parfois la dépression. Afin de s'échapper momentanément de **7**.......... , certains se droguent ou deviennent alcooliques. Ils ont en général un mauvais **8**.......... qui est préjudiciable à leur santé physique. La plupart d'entre eux expriment une préférence pour **9**.......... .

un mode de vie différent	**leurs conditions de vie**
drogues	**indifférents**
violence	**régime alimentaire**
contribuables	**sa situation**
l'alcool	**seuls**
social	

4 b Écoutez l'interview encore une fois et répondez aux questions ci-dessous.

1 Quelle est la conséquence de l'exclusion sociale au niveau de la criminalité ?
2 Qu'est-ce qui choque certaines personnes au niveau de la finance ?
3 Comment est-ce que l'exclu cherche à s'échapper du cercle vicieux que représente ses conditions de vie ?
4 Qu'est-ce qui n'est pas enviable dans le lot d'un exclu ? Donnez au moins trois détails.

4 c Traduisez ce texte en français.

Apart from those who live with it, no one can imagine the long-term effects of social exclusion. Some feel so excluded that they become depressive and each year, several commit suicide. If a few of them have problems with the police, it is often because their living conditions are so bad that their frustration turns into aggression. It is not surprising to know that nearly all of them would like to escape the vicious circle of social exclusion.

Stratégie

Adding variety by using idioms and synonyms

Add variety to your language by using:

- synonyms of single words, e.g. *commencer = débuter*
- synonyms of phrases, e.g. *le taux de chômage augmente = le nombre de gens sans emploi est en hausse*
- idiomatic phrases, e.g. *Ce n'est pas ma faute si j'en suis là!*
- pronouns, adjectives, comparatives, superlatives, connectives, irregular verbs, prepositions, conjunctions, the subjunctive, different verb tenses etc.
- rhetorical questions

5 Rewrite the text in exercise 4a. Change as many words as possible while still keeping the original meaning of the text.

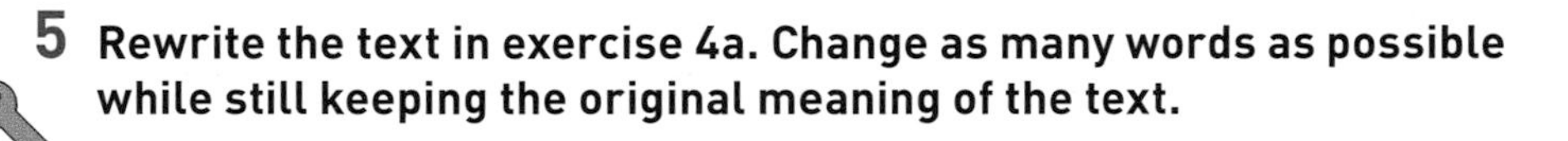

6 a Discutez de cette photo avec un(e) autre étudiant(e).

Prenez en compte la légende et dites ce que pense cette personne et comment il en est arrivé là. Prenez des notes sur ce que vous et votre partenaire dites.

Avec l'aide de vos notes, faites une courte présentation orale de cette photo en une minute.

À quoi bon vivre ?

6 b Écrivez un paragraphe qui explique pourquoi il est important de combattre l'exclusion sociale.

EXTENSION STAGE

Vocabulaire

8.1 L'exclusion sociale

amical(e) friendly
l' **antisémitisme** (*m*) anti-Semitism
s' **attaquer à** to attack
attirer to attract
une **bande** gang
un(e) **banlieusard(e)** suburbanite
se **battre** to fight
un(e) **bohémien(ne)** gypsy
la **confiance en soi** self-confidence
se **conformer** to conform
la **couleur de la peau** skin colour
se **défendre** to defend oneself
dégoûtant(e) disgusting
un(e) **Français(e) de souche** person of French origin
un(e) **gitan(e)** gypsy
la **haine** hatred
haïr to hate
un(e) **handicapé(e) mental(e)** person with learning difficulties
un(e) **handicapé(e) physique** disabled person
injuste unfair
s' **installer** to settle
l' **intimidation** (*f*) bullying
un(e) **Juif (Juive)** Jewish person
le **manque de confiance** lack of confidence
par choix by choice
pauvre poor
un(e) **Polonais(e)** Pole
les **propos** (*m pl*) **racistes** racist comments
un **rapport** relationship
un(e) **Roumain(e)** Romanian
souffrir to suffer
terroriser to terrorise
un(e) **transgenre** transgender person
un **voyou** hooligan

8.2 L'inclusion sociale des handicapés et des marginaux

l' **accessibilité** (*f*) access
actuel(le) present
agir to act
une **allocation** benefit
améliorer to improve
l' **aménagement** (*m*) adaptation
appliquer to apply, implement
un(e) **assistant(e) social(e)** social worker
aveugle blind
la **citoyenneté** citizenship
se **conformer à** to conform to
couvrir to cover
débuter to start
une **déficience** deficiency
une **démarche administrative** administrative procedure
un **département** county
se **déplacer** to move around
encourir to incur
un **fauteuil roulant** wheelchair
les **frais** (*m pl*) expense
la **garde des enfants** childcare
indépendamment independently
instaurer to be established
la **loi** law
la **manifestation** demonstration
la **municipalité** local council
nier to deny
parfait(e) perfect
une **personne handicapée** disabled person
promettre to promise
recruiter to recruit
remplir des formulaires to fill in forms
le **soutien** support
un **trouble de santé** health issue
valoir la peine to be worth it

8.3 Comment traitons-nous les marginaux ?

le **bénévolat** voluntary work
un **bouleversement** upheaval
un **cercle vicieux** vicious circle
chercher refuge to look for comfort
le **chômage** unemployment
choqué(e) shocked
la **chute** fall
un(e) **contribuable** taxpayer
la **crise économique** economic crisis
un **délit** offence
la **déprime** depression
un(e) **détenu(e)** prisoner
engendrer to generate
entraîner to lead to, to bring about
fragiliser to weaken
le **goût** taste
illicite illegal
insalubre squalid
l' **instruction** (*f*) education
j'en suis là that's where I am
manquer to lack, to miss
la **neutralité émotionnelle** emotional numbness
la **perte** loss
une **phrase idiomatique** idiom
la **précarité** precariousness, insecurity
les **sans-abri** (*m pl*) homeless people
un **SDF (sans domicile fixe)** homeless person
un **séjour** stay
solitaire solitary
une **soupe populaire** soup kitchen
le **suicide** suicide
se **suicider** to commit suicide
la **toxicomanie** drug addiction
le **traitement** treatment
le **volontariat** voluntary service
la **volonté** will

UNIT 9

Comment on traite les criminels

9.1 **La prison, ça marche ?**
9.2 **Perspectives sur la criminalité**
9.3 **Prévention, rehabilitation et réinsertion**

Theme objectives

In this unit you study the issue of crime and punishment in France. The unit covers the following topics:

- how the judicial and prison systems work in France
- what people's different attitudes are towards criminality
- what is done in terms of crime prevention and reintegration in the community

Grammar objectives

You will study and practise the following grammar points:

- using the inversion of the subject and the verb
- recognising and using the present subjunctive
- recognising and using the perfect subjunctive

Strategy objectives

You will develop the following strategies:

- developing arguments from different angles
- translating a French text into good English
- using a range of grammatical structures

9.1 La prison, ça marche ?

- Étudier le système judiciaire et carcéral en France
- Savoir utiliser l'inversion du sujet et du verbe lorsque c'est nécessaire
- Développer une idée en considérant différentes perspectives

On s'échauffe

1 a **Utilisez Internet afin de trouver :**
- **le nombre annuel de personnes qui commettent des délits graves en France**
- **le genre de délits commis**
- **la longueur des peines de prison infligées pour chacun de ces délits**

1 b **Discutez en groupe. Dites ce que vous pensez des renseignements que vous avez trouvés sur Internet. Pensez-vous que la longueur des peines de prison données pour chaque délit est appropriée ?**

Le système judiciaire en difficulté

Les prisons françaises sont surpeuplées, nous dit-on. Bien que le pays dispose de 58 000 places en tout, la population carcérale est de 67 000. Les femmes représentent 4% des détenus et les mineurs à peu près 1%.

Quoique le taux d'incarcération en France soit légèrement inférieur à la moyenne européenne, le nombre de suicides commis en prison dépasse largement le taux européen. En effet, il est bien connu qu'en prison, la moitié des décès sont des suicides. La surpopulation carcérale pourrait en être une des causes, pensent certains. Peut-être devrions-nous considérer qu'une cellule individuelle est un des droits inaliénables du détenu.

Alors, pour quelles raisons est-ce que ces personnes ont été condamnées à une peine de prison ? Cela va des agressions sexuelles au vol, en passant par l'homicide volontaire ou involontaire, les coups et blessures, l'escroquerie, l'abus de stupéfiants et bien d'autres motifs. Notons que les deux premières catégories citées dans cette liste, à elles seules, représentent presque la moitié des actes criminels qui ont entraîné la prison. Cela n'inclut pas les chiffres des délits qui ont résulté en une peine de prison avec sursis ou ceux pour lesquels la justice a préféré une alternative à la prison.

Dix ans à tirer ! Je n'en peux plus ! À quoi bon vivre ?

Si le gouvernement, de quelque couleur qu'il soit, choisit de ne pas construire de nouvelles prisons, quelles mesures devront être mises en place afin d'éradiquer le problème de la surpopulation ? La longueur des peines carcérales contribue certainement à ce problème. Une réduction du tarif normal donné par les juges pour un délit particulier pourrait contribuer à une solution à long terme, paraît-il. Encore faudrait-il que les juges s'accordent pour considérer une durée de peine appropriée à chaque type de délit. Il est prévu qu'à l'avenir, toute peine de prison inférieure à deux ans sera aménagée, c'est-à-dire que le système judiciaire est contraint à l'indulgence à cause du manque de locaux.

La société s'inquiète de cet état de fait et souhaiterait que les forces de sécurité et les juges soient craints et respectés par ceux qui transgressent la loi. Le sens de la sécurité de chacun en dépend !

2 a Lisez l'article sur le système judiciaire en France et trouvez des synonymes aux expressions suivantes (1 à 10).

1 le nombre de ceux qui sont en prison
2 un prisonnier
3 là où sont enfermés les détenus
4 un meurtre
5 la fraude
6 les drogues
7 une infraction à la loi
8 la suspension d'une peine de prison
9 se mettre d'accord
10 la police

2 b Relisez l'article et trouvez les cinq phrases vraies.

1 On compte presque dix mille détenus de plus qu'il n'y a de places dans les prisons françaises.
2 Huit prisonniers sur dix sont des hommes.
3 Cinquante pour cent de ceux qui meurent en prison ont choisi de mettre fin à leurs jours.
4 On pense que le fait que la plupart des détenus partagent leur cellule avec d'autres est la cause principale du nombre de suicides dans les prisons.
5 Les agressions sexuelles et le vol sont les délits les plus courants. Ensemble, ils constituent la majorité des actes criminels punis de prison ferme.
6 Le raccourcissement des peines de prison que les juges donnent pourrait, s'il est appliqué uniformément par les juges, offrir une solution au problème de la surpopulation.
7 Il semblerait que les actes criminels de moindre gravité vont être traités d'une manière plus sévère à l'avenir.
8 Si la population s'inquiète, c'est parce que personne ne veut que ces criminels qui sont potentiellement des individus dangereux se retrouvent en liberté.

2 c Corrigez les phrases de l'exercice 2b qui, selon l'article, sont fausses.

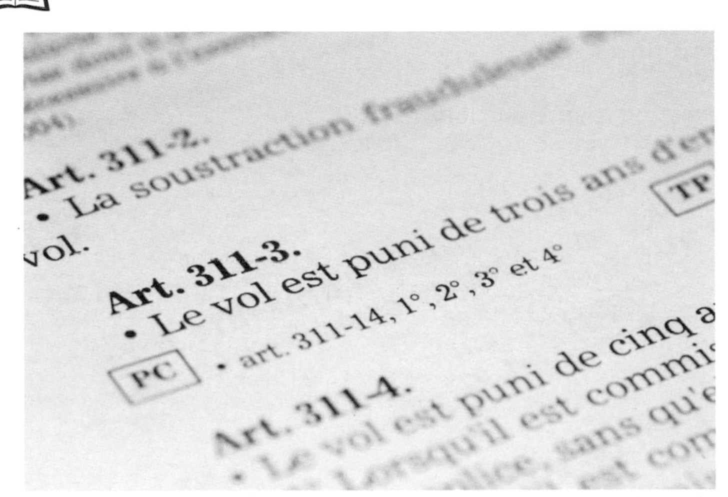

Quelle peine imposer ?

Grammaire

Les cas d'inversion du sujet et du verbe

Study H19 in the grammar section.

1 In the article on page 176, there are five different examples of cases of inversion of subject and verb. List the phrases in which they appear and give their English meaning.

2 What would you have to add if you had to invert *il a dit ?*

3 Faites les inversions qu'il faut dans les phrases suivantes.

1 Encore il est nécessaire que les juges reconnaissent le problème.

2 Toujours il est que la Coupe du monde pose des problèmes.

3 Aussi les joueurs et les administrateurs se trouvent en harmonie.

4 Rarement les autorités peuvent passer des lois contre de telles infractions.

5 Peut-être l'amélioration est due au bon vouloir des jeunes gens.

6 Du moins nous pouvons travailler pour une entreprise caritative.

7 « Où as-tu appris ça ? » elle a demandé.

8 En vain notre entraîneur a essayé de nous faire gagner.

4 a Interview avec un gardien de prison. Écoutez l'interview avec M. Rival, un gardien de prison.

Complétez les phrases en choisissant les bonnes fins de phrases dans la liste a à g.

1 La prison est le...

2 Ceux qui s'y retrouvent sont privés de...

3 À part la prison, il y a bien sûr des...

4 Certains prisonniers deviennent endurcis, d'autres plutôt...

5 La manière dont les prisonniers sont réinsérés est...

6 Les récidivistes sont ceux qui commettent encore des délits une fois...

7 Le taux de récidivisme reste alarmant et cela inquiète ceux qui...

a ...peines alternatives.

b ...gèrent le système.

c ...dernier recours.

d ...l'élément clef.

e ...dépressifs ou même suicidaires.

f ...leur liberté.

g ...remis en liberté.

4 b Écoutez l'interview encore une fois et écrivez un résumé. Considérez les questions 1 à 4.

1. Quels sont les deux buts du système carcéral ?
2. Pourquoi est-ce qu'un séjour en prison ne change pas toujours la conduite des criminels ?
3. Dans quelle mesure est-il important de bien suivre les criminels remis en liberté ?
4. Selon M. Rival, que faudrait-il faire à l'avenir pour assurer le succès du système carcéral ? (2 détails)

5 Traduisez ce paragraphe en français.

Prisons exist to protect the public from dangerous individuals. However, as Mr Rival suggested, keeping criminals together in a confined space is not a good idea. The prison system could be more efficient and the reoffending rate better if all prisoners who have been released were followed up. Maybe the government ought to spend more money on improving the present system.

Stratégie

Developing arguments from different angles

- To introduce different (or contradictory) standpoints on a particular issue, use introductory phrases such as *d'une part, d'autre part, par contre, en outre, d'une certaine manière, dans un sens, pourtant, cependant, toutefois.*
- Reinforce the points you are making by giving examples. *Par exemple, on peut constater que…*
- Evaluate the validity of the points you are making.
- Draw conclusions as to where you stand in relation to the issue, e.g. *En ce qui me concerne, je trouve que…*

6 Discussion de groupe. Travaillez avec deux autres étudiants.

Un(e) étudiant(e) considérera la question du point de vue d'une victime, un(e) autre de celui d'un gardien de prison, un(e) autre de celui d'un ancien détenu qui s'est bien réinséré dans la société.

Quelles sont les solutions aux problèmes du système carcéral ?

Après en avoir discuté, établissez un plan d'action contenant une liste de solutions possibles, en ordre de mérite.

La formation peut-elle prévenir la récidive ?

9.2 Perspectives sur la criminalité

- Étudier les différentes attitudes des gens envers la criminalité
- Savoir reconnaître et utiliser le présent du subjonctif (2)
- Traduire un texte français en bon anglais

On s'échauffe

1 a **Travail de groupe. Ensemble, faites une liste de délits qui sont punis par la loi.**

1 b **Discussion en groupe. Considérez chaque type de délit (le vol, l'agression sexuelle, etc.) et estimez-en sa gravité. Faites une liste de ces délits en commençant par le moins grave et en terminant par le plus grave. Justifiez votre opinion.**

2 a  **Lisez les contributions à un forum de discussion sur la criminalité (page 181) et trouvez des synonymes dans le texte aux expressions suivantes.**

- **a** se cramponner
- **b** l'emprisonnement
- **c** une vie basée sur le respect de la loi
- **d** vouloir vraiment
- **e** une formation professionnelle
- **f** l'insuffisance, l'absence
- **g** faire quelque chose qui est valorisé

2 b  **Relisez l'article et dites qui aurait pu dire les phrases 1 à 8. Écrivez R (Roland), H (Henri), E (Emma), G (Gabriel) ou M (Marie).**

1. Peut-être qu'une plus fréquente utilisation du bracelet de cheville contribuerait à une diminution du taux de récidivisme.
2. Il faut motiver les détenus. Ils ont aussi besoin d'avoir un peu d'estime de soi.
3. On doit se concentrer sur la personne et non sur le délit qu'elle a commis.
4. Mon boulot, c'est de faire respecter la loi.
5. Pourquoi gaspiller tout ce temps quand on pourrait leur apprendre un métier ?
6. Personne ne veut vivre dans la peur.
7. On s'intéresse toujours aux conséquences, pas suffisamment aux causes.
8. Il faut les aider non seulement à trouver un boulot mais aussi à avoir une vie sociale.

A-LEVEL STAGE

La criminalité : un problème insoluble ?

Roland, ancien détenu
Aujourd'hui, 12:12

Si on tient à ce que la criminalité diminue, il faut réformer les prisons. La solution n'est pas d'en construire de nouvelles mais de donner aux détenus une raison d'exister. Un travail, une vie sociale encadrée, enfin quelque chose à quoi ils puissent s'accrocher. Un système de récompenses qui leur donne envie de faire quelque chose qui en vaille la peine.

Henri, agent de police
Aujourd'hui, 05:24

Nous, on est là pour protéger le public. Il faut qu'on s'assure que les gens obéissent à la loi. Il semblerait que la prison ne soit pas un moyen de dissuasion très efficace. Peut-être que des peines alternatives donneraient de meilleurs résultats et moins de récidive. Ça dépend des délits commis, bien sûr. On ne peut pas laisser en liberté des individus dangereux.

Allez. Ça va aller. Montez.

Emma, assistante sociale
Hier, 20:35

L'aspect punitif n'est pas un moyen de dissuasion efficace. Les criminels sont souvent en manque de quelque chose – un manque de travail, d'affection ou d'instruction. Si l'on s'attaque à ces causes, on peut arrêter la vie criminelle avant qu'elle ne commence. Une fois le délit commis, c'est sur l'individu qu'il faut qu'on se focalise, pas sur le crime qu'il a commis.

Gabriel, gardien de prison
Hier, 14:16

Quand on voit les conditions dans lesquelles on force les détenus à vivre, ce n'est pas étonnant que le taux de récidive soit élevé. Ce qu'il faudrait qu'on fasse, c'est de mettre ces gens en cellule individuelle et d'exercer une influence positive sur eux en les occupant et en les préparant à leur réinsertion dans la société. Un programme d'apprentissage par exemple les motiverait et les remettrait dans le droit chemin.

Marie
Hier, 10:00

Moi, je veux vivre en sécurité sans avoir à me soucier si demain, je vais être victime d'un acte criminel. Je suis donc pour la privation de la liberté mais, comme on ne peut pas garder tous les criminels en prison pour le restant de leur vie, il faut qu'on ait un plan d'action et il est essentiel qu'à leur libération, les services sociaux les suivent de près et les encouragent à une réinsertion au niveau du travail et aussi au niveau social. S'ils se sentent appréciés en société, ils en obéiront les règles.

Grammaire

Le présent du subjonctif (Present subjunctive)

Study H15.1 and H15.2 in the grammar section.

1 In the article on page 181 there are nine different examples of verbs used in the subjunctive form. List the phrases in which they appear and give their English meaning.

2 Why is the subjunctive needed in these phrases?

3 Remplissez les blancs avec les verbes appropriés dans la case. Vous devez les utiliser au subjonctif présent.

1 Il est peu probable que la société .... un pas en avant sans que nous ne .... la loi.

2 Il faut qu'un juge .... d'une façon impartiale, pour que la justice ....

3 Je suis désolée que ce jeune .... trop de sa clique et ne .... pas ce qu'il fait.

4 Bien que notre première justification .... de garder la paix, il faut que nous .... aussi d'aider le public.

5 Ce sont les seuls avocats que je .... qui .... du travail bénévole !

6 Le magistrat a peur qu'elle ne .... des délits, afin qu'elle .... avoir de l'argent pour boire.

7 Je regrette que nous n'.......... ni amis ni parents avec qui nous .... discuter du problème.

avoir	**faire**	**faire**
commettre	**pouvoir**	**pouvoir**
respecter	**être**	**avoir**
réussir	**essayer**	**agir**
mépriser	**connaître**	

4 a On discute de la criminalité à la radio. Écoutez cet extrait d'un programme de radio qui invite les auditeurs à discuter du taux de criminalité dans leur communauté.

Traduisez ces expressions tirées de l'enregistrement (1 à 8) en anglais.

1 une auditrice

2 un cambriolage

3 la main dans le sac

4 un avocat

5 des circonstances atténuantes

6 réparer le mal

7 verser une somme

8 ne pas tenir debout

4 b Écoutez le programme encore une fois. Pour chaque personne Lucas (L), René (R) ou Atifa (A), choisissez les phrases qui conviennent le mieux.

1. Les compensations versées aux victimes ne sont pas toujours appropriées.
2. Le point de vue des deux autres auditeurs est plutôt arriéré.
3. Dans certains cas extrêmes, je ne serais pas contre l'usage de la peine de mort.
4. Les taux de criminalité et d'immigration sont étroitement liés.
5. Le nombre de criminels est proportionnel à celui de la population.
6. Certains juges ne sont pas vraiment impartiaux.
7. De manière générale, la justice manque de sévérité.
8. La punition est directement liée au genre de délit qui a été commis.

5 Translate the following passage into English.

La criminalité en France

Les lois sont votées par le gouvernement et chacun a son rôle à jouer vis-à-vis de leur application. Celui du système judiciaire est de donner une punition appropriée au délit. Une fois la culpabilité établie, le juge décide de la manière dont l'accusé devra payer sa dette envers la société. Il est essentiel que l'attitude du juge soit impartiale envers les accusés, réparatrice pour la victime et punitive pour le coupable.

Tout le monde s'inquiète de l'augmentation du taux de criminalité. Le système est-il devenu trop laxiste ?

Il est possible qu'il faille punir ceux qu'on attrape la main dans le sac plus sévèrement. Peut-être alors ne recommenceraient-ils pas. La justice est trop compréhensive. Un bon avocat trouvera toujours des circonstances atténuantes et le magistrat en tient souvent trop compte.

Stratégie

Translating from French to give authentic English

- When translating from French into English, you should try to express the thought included in the sentence in accessible language.
- A word for word translation does not always work. Words often have several meanings (e.g. *mettre*) and there are many *faux-amis* in French, e.g. *délivrer* means 'to set free', not 'to deliver'.
- Make sure that you use the correct time frame. You should beware of sentences where the future is used in French but would be translated by the present, e.g. *Quand j'irai à l'université...* = 'When I go to university...'.
- Also beware of idiomatic phrases, e.g. *la main dans le sac* means 'red-handed'.
- After translating a sentence, read it and check that is good English.

6 Après en avoir discuté avec les membres de votre groupe, écrivez un paragraphe qui répond à ces questions.

1. Selon vous, devrait-on avoir une attitude plutôt sévère ou plutôt laxiste envers ceux qui transgressent la loi ?
2. Quelles mesures est-ce que la société devrait prendre pour se protéger de ces gens-là ?

9.3 Prévention, réhabilitation et réinsertion

- Étudier la prévention criminelle et la réinsertion dans la communauté
- Savoir reconnaître et utiliser le passé du subjonctif
- Utiliser une gamme de structures grammaticales

On s'échauffe

1 Quelles sont les causes de la criminalité ? Que pensez-vous de ces raisons données par des délinquants ? Selon vous, sont-elles vraiment des raisons ou plutôt des excuses ?

- **On habite un mauvais quartier et mes fréquentations ne sont pas très bonnes.**
- **Mes parents sont tous les deux au chômage et on est vraiment pauvres.**
- **Je n'ai pas de diplômes et personne ne m'aide à trouver un boulot.**
- **Mon père boit et ma mère se drogue. Il faut bien manger, non ?**
- **Comme je suis noir, je suis toujours le suspect numéro un.**
- **Mes parents sont divorcés et ma mère vit avec un type que je déteste.**
- **Ma petite sœur est malade et ma mère n'a pas l'argent pour lui acheter ses médicaments.**

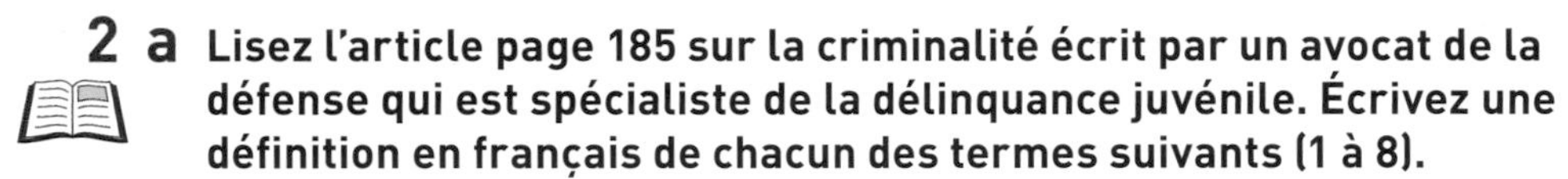

2 a Lisez l'article page 185 sur la criminalité écrit par un avocat de la défense qui est spécialiste de la délinquance juvénile. Écrivez une définition en français de chacun des termes suivants (1 à 8).

1. de mauvaises fréquentations
2. le bon vouloir
3. une tierce personne
4. traîner
5. une progéniture
6. inculquer
7. purger
8. renoncer

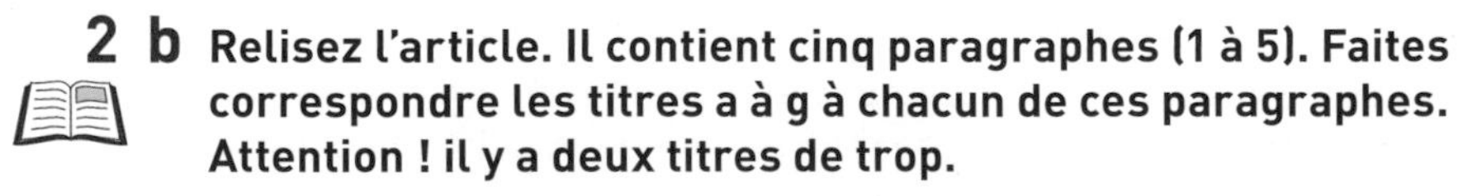

2 b Relisez l'article. Il contient cinq paragraphes (1 à 5). Faites correspondre les titres a à g à chacun de ces paragraphes. Attention ! il y a deux titres de trop.

- **a** Comment convaincre le délinquant de suivre le bon chemin
- **b** L'échec scolaire du délinquant
- **c** Le milieu dans lequel le délinquant a grandi
- **d** La surveillance du délinquant en liberté provisoire
- **e** L'historique criminelle de la famille
- **f** Le devoir des établissements scolaires
- **g** L'irresponsabilité parentale

La criminalité : qu'y faire ?

Réduirions-nous la criminalité si nous pouvions en éradiquer les causes ? Pauvreté, conditions de logement insalubres, quartier défavorisé, mauvaises fréquentations, manque d'éducation, chômage, toxicomanie sont souvent le lot des criminels. Il se pourrait qu'on ait trouvé des solutions mais elles impliquent toutes la participation et le bon vouloir du criminel et aussi de tierces personnes ou organisations.

La famille tient une place importante dans la prévention criminelle. Les jeunes criminels manquent souvent d'attention individuelle et sont laissés à la rue après leur journée scolaire. Si les parents travaillent et finissent tard, savent-ils ce qui s'est passé en leur absence ? Peuvent-ils être certains que leurs enfants soient allés à l'école ? Ont-ils fait de mauvaises rencontres en traînant dans les rues ? Il semblerait que ces parents aient été coupables de négligence. On peut toutefois se demander : Ont-ils les moyens financiers de ne pas travailler afin de s'occuper davantage de leur progéniture ? L'État a-t-il le devoir de les soutenir ?

Quant à l'école, son but est d'éduquer l'enfant en inculquant non seulement une connaissance de base mais aussi des valeurs morales, y compris le respect de l'autre et des biens. Les professeurs ont-ils le temps d'inculquer ces principes moraux ou leur tâche est-elle purement d'ordre académique ?

Une formation d'électricien, ça vous intéresserait ?

Une fois la peine purgée, le délinquant est prêt à sa réinsertion dans la communauté. Étant donné le taux alarmant de récidivisme, il est essentiel qu'un plan de réinsertion soit mis en place pour ce jeune et qu'il soit appliqué avec soin. Le but est de l'encourager à renoncer à la criminalité. S'il y a un problème de toxicomanie, des traitements sont disponibles. Le développement des compétences et une formation professionnelle qui l'équipent pour l'avenir contribuent à une amélioration de ses chances de succès. Un apprentissage est souvent la porte d'entrée à un travail permanent et donc à une stabilité financière qui est cruciale pour l'estime de soi du jeune délinquant. Il est plus probable qu'il trouve sa place en société si sa contribution est reconnue. Il pourra alors mieux se loger et faire de nouvelles connaissances dans un milieu social où le respect de l'autre compte davantage.

En dépit de cela, le délinquant risque de retomber dans la criminalité. Il faut qu'il soit suivi par les services sociaux jusqu'à ce que ceux-ci soient satisfaits que sa réinsertion est complète. Le succès des programmes de prévention de récidivisme en dépend.

Grammaire

Le passé du subjonctif (Perfect subjunctive)

Study H15.3 in the grammar section.

1 In the article above, there are six different examples of verbs used in the subjunctive. List the phrases in which they appear and give their English meaning.

2 Why is the subjunctive used?

Check that you know the present subjunctive forms of *avoir* and *être* before trying to use the perfect subjunctive yourself.

3 Pour chaque début de phrase, choisissez la bonne fin de phrase.

1 Cette série d'initiatives a été la meilleure...
2 Pouvons-nous être certains que...
3 Il est essentiel qu'un programme d'aide...
4 Il faut que cette suggestion...
5 Il est toujours trop petit,...
6 Il est nécessaire qu'ils...
7 Ils sont les pires que nous...
8 Il se pourrait qu'on...

a ...ait éradiqué les racines du dilemme.
b ...sachent ce qui est arrivé hier.
c ...même qu'il ait grandi.
d ...soit organisé pour eux.
e ...ayons rencontrés.
f ...soit suivie par toi.
g ...ceci en ait été la cause?
h ...que j'aie vue de ma vie.

4 a La criminalité parmi les jeunes. Écoutez cette interview avec un juge français qui explique la manière dont la justice traite les jeunes délinquants.

Lisez ce paragraphe et choisissez les bonnes expressions. Attention ! il y a quatre expressions de trop.

Tout le monde devient majeur à dix-huit ans et simultanément atteint l'âge de **1**.......... . Si un mineur commet une infraction estimée pas grave, des institutions publiques de la protection de la jeunesse **2**.......... . Le **3**......... offre la possibilité aux délinquants de **4**.......... envers la société en travaillant. Il est regrettable de constater qu'il y a de **5**.......... de délinquance juvénile. Le juge se pose des questions à propos de **6**.......... .

plus en plus	**la responsabilité pénale**
travail d'intérêt général	**s'en chargent**
payer leur dette	**éduquer les jeunes en milieu ouvert**
moins en moins	**les traitements médicaux et psychologiques**
la majorité pénale	
l'efficacité du système de prévention criminelle	

4 b Écoutez l'interview encore une fois et répondez aux questions ci-dessous.

1. Pourquoi est-il difficile de donner un âge minimum précis à la responsabilité pénale ?
2. Faites la liste des six mesures mises en place pour traiter de la délinquance juvénile en France. Cinq d'entre elles concernent le délinquant. Quel est le but de la sixième ?
3. Faites la liste des six catégories de délits mentionnés par le juge.
4. Expliquez pourquoi le juge se pose des questions à la fin de l'interview.
5. Comment répondriez-vous aux deux questions que le juge se pose ?

4 c Traduisez ce paragraphe en français.

The law says that provided you have understood that you have committed a crime, you are legally responsible for it, whatever your age. Young offenders are rarely condemned to a prison sentence, unless their crime was very serious. Some judges are not sure that reintegration and rehabilitation programmes are the best solution to the problem of juvenile delinquency. As a form of punishment, they prefer to give a period of community service.

Stratégie

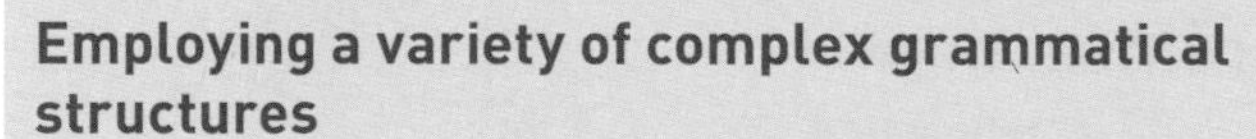

Employing a variety of complex grammatical structures

- Using complex grammatical structures enables you to demonstrate the range of language that you are able to use.
- *Il a été déçu que le juge ne l'ait pas trouvé innocent* is a phrase that includes complex grammatical structures as it involves: (1) the perfect tense of an irregular verb, (2) the perfect subjunctive accompanied by a negative and (3) a preceding direct object pronoun. In this example, the word order is also different from the English word order.
- Grammatical complexity can take many different forms. To make the language you use quite complex, combine several elements of complexity within the same sentence.
- Analyse different French texts to see how different structures can be combined, and try to use them in your speaking and writing.

5 Study the answer to exercise 4c and identify the complex grammatical structures that are used. Give the tenses of the verbs and state whether the verbs are regular or irregular.

6 Discutez en groupe des questions posées dans le texte « La criminalité : qu'y faire ? » Essayez d'utiliser une gamme de structures grammaticales dans vos réponses.

Quelles autres solutions au problème de la délinquance juvénile pourriez-vous proposer ?

Selon vous, est-ce un problème qui va s'aggraver à l'avenir ou qui va disparaître ?

EXTENSION STAGE

Vocabulaire

9.1 La prison, ça marche ?

s' **accorder** to agree
aménagé(e) adapted
l' **aménagement** *(m)* equipment; development
appliquer to apply, implement
avec sursis suspended
un **bracelet de cheville** ankle tag
carcéral prison *(adj.)*
une **cellule** cell
un **chiffre** figure, number
condamner to condemn
la **conduite** behaviour
contraindre to force
les **coups et blessures** grievous bodily harm
un **délit** infraction
dépasser to exceed
un(e) **détenue** prisoner
l' **échec** *(m)* failure
endurci(e) hardened
l' **escroquerie** *(f)* swindle, fraud
les **forces** *(f pl)* **de sécurité** security force
la **gravité** seriousness
un **homicide involontaire** manslaughter
un **homicide volontaire** murder
inaliénable inalienable
infliger to inflict
un **juge** judge
une **loi** law
un **meurtre** murder
une **peine de prison** prison sentence
la **prison ferme** imprisonment
priver to deprive
protéger to protect
la **punition** punishment
le **raccourcissement** shortening
la **récidive** repeat offence
le **récidivisme** reoffending
le **recours** recourse
réinsérer to reintegrate
la **remise en liberté** release
les **stupéfiants** *(m pl)* drugs
suicidaires suicidal
surpeuplé(e) overpopulated
le **sursis** suspension (of a sentence)
traiter de to deal with
trangresser to transgress
le **vol** theft

9.2 Perspectives sur la criminalité

s' **accrocher** to hang on to
s' **assurer** to ensure
en **baisse** down
le **cambriolage** burglary
des **circonstances** *(f pl)* **atténuantes** mitigating circumstances
le **comportement** behaviour
compréhensif (-ive) understanding
dissuader to deter
encadrer to support
l' **estime de soi** *(f)* self-esteem
se **focaliser** to focus
en **hausse** up
la **main dans le sac** red-handed
le **mal** harm
en **manque de** lacking
mettre dans le bon chemin to put back on the right track
ne pas tenir debout not to hold water
parti pris biased
la **peine de mort** death penalty
peu probable unlikely
prévu(e) planned
la **privation de liberté** imprisonment
punir to punish
réparateur (réparatrice) restorative
une **récompense** reward
significatif (-ive) significant
une **somme d'argent** sum of money
valoir la peine to be worthwhile

9.3 Prévention, réhabilitation et réinsertion

une **amélioration** improvement
avoir conscience de to be aware of
les **biens** *(m pl)* property
le **bon chemin** the right track
le **bon vouloir** goodwill
la **connaissance** knowledge, acquaintance
constater to notice, note
coupable guilty
davantage more
déçu(e) disappointed
en liberté provisoire on bail
la **formation professionnelle** vocational training
une **gamme** range
grandir to grow up
inculquer to instil
insalubre squalid
la **jurisdiction** jurisdiction
la **maturité** maturity
les **mauvaises fréquentations** *(f pl)* bad company
une **mesure** measure
mettre en jeu to involve
navrant(e) dreadful, distressing
la **progéniture** child
purger une peine to serve a sentence
renoncer à to give up
restauratif (-ive) restorative
la **surveillance** watch, supervision
une **tâche** task
une **tierce personne** a third party
traîner to hang around
le **travail d'intérêt général** community service
la **valeur** value

Research and presentation

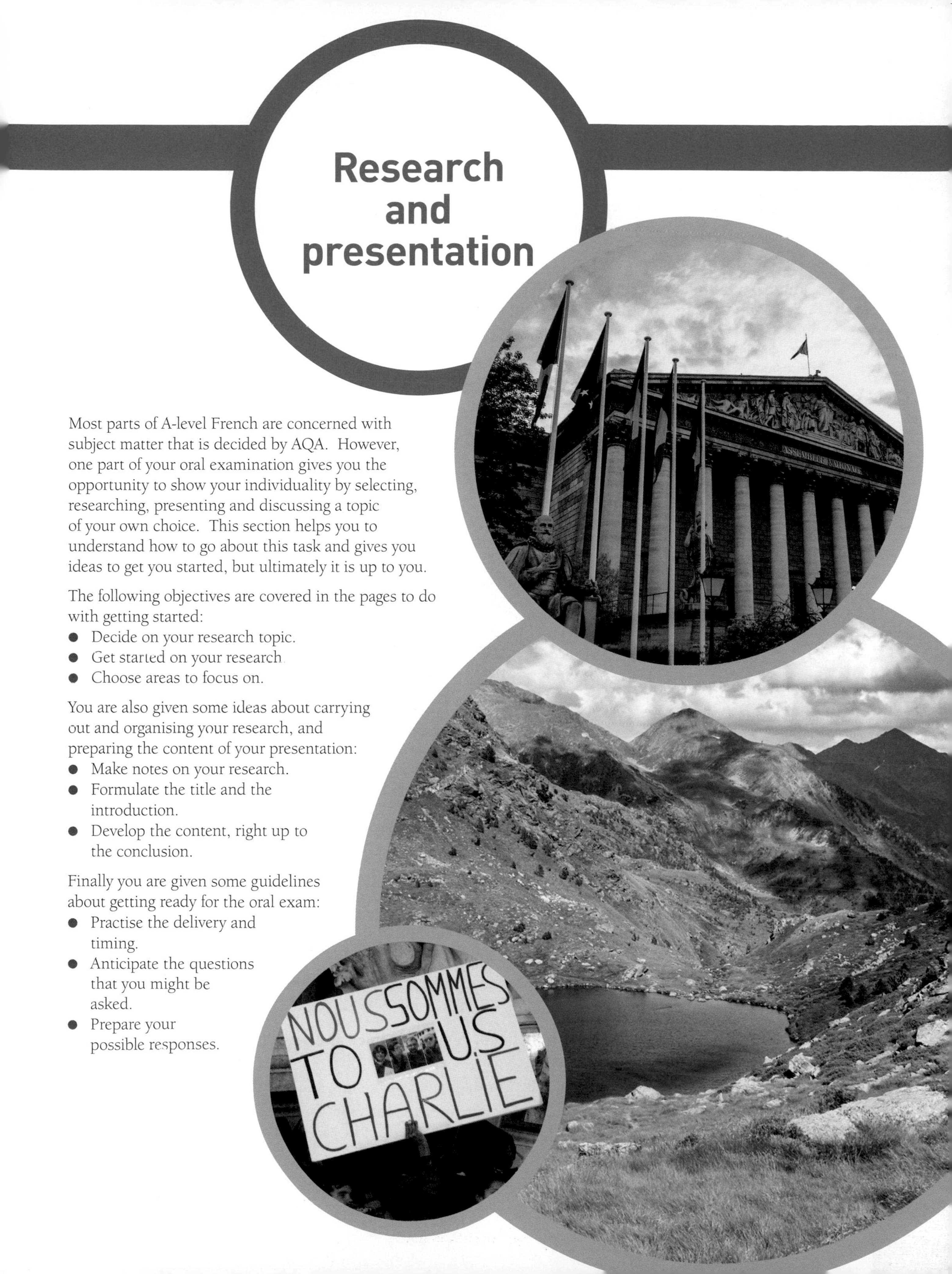

Most parts of A-level French are concerned with subject matter that is decided by AQA. However, one part of your oral examination gives you the opportunity to show your individuality by selecting, researching, presenting and discussing a topic of your own choice. This section helps you to understand how to go about this task and gives you ideas to get you started, but ultimately it is up to you.

The following objectives are covered in the pages to do with getting started:

- Decide on your research topic.
- Get started on your research.
- Choose areas to focus on.

You are also given some ideas about carrying out and organising your research, and preparing the content of your presentation:

- Make notes on your research.
- Formulate the title and the introduction.
- Develop the content, right up to the conclusion.

Finally you are given some guidelines about getting ready for the oral exam:

- Practise the delivery and timing.
- Anticipate the questions that you might be asked.
- Prepare your possible responses.

1 Décidons-nous !

- Décider de son sujet de recherche
- Commencer sa recherche
- Choisir ce sur quoi se focaliser

1 a Des sujets de recherche. Écoutez la conversation entre Arthur, Camille, Lina et Jamal qui nous parlent de leur choix de sujet pour leurs recherches personnelles. Choisissez le sujet de recherche de chacun (1 à 8). Attention ! il y a quatre sujets de trop.

1 le centre Pompidou
2 la prise de la Bastille
3 François Hollande
4 Amadou et Mariam
5 Andorre
6 la coupe du monde de football
7 la gastronomie en France et en Grande-Bretagne
8 la mode en France

1 b Regardez les deux photos ci-dessous. Elles se rapportent au sujet de recherche de qui ?

Photo 1

Photo 2

1 c Étudiez cette liste de types de sujets de recherche (1 à 8). À quel type appartient chacun des sujets de recherche d'Arthur, de Camille, de Lina et de Jamal ? À quel type appartiennent les autres sujets de recherche mentionnés dans l'exercice 1a ?

1 un événement ou un monument historique
2 un personnage important
3 un artiste
4 un problème
5 un phénomène
6 un intérêt personnel
7 un sujet de comparaison entre la France et la Grande-Bretagne
8 un projet de construction monumentale

1 d Translate into English the different types of research topic listed in exercise 1c.

1 e Translate into English the following list of research topics and say which type of topic they are, using the list from exercise 1c.

1 les tramways à Paris
2 la Révolution française
3 la musique des années soixante
4 le Général de Gaulle
5 l'immigration qui a suivi la guerre d'Algérie
6 les moyens de transport en France et en Grande-Bretagne
7 Omar Sy
8 la musique rap des années 90

2 a **Travail de groupe. Référez-vous à la liste de types de sujets de recherche (exercice 1c). Donnez un autre exemple pour chaque catégorie de sujets.**

2 b **Référez-vous à la liste de sujets (exercice 1e) et à celle que vous avez écrite en groupe (exercice 2a). Choisissez votre titre préféré et celui que vous aimez le moins et expliquez les raisons de vos deux choix au reste de votre groupe en anglais. Écoutez bien les raisons données par les autres membres de votre groupe.**

3 **Types de recherche. Écoutez la conversation entre Arthur, Camille, Lina et Jamal qui nous parlent des recherches qu'ils ont dû faire. Comment ont-ils obtenu les renseignements qu'ils cherchaient ? Choisissez deux réponses pour chacun (1 à 8).**

1 en utilisant Internet
2 en lisant un livre ou un article
3 en demandant à quelqu'un
4 en consultant des dépliants
5 en regardant la télé
6 en se servant de questionnaires
7 en écoutant la radio
8 en visitant l'endroit concerné

4 a **Imaginez que vous êtes supporteur de l'équipe nationale de foot de la France. Vous avez choisi comme sujet de recherche « La coupe du monde ». Étudiez ce diagramme qui illustre la manière dont on peut faire l'exploration initiale d'un sujet de recherche.**

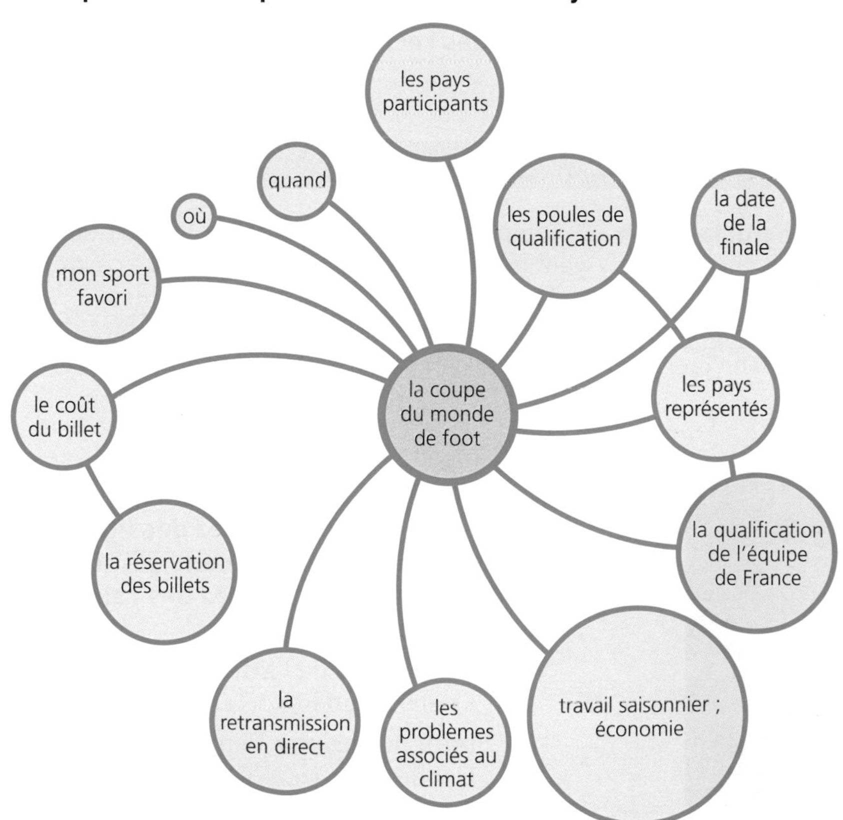

4 b **Faites un diagramme similaire à celui de 4a pour le sujet que vous avez choisi. Discutez de votre diagramme avec les membres de votre groupe. N'hésitez pas à partager vos idées.**

A-LEVEL STAGE

2 On s'organise

- Prendre des notes sur sa recherche
- Décider du titre et de l'introduction
- Développer le thème du sujet, jusqu'à la conclusion

Stratégie

Taking notes

- Once you have chosen a topic, decide which aspects you want to include in your presentation, and write three or four sub-titles (in French), e.g. initial information, wider context/background/examples/observations, follow up/consequences/future, various viewpoints/opinions.
- For internet research, use French websites. They will help you to collect the sort of phrases you will need.
- As you do your research, make notes on each sub-title, ready to work on later. Always try to make notes in French.

1 a **Travaillez en groupe de 4 à 5 sur le sujet « L'attentat contre Charlie Hebdo ». Appliquez la stratégie ci-dessus. Discutez avec les membres de votre groupe de vos sous-titres et écrivez-les en français. Faites vos recherches individuellement, puis regroupez-vous et partagez vos renseignements ainsi que vos opinions.**

1 b **Travail individuel. Pour le sujet de recherche que vous avez choisi, écrivez les sous-titres, faites des recherches, et prenez des notes.**

Stratégie

Title, introduction, development, conclusion

- Choose the title with care. Everything you say in your presentation must refer to that title.
- Your introduction must be short. Say what you are going to talk about and give one reason (not more) why you chose that topic.
- Develop each sub-title to include the points you want to cover. You can put them on cue cards and practise orally, or write them all down.
- The conclusion should be short. Say which of the various viewpoints or opinions you agree with and then say why.

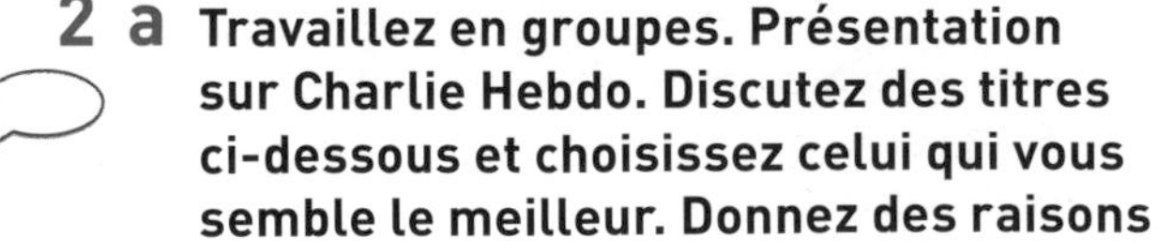

2 a **Travaillez en groupes. Présentation sur Charlie Hebdo. Discutez des titres ci-dessous et choisissez celui qui vous semble le meilleur. Donnez des raisons pour votre choix.**

1. Les causes de l'attentat contre Charlie Hebdo
2. L'attentat contre le magazine Charlie Hebdo
3. La réaction de la population à l'attentat contre Charlie Hebdo
4. Charlie Hebdo
5. Un attentat à Paris

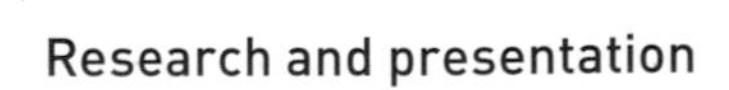

2 b Travaillez à deux. Choisissez un titre pour la présentation que vous avez choisie dans l'exercice 1b. Montrez-le à votre partenaire et justifiez-le. Vous pouvez faire quelques ajustements si vous le souhaitez.

3 a Travaillez en groupes. Écrivez deux phrases comme introduction à une présentation sur l'attentat contre Charlie Hebdo. Appliquez la stratégie page 192.

3 b Travaillez à deux. Faites le même exercice pour la présentation que vous avez choisie. Écrivez les deux phrases, et discutez-en avec votre partenaire.

4 Pour votre sujet choisi, écrivez soit une fiche aide-mémoire soit un paragraphe de trois ou quatre phrases pour illustrer chaque idée que vous voulez développer. Incluez par exemple :

- des informations initiales
- des exemples/le cadre/ le contexte plus large/des observations
- des conséquences possibles
- des points de vue différents

Exemple de fiche aide-mémoire

magazine français

laïque, athée

2006 dessins satiriques de Mohammed

2015 l'attentat - 12 tués

Exemple de paragraphe

Charlie Hebdo est un magazine français. Il est surtout une publication laïque et athée, célèbre depuis 2006 pour des dessins satiriques du prophète Mohammed. La revanche des musulmans a eu lieu en 2015, sous forme d'un attentat où 12 employés du magazine ont été tués.

5 Vérifiez que vous avez donné des points de vue variés pendant votre développement. Décidez lequel correspond le plus à votre opinion. Écrivez deux phrases en tant que conclusion : une pour affirmer votre position personnelle, et une pour justifier ce point de vue. Regardez les deux exemples ci-dessous. Est-ce qu'un des deux représente votre opinion ?

Exemples de conclusions sur Charlie Hebdo

Moi, je pense que l'équipe de Charlie Hebdo a eu raison de continuer la publication de leurs dessins satiriques. Je trouve que si on n'a pas le droit de publier n'importe quel dessin, ou n'importe quelle opinion, la liberté d'expression ne veut rien dire.

Moi, je pense que l'équipe de Charlie Hebdo a eu tort de continuer d'inclure leurs dessins satiriques dans leur magazine. Bien que la liberté d'expression soit importante, je trouve qu'il ne faut pas provoquer les pratiquants d'une religion ou d'une autre en publiant des images qui, pour eux, représentent de la profanation.

3 On se prépare

- Pratiquer l'élocution et le timing
- Anticiper les questions qu'on peut vous poser
- Préparer vos réponses à ces questions

Stratégie

Polishing your presentation

- As you only have 2 minutes to deliver your presentation, it is essential that you don't waste time because of hesitations.
- Concentrate on pronunciation and fluency.
- Make sure you know your presentation by heart. You are only allowed access to the Research project form (a list of headings in English) during the presentation and discussion. No other notes are allowed.
- When you feel sufficiently prepared, record your presentation and analyse what went well and what could be improved upon.
- Finally, if your presentation is too short or too long, make amendments until it lasts two minutes exactly.
- Remember that you will be judged on (a) the content of your presentation and ensuing discussion, (b) the sophistication of your language and (c) your pronunciation and accuracy.

1 a Travail individuel. Apprenez par cœur ce que vous allez dire pour représenter le contenu d'une fiche aide-mémoire ou d'un paragraphe que vous avez écrit.

1 b Consolidez votre travail jusqu'à ce que vous puissiez faire la présentation entière sans vous référer à quoi que ce soit. Pendant l'examen, vous n'avez pas le droit d'utiliser de références.

2 Enregistrez votre présentation. Elle dure combien de temps ? Parlez-vous trop vite ? Trop lentement ? Avant de la réenregistrer, faites les changements nécessaires pour améliorer le timing, la prononciation et l'aisance. N'oubliez pas que votre présentation ne doit pas durer plus de deux minutes !

Vous n'avez pas le droit de vous servir de soutien d'aide, quels qu'ils soient !

Stratégie

Anticipating questions and preparing answers

- Listen to your recorded presentation or look at the written version. Identify around five possible questions that someone could ask you on your presentation, and write them down.
- Work out how those questions might best be answered. A good answer not only answers the question asked but the student can also develop it by including for instance an opinion, a justification or even a counterargument.
- Take into account the marking criteria such as pronunciation, fluency, the use of complex ideas and grammatical structures, as well as the variety of the vocabulary you use.

N'oubliez pas que votre présentation ne doit pas durer plus de deux minutes !

3 a Écrivez cinq ou six questions que votre professeur (ou l'examinateur) pourrait vous poser sur la présentation de votre choix. Voilà des exemples de questions qu'on pourrait poser après une présentation sur l'attentat contre Charlie Hebdo.

1. Quelle a été la raison principale pour laquelle l'attentat contre Charlie Hebdo a eu lieu ?
2. Quelle a été votre réaction personnelle à cet attentat ?
3. Que pensez-vous de la réaction du public français ?
4. Qu'est-ce que le slogan « Nous sommes tous Charlie » veut dire, selon vous ?
5. D'après vous, est-ce qu'il devrait y avoir des limites à la liberté d'expression ?

3 b Étudiez cette réponse à une des questions ci-dessus. Elle représente la réponse à quelle question ?

Quand le gouvernement d'un pays impose des restrictions sur leurs citoyens sur ce qu'ils ont le droit de dire, écrire ou dessiner, on en arrive vite à la dictature. Chacun est libre d'avoir ses propres opinions et de les exprimer oralement ou dans la presse. Nos idées ne sont pas toutes les mêmes et il est important que nous soyons prêts à accepter celles des autres, qu'elles soient politiques, religieuses ou autres.

3 c Préparez des réponses bien réfléchies aux questions que vous avez écrites dans l'exercice 3a.

3 d Entraînez-vous à faire votre présentation suivie immédiatement par les questions pour lesquelles vous avez préparé des réponses. Un peu avant votre examen oral, répétez cet exercice régulièrement. Bonne chance !

Expressions utiles

Conversation fillers

C'est une question difficile, mais... It's a difficult question, but...
Écoutez... Listen...
Eh bien, voyons... Well, let's see...
Je ne sais pas, mais... I don't know, but...
Laissez-moi réfléchir. Let me think.

Connectives

auparavant once
aussitôt que / dès que as soon as
bien que / quoique although
d'un côté..., de l'autre... on one hand..., on the other hand...
d'une certaine manière in a way
d'une part..., d'autre part... on one hand..., on the other hand...
dans un sens in a sense
de toutes façons anyway
donc / par conséquent so, therefore
enfin / finalement finally
ensuite / puis then, next
et and
mais but
par contre on the other hand
parce que / car because
pour conclure / en conclusion in conclusion
pour que / afin que / afin de so that
pourtant / cependant / toutefois however
tandis que / alors que while
tout compte fait... all things considered...
tout d'abord / premièrement first of all
tout de même / quand même all the same

Expressing and justifying opinion

À mon avis... In my opinion...
Ce que j'en pense, c'est... What I think is...
En ce qui me concerne... / Pour ma part... As far as I am concerned... / As for me...
En y réfléchissant bien... Thinking about it...
Je ne suis pas sûr(e) / certain(e) de/que... I am not sure that...
Il (me) semble que... It seems (to me) that...
Il est clair / évident que... It is clear that...
Il est difficile de nier que... It is difficult to deny that...
Il est essentiel / important / utile / intéressant de... It is essential / important / useful / interesting to...
Il faut considérer aussi... It is also necessary to consider...
Il semblerait que... It would seem that...
J'adore... I love...
J'ai entendu dire que... I have heard that...
J'ai lu que... I have read that...
J'aime assez... I quite like...
J'aime bien / beaucoup... I like...a lot
J'apprécie... I appreciate...
Je considère... I consider...
Je déteste... I hate...
Je n'aime pas beaucoup... I don't much like...
Je n'aime pas du tout... I don't like at all...
Je ne suis pas d'accord avec... I don't agree with...
Je pense / trouve / crois... I think / believe...
Je suis d'accord avec... I agree with...
La manière dont je le vois, c'est... The way I see it is...
On dirait même que... You could even say that...
On m'a dit que... I was told that...
On pourrait aller jusqu'à dire que... You could go so far as to say...
Selon / D'après moi... According to me...

UNIT 10

Les ados, le droit de vote et l'engagement politique

10.1 **La politique : ça te branche ?**
10.2 **Pour ou contre le droit de vote ?**
10.3 **L'Union européenne a-t-elle un avenir ?**

Theme objectives

In this unit you study the issue of politics and political involvement of young people in France. The unit covers the following topics:

- young people and politics
- the right to vote
- the future of the European Union

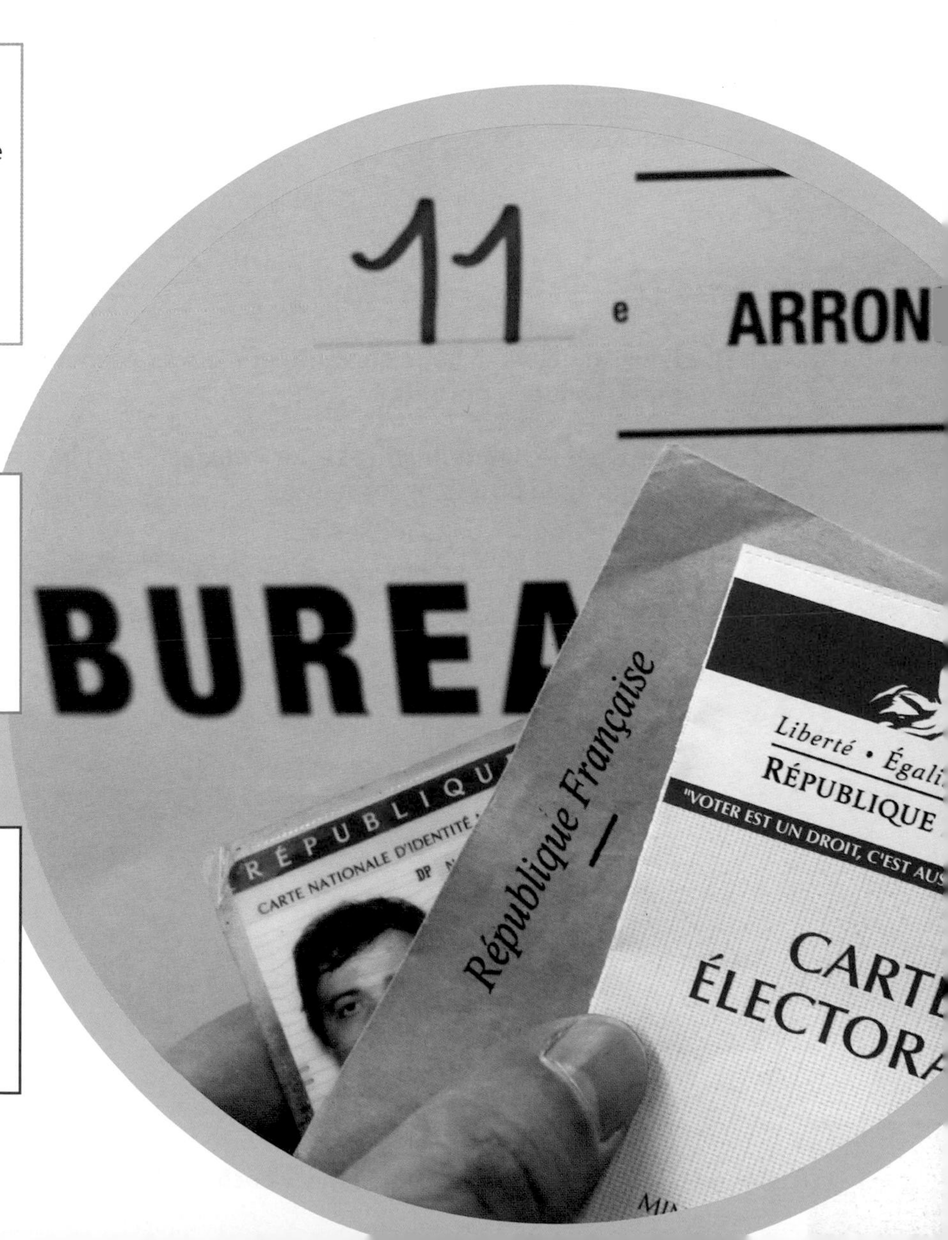

Grammar objectives

You will study and practise the following grammar points:

- expressing a future idea using *quand*
- using more than one tense in the same sentence

Strategy objectives

You will develop the following strategies:

- dealing with unknown language
- inferring information from interviews or reports
- bringing your language up to A-level standard

10.1 La politique : ça te branche ?

- Étudier le comportement des jeunes Francophones face à la vie politique
- Exprimer une idée future en utilisant des phrases avec *quand*
- Apprendre à gérer de la langue inconnue

On s'échauffe

1 a Pour les mots suivants 1 à 4, retrouvez leur définition a à d.

1 élection
2 scrutin
3 urne
4 bulletin de vote

a boîte où les électeurs mettent leurs bulletins
b morceau de papier que l'électeur doit mettre dans une enveloppe
c processus qui permet aux électeurs de choisir qui va les représenter
d vote aux moyens de bulletins déposés dans une urne

1 b Faites un sondage en classe en utilisant les questions suivantes, puis présentez des résultats sous forme de tableau. Discutez en class des résultats.

- Pensez-vous que le droit de vote devrait être donné à 16 ans ?
- Pensez-vous que le scrutin obligatoire est une bonne idée (comme en Belgique) ?
- Pensez-vous que les jeunes participent suffisamment aux élections ?

2 a Lisez l'article à la page suivante et trouvez au moins trois mots apparentés et quatre mots qui sont presque apparentés.

2 b Pour chaque début de phrase 1 à 8 choisissez la bonne fin de phrase (a à h). Faites attention au sens ainsi qu'à la grammaire.

1 Le Conseil de la jeunesse...
2 Ce qui est important c'est de...
3 Certains jeunes ne sont pas...
4 Les programmes scolaires pourraient...
5 Il est primordial...
6 On demande de plus en plus aux ados d'avoir...
7 Estelle aimerait...
8 Marc a envie...

a ...une opinion sans même leur donner une place dans la vie publique.
b ...en faveur du vote à 16 ans.
c ...ne trouve pas urgent d'abaisser le droit de vote à 16 ans.
d ...responsabiliser les jeunes pour en faire des citoyens.
e ...proposer des formations à la vie publique.
f ...de tenir compte de l'opinion des jeunes.
g ...de participer à la vie publique le plus tôt possible.
h ...attendre d'en savoir plus.

Que pensez-vous du vote à 16 ans ?

Votre magazine préféré est allé rencontrer des jeunes et parler à des responsables du Conseil de la jeunesse en Belgique francophone.

« Dans notre pays on a le droit de vote, autant s'en servir. »

Le Conseil de la jeunesse dit : « ce n'est pas une priorité. »

Un récent sondage du Conseil de la Jeunesse démontre même que certains jeunes se disent opposés au droit de vote dès 16 ans.

Nous avons voulu en savoir plus. Luc Delerme, dites-nous : « Les jeunes ont besoin d'avoir envie de s'engager. En ce moment, pour eux, tous les politiciens se ressemblent. Quand ils verront du changement, alors peut-être qu'ils le décideront. »

Et du côté des jeunes ? Notre reporter Yasmina a enquêté à la sortie de l'athénée royal (équivalent du lycée) de Charleroi.

Estelle, 17 ans : « Je ne me sens pas en mesure de choisir ; je n'y connais rien ! J'aimerais qu'on en parle à l'école. Quand ce sera fait, là d'accord ! »

Marc, 16 ans : « En tant qu'ados, on est responsabilisé de plus en plus jeunes. Vous saviez qu'on pouvait être arrêté à partir de 14 ans ? Alors personnellement, moi j'ai envie de m'engager, d'être représenté. »

Si ce thème vous intéresse, écrivez-nous au magazine : La Nouvelle Gazette de Charleroi.

Stratégie

Dealing with unknown language

When you are faced with unknown language, there are various strategies you can put in place to help with understanding.

- Look at the title at the top of the page, the title at the top of the article, any sub-titles and also illustrations to give you clues about the general topic area (context). This may also help when you are listening.
- Where you see or hear a new word, consider the words in the phrase that you do know and see if that helps you to work it out. Making sure you know whether the new word is a noun, verb, adjective, etc. will also give you clues about its meaning.
- Some words will be based or formed on previously seen words: *différent* → *différemment.*
- Words can also use prefixes or suffixes that affect the meaning but might give you a clue: **dés***intéressés.*

3 a On discute de politique – première partie de la conversation. Qui exprime ces idées ? Répondez Youma, Guillaume ou Sami.

1. J'ai envie de voter pour le prochain président de la République.
2. Il est important de se déplacer pour aller chercher ses papiers.
3. Je veux être une participante à la vie publique.
4. J'en ai marre de la politique.
5. Je ne fais pas confiance aux programmes politiques.
6. Il sera difficile de faire un choix.
7. Je me déplacerai aux urnes, mais je ne voterai pour personne.
8. Elire un président, ça c'est important.

Grammaire

Exprimer une idée future en utilisant des phrases avec *quand* (Expressing a future idea using sentences with *quand*)

Study H8.5 in the grammar section.

1. In the article on page 199, there are two examples of phrases that use *quand*. Translate them into English. Then listen to the interview again and do the same thing.
2. What do you notice about the tense used when translating into English ?

3 b Cet élève ne connaissait pas la règle avec *quand/lorsque*, chaque fois qu'il y a un sens futur. Corrigez tous les verbes au présent et en italique.

1. Quand j'y *vois* un intérêt personnel, je voterai !
2. Lorsque je *suis* suffisamment âgée, je ne voterai pas pour le maire actuel.
3. Quand il y *a* une nouvelle loi en vigueur, ça fera une différence !
4. J'aurai des questions lorsque notre député *visite* notre lycée.
5. Tu me le diras quand tu *prends* ta décision ?
6. Nous ne savons pas encore quand sa réunion *a* lieu !
7. J'irai aux urnes, quand je *rentre* du travail, si j'en ai envie.
8. Il changera peut-être d'avis quand il se *trouve* dans l'isoloir.

3 c On discute de politique – deuxième partie. Écoutez encore des interviews avec des jeunes au sujet de la politique et répondez aux questions en français.

1. De quel type de politique les jeunes se désintéressent-ils ?
2. Quelle est la grande cause qui passionne Margaux ?
3. Quand, selon Margaux, pourra-t-on avoir une vraie politique de développement des énergies renouvelables ?
4. Que fait Pauline tous les samedis ?
5. Quelle est la cause la plus importante pour Rémi ?
6. Comment est-on avec l'Europe ?
7. Qu'est-ce qui passionne Benjamin ?
8. Quel devrait être le droit de toutes les filles ?

4 Translate the following passage into English.

Une étude menée par l'association nationale des conseils d'enfants et de jeunes (Anacej) montre que les jeunes prennent part différemment à la vie politique aujourd'hui. Ils s'y intéressent néanmoins contrairement à ce qu'on pourrait croire, puisque une grande majorité des 15-25 ans qui ont pris part à l'étude a déclaré « être plutôt intéressé. » Le politologue chargé de l'étude dit que « quand les jeunes verront un intérêt collectif, ils suivront les politiciens plus volontiers. Ce n'est pas une génération égoïste comme on l'a toujours dit.»

5 a Travaillez en petits groupes. Faites une liste d'idées pour ou contre le droit de vote à 16 ans. Exprimez et justifiez votre avis.

5 b Utilisez votre liste pour écrire un paragraphe sur « Tous les jeunes devraient avoir le droit de voter à 16 ans ». Donnez votre opinion tout en illustrant avec des exemples.

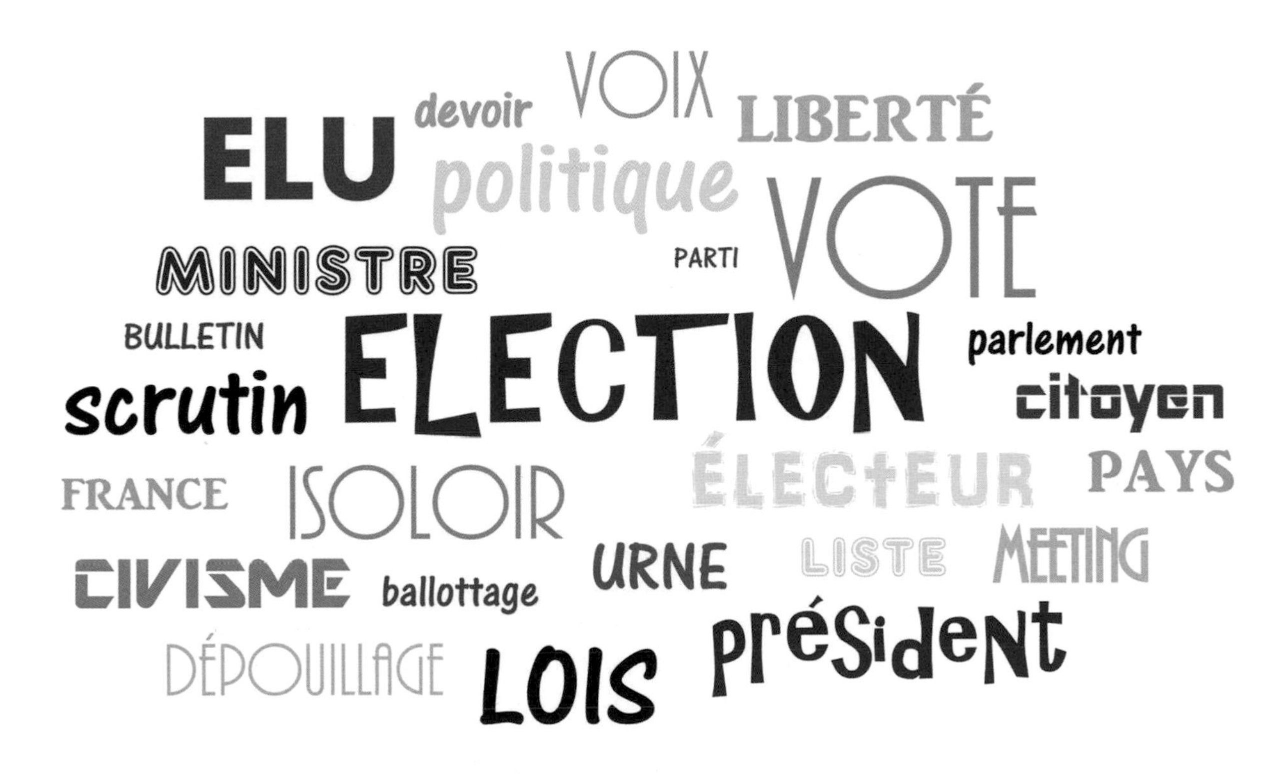

Ta voix compte !

10.2 Pour ou contre le droit de vote ?

- Comprendre l'histoire du droit de vote en France ainsi que les principaux partis politiques
- Utiliser plus d'un temps dans une même phrase : la concordance des temps (1)
- Déduire des informations à partir des sources orales et d'entretiens

On s'échauffe

Qui vote ?
Tous les citoyens français âgés d'au moins 18 ans inscrits sur les listes électorales = 47 millions d'électeurs français
Les citoyens européens résidant en France (aux élections municipales et européennes)

Droit de vote

Quelle conquête ?
1791 Suffrage censitaire
1848 Suffrage universel masculin
1944 Droit de vote des femmes
1974 Majorité abaissée à 18 ans
1992 Droit de vote des citoyens européens à certaines élections

Quel suffrage ?
Le suffrage universel
Suffrage direct : (conseillers locaux, députés à l'Assemblée nationale, députés européens et président de la République)
Suffrage indirect : (maires, présidents des conseils généraux et régionaux et les sénateurs)

Quelles élections ?
À l'échelle locale et régionale : **les élections municipales, cantonales, régionales**
À l'échelle nationale : **les élections législatives, sénatoriales, présidentielles**
À l'échelle européenne : **les élections européennes**

1 a Trouvez l'équivalent de ces expressions dans le document visuel :
1. **un individu d'un pays**
2. **le droit de vote pour tous**
3. **être âgé de 18 ans et plus**
4. **le scrutin local (de la ville)**

1 b Selon le document visuel dites si les phrases ci-dessous sont vraies (V), fausses (F) non données (ND). Corrigez-les si elles sont fausses.
1. **Tout le monde a le droit de voter à partir de 18 ans, mais il faut être inscrit.**
2. **Si on vient d'un autre pays d'Europe, on peut voter aux élections locales.**
3. **Un Européen doit avoir habité plus de 5 ans en France pour pouvoir voter.**
4. **Il existe 3 types de scrutin.**
5. **Je suis une femme et je peux voter en 1848.**
6. **En 1970, on n'était pas majeur à 18 ans.**
7. **Jusqu'en 1848, on ne pouvait voter que si on payait des impôts.**
8. **Les préfets sont élus au suffrage indirect.**

Le droit de vote pour les femmes

1 Odette nous raconte ce qu'elle a ressenti quand le droit de vote a été accordé aux femmes le 21 avril 1944.

« On l'avait bien mérité ce droit de vote. Un grand nombre de femmes avait participé à la Résistance, tout comme les hommes, alors c'était normal qu'on ait le droit au chapitre ! Mais attention, tout le monde n'était pas pour, loin de là. Je me souviens qu'il y avait beaucoup de gens à gauche qui étaient pour et la droite avait un peu peur. Une femme qui s'occupait de politique, dans l'esprit des gens bornés, c'était fatalement une femme dont la vie n'était pas correcte. Quand nous sommes allées voter aux élections municipales le 29 avril 1945, nous étions minoritaires. En fait je pense que beaucoup ne s'y sont pas déplacées. Peut-être par crainte ou par ignorance… ça donne quand même un sens à la vie. Il faut être électeurs et conscients de ce qu'on fait. »

2 Martha, a, elle, un autre souvenir de ce moment de l'histoire.

« Je ne sais pas si c'était vraiment le bon moment pour obtenir le droit de voter. Il fallait tout reconstruire en France, accueillir les hommes qui allaient rentrer, qu'ils soient maris, pères ou frères et moi j'avais senti que ma place était plutôt dans mon foyer. En plus, je n'y connaissais rien en politique alors j'ai préféré m'abstenir à cette époque et m'informer par la suite. »

2 a Lisez le texte ci-dessus (partie 1) et trouvez l'équivalent des expressions suivantes.

1 crainte
2 refus
3 méconnaissance
4 qui vote
5 droit de choisir
6 droit de s'exprimer
7 direction de vie
8 étroits

2 b Écrivez un résumé du texte. Considérez ces points :

- comment on a mérité le droit de vote
- ceux qui étaient pour ou contre
- la première occasion de voter pour les femmes
- pourquoi toutes les femmes n'ont pas voté

Écrivez des phrases complètes et faites attention aux fautes de grammaire !

Grammaire

La concordance des temps (1) (Sequence of tenses (1))

Study H22 in the grammar section.

1 In the article above there are four examples of sentences using two tenses. Find them and translate them into English.
2 Which different tenses are used together?

3 Remplissez les blancs en choisissant la bonne forme du verbe dans la case ci-dessous.

1 Je peux vous expliquer ce que je .... , chaque fois que le facteur ....

2 Nous .... un nouveau gouvernement, puisque nous .... dur.

3 Tous nos amis ...., donc le résultat n'.......... qu'une formalité.

4 On .... longtemps pour avoir le droit de vote et 90% de la population ....

5 Quand je .... aux urnes, je n'y .... vu personne.

6 Nous nous .... qu'il y .... beaucoup de forces de l'ordre aux urnes.

7 Plusieurs électeurs .... comment ils .... brutalisés dans les isoloirs.

8 Il y .... des progrès dans ce qu'on .... la zone.

suis allée	**venait**
avaient été	**appelait**
ont voté	**avais ressenti**
avais	**était**
avait eu	**avait attendu**
avait eu	**souvenions**
avaient participé	**racontaient**
avions mérité	**avais**
avions travaillé	**ai**
ressentais	

Stratégie

Inferring information from interviews or reports

- Listen to the tone of voice used to infer emotions.
- Listen out for key words.
- Take time to think about how to explain your answers.
- Use questions to work out what you need to listen for.
- Listen for phrases that tell you whether a person is for or against an argument, e.g. *je crois que..., je ne suis pas sûr(e)....*

4 a Tu vas voter ? Écoutez la conversation et reliez les propositions à leurs partis.

1 création d'emplois dans les zones défavorisées

2 des logements réservés aux jeunes

3 pouvoir apprendre le code au lycée

a l'UMP

b l'EELV

c le PS

On discute de politique

4 b  **Écoutez la conversation encore une fois. Trouvez qui a dit les phrases suivantes (Hamoudi ou Sarah). Attention ! il y a deux phrases qui ne conviennent pas.**

1. Le parti des écologistes s'occupe des habitations.
2. Je ne suis pas sûre d'en connaître assez en politique.
3. Certains partis n'ont pensé à rien en ce qui concerne l'économie.
4. Le parti socialiste pense créer des emplois.
5. La planète va être la première priorité.
6. On va pouvoir apprendre à conduire au lycée.
7. Je suis encore plus perplexe.
8. Je suis découragé(e).

5  **Traduisez en français le texte suivant.**

Léonie La Fontaine became a feminist due to the Popelin affair (1888) when a law graduate was refused access to the Bar because she was a woman. For Léonie, the feminist struggle became a major concern. She joined a group called 'le Bureau de la Ligue' in which she took on the role of treasurer, then editor of the magazine. She actively campaigned for female emancipation – the right to suffrage, the right to have savings and a wider access to professions.

6 a  **Préparez une courte présentation orale sur un des partis politiques d'un pays francophone. Faites des recherches sur Internet et essayez d'être aussi concis(e) que possible en utilisant uniquement ce qui vous semble être un des plus grands partis.**

Vous pouvez structurer votre présentation de la façon suivante :

- le nom et le logo
- petit historique
- le chef du parti en ce moment
- les grands projets

Attention ! n'écrivez pas tout mais faites-vous des notes auxquelles vous vous référez.

6 b **Présentez oralement votre travail à la classe.**

10.3 L'Union européenne a-t-elle un avenir ?

- Comprendre si les jeunes adultes se sentent plus français ou européens
- Utiliser plus d'un temps dans une même phrases : la concordance des temps (2)
- Être capable de montrer un niveau supérieur de compétence linguistique

On s'échauffe

1 a Regardez l'image. Pourriez-vous reconnaître de quels pays européens il s'agit et pourquoi ?

1 b Faites ce quiz sur l'Europe pour tester vos connaissances.

1. **Le Danemark est *une principauté/un royaume*.**
2. **Quelle est la capitale de Saint-Marin ? *San Marin/Kotka***
3. **Parmi ces pays, lequel est le plus peuplé ? *Slovaquie/Italie/Danemark***
4. **Quel est le pays qui a pour capitale Tallinn ? *Norvège/Estonie/Lettonie***
5. **Parmi ces pays, lequel n'est pas membre de l'Union européenne ? *Danemark/Slovénie/Géorgie***
6. **À quel pays appartiennent les Açores ? *Espagne/Italie/Portugal/Grèce***
7. **Quel est le nombre d'habitants en France ? *66 millions/32 millions/101 millions/134 millions***
8. **Bordeaux est une grande ville dans quel pays ? *Belgique/Suisse/France***

Que pensez-vous de l'Union européenne ?

Donnez-nous votre avis sur l'Union européenne : voici les questions posées :

Que représente pour vous l'Union européenne ? Quelle image positive ou négative en avez-vous ? Vous sentez-vous européen ? Comment souhaitez-vous que l'Union européenne évolue ?

Josée18
Aujourd'hui, 11:10

Pour moi l'Union européenne, c'est l'union des **1**.......... qui nous rend plus solide et plus compétitif. Mon image positive doit être la **2**.......... de l'Euro qui nous a permis d'**3**.......... la crise. Je me sens tout à fait européenne, je pense que vivre en autarcie n'est pas une fin en soi, comme on a pu le faire auparavant. Pour évoluer l'Union européenne devrait avoir un gouvernement.

Patrick59
Aujourd'hui, 11:05

L'Union européenne représente pour moi la diminution du **4**.......... d'achat ainsi que la mort de l'industrie française. Je ne peux pas m'empêcher de penser que le concept européen est un concept de financiers qui n'a jamais servi les peuples européens. Je suis **5**.......... anti-européen. L'Europe devrait être au service du citoyen mais ça c'est un doux rêve d'utopiste.

Charlotte44
Aujourd'hui, 10:29

Pour moi l'Europe c'est un beau rêve **6**.......... celui de Victor Hugo et de Jean Monnet. Mais plus maintenant. Ça avait bien commencé pourtant. Même si j'ai pu en avoir une image positive, culturellement, ce n'est pas le cas économiquement. On devrait revenir aux **7**.......... de la création, à des idées humanistes et universelles.

2 a Remplissez les blancs des réponses du forum ci-dessus avec un bon mot de la liste qui suit. Associez les numéros et les lettres. Attention ! il y a trois mots de trop.

a affronté	e fondamentaux	i savoir
b affronter	f peuples	j utopiste
c création	g pouvoir	
d devenu	h revenu	

2 b Selon le texte, trouvez les quatre phrases vraies parmi les phrases suivantes.

1. Patrick a dit que l'Union européenne avait appauvri la France et les Français.
2. Charlotte a cité un écrivain ainsi que le père fondateur de l'Europe.
3. Patrick a dit que l'idée européenne était une idée qui servait surtout aux hommes d'affaires.
4. Josée a dit qu'on était moins fort en Europe.
5. Charlotte a dit que l'Europe devrait se reconstruire autour d'un retour aux sources avec l'être humain au centre.
6. Josée est très négative quant à la monnaie unique.
7. Josée a dit qu'on ne pouvait pas vivre isolé.
8. Patrick a dit que l'Europe serait un jour pour le citoyen.

Grammaire

La concordance des temps (2) (Sequence of tenses (2))

Study H22 in the grammar section.

1. In the forum text on page 207, find four examples of mixed tense sentences or phrases. Translate them into English.
2. Which tenses are used together? Which other combinations of tenses might you find in the same sentence?

3 Pour chaque début de phrase, choisissez la bonne fin de phrase.

1. Il s'appelait Duhamel et...
2. Je cherche du travail...
3. J'ai voulu m'engager dans...
4. Nous avons eu l'idée de...
5. Elle appartenait à une association...
6. La politique ne l'intéressait pas...
7. Il a oublié ses principes politiques...
8. Fatima était dans l'armée...

a ...fonder une société qui les aiderait.

b ...au moment où il a hérité d'une fortune.

c ...qui aurait embauché des immigrés sans papiers.

d ...avant de se retrouver au ministère de la Défense.

e ...un mouvement qui réussirait.

f ...aura habité ce quartier dans le temps.

g ...depuis que je suis sortie de la fac.

h ...mais tout changerait selon la presse.

4 a Trois jeunes parlent de l'altermondialisme. Écoutez Vincent, Sophie et Rachid. Trouvez les bonnes définitions pour les mots suivants (a à h).

1 altermondialisme
2 politicien
3 s'engager
4 mondialisation
5 fac
6 multinationale
7 association
8 désœuvré

a exprimer publiquement une position
b système d'idées des adversaires de la mondialisation économique
c qui est sans occupation, sans travail
d qui a une activité politique
e système économique qui se situe à l'échelle mondiale
f une part de l'université (faculté)
g regroupement de personnes pour réaliser une action commune
h entreprise qui a des branches dans le monde entier

4 b Écoutez ces jeunes encore une fois. Pour chaque personne, Vincent, Sophie et Rachid, choisissez les phrases qui conviennent le mieux.

1 Il/Elle n'a pas de travail pour le moment.
2 Économiquement, il n'y a pas assez d'égalité.
3 Les jeunes de son quartier n'ont pas de but.
4 Il/Elle a perdu son illusion dans la politique conventionnelle.
5 Il/Elle décrit l'altermondialisme comme basé sur l'aspect social.
6 Son engagement est associatif.
7 La dimension internationale est importante.
8 Il ne faut pas oublier la planète.

Stratégie

Bringing your language up to A-level standard

When speaking and writing at A-level, try to show your competence in a variety of linguistic structures and skills. For example:

- Use a variety of vocabulary suitable for the topic, including a range of adjectives.
- Write accurately — be careful of spelling, agreements etc.
- Use a variety of tenses in longer sentences.
- Use a variety of linguistic structures to add complexity: subordinate sentences, pronouns, *si* clauses, subjunctive clauses, idioms.
- Structure your work carefully — introduction, paragraphs, conclusion.

5 a Travaillez par deux et imaginez un nouveau parti/gouvernement politique qui puisse vraiment intéresser les citoyens.

- Imaginez son nom, ses buts/idées, son logo.
- Faites référence au focus stratégique.

5 b Présentez oralement votre travail à la classe.

- Essayez d'utiliser le moins de notes écrites possible.
- Discutez de chaque parti/groupement après chaque présentation.

Vocabulaire

10.1 La politique : ça te branche ?

avoir envie de to want
un **bulletin de vote** ballot paper
une **carte électorale** voter registration card
le **changement** change
choisir to choose
un **choix** choice
démontrer to prove
un **droit** right
une **élection** election
élire to elect
s' **engager** to commit
être dégoûté(e) to be disgusted
s' **inscrire** to enrol, to register
être intéressé(e) par to be interested in
être représenté(e) to be represented
la **jeunesse** youth
obligatoire compulsory
participer to take part
la **politique** politics
la **priorité** priority
un **programme** programme
la **responsabilité** responsibility
le **scrutin** polls, ballot
une **urne** ballot box
voter to vote

10.2 Pour ou contre le droit de vote ?

avoir le droit au chapitre to have a voice
un **citoyen** citizen
la **construction** building
décourageant(e) disheartening
un(e) **député** MP
un(e) **électeur (électrice)** voter
l' **émancipation** (*f*) emancipation
un **emploi** job
être majeur to be over 18
faire des économies to save money
féministe feminist
la **liste électorale** electoral register
la **lutte** fight
la **majorité** majority; being over 18
mériter to deserve
minoritaire in minority
la **minorité** minority; being under 18
la **présidentielle** presidential election
un **projet** project
un **quartier** neighbourhood, district
résider to live
se souvenir de to remember
le **suffrage** vote
un **thème** topic

10.3 L'Union européenne a-t-elle un avenir ?

l' **altermondialisme** (*m*) anti-globalism
appauvrir to impoverish
la **capitale** capital
un(e) **citoyen(ne)** citizen
compétitif (-ive) competitive
un **concept** concept
une **crise** crisis
désœuvré(e) idle, inactive
évoluer to progress, to develop
en autarcie self-sufficient
l' **euro** (*m*) Euro
européen(ne) European
un **financier** banker
fonder to found, to create
un **gouvernement** government
un(e) **habitant(e)** inhabitant
humaniste humanist
l' **industrie** (*f*) industry
un **membre** member
la **mondialisation** globalisation
la **monnaie unique** single currency
peuplé(e) populated
le **pouvoir d'achat** purchasing power
la **principauté** principality
reconstruire to rebuild
la **République** republic
le **retour** return
un **rêve** dream
un **royaume** kingdom
la **sauvegarde** safeguard; conservation
une **fin en soi** an end in itself
universel(le) universal
utopiste utopian

UNIT 11

Manifestations et grèves – à qui le pouvoir ?

Theme objectives

In this unit you study the issue of strikes in France. The unit covers the following topics:

- how important trade unions are in France
- why there are strikes and demonstrations in France and how effective they are
- what people's attitudes are towards the political tensions caused by strikes

Grammar objectives

You will study and practise the following grammar points:

- recognising and using interrogative adjectives and pronouns
- recognising and using prepositions
- recognising the past historic forms of irregular verbs

Strategy objectives

You will develop the following strategies:

- translating an English paragraph into good French
- preparing an action plan for revision
- holding the audience's interest when speaking

11.1 Le syndicalisme en action

- Étudier le pouvoir des syndicats en France et savoir en discuter
- Savoir reconnaître et utiliser les adjectifs et les pronoms interrogatifs
- Traduire un paragraphe anglais en bon français

On s'échauffe

1 Travail de groupe. Discutez des questions suivantes.

1. **Qu'est-ce que c'est, un syndicat ?**
2. **Quel en est son rôle ?**
3. **Quels genres d'action peut-il recommander à ses membres ?**
4. **Êtes-vous pour ou contre les syndicats ? Dites pourquoi.**
5. **Pensez-vous que les syndicats en Grande-Bretagne ont trop de pouvoir ? Justifiez votre réponse.**

L'historique du syndicalisme

L'ouvrier a acquis le droit aux congés payés en 1936, et c'est en 1950 que le SMIG (salaire minimum interprofessionnel garanti) est apparu. Les événements de 1968 ont démontré le pouvoir des syndicats en ce qu'ils sont arrivés à renverser le gouvernement dont le Président était alors le Général de Gaulle. Les syndicats étaient déjà présents dans chaque entreprise et leurs directives étaient souvent suivies à la lettre. Quels étaient leurs buts ?

La raison d'être des syndicats est de s'assurer que l'ouvrier soit satisfait de ses conditions de travail et de son salaire. À ces fins, ils font face au patronat dont l'ambition est de rentabiliser l'entreprise et de limiter le coût de la main d'œuvre. En cela, il est soutenu par les partis politiques de droite qui, jusqu'à l'élection de François Hollande, ont été au pouvoir pendant une trentaine d'années.

En 2010, l'âge de la retraite est passé de 60 à 62 ans. Quelle a été la réaction des syndicats ? Quelle a été celle des ouvriers ? Les syndicats ont donné le mot d'ordre à la mobilisation contre cette mesure. On s'attendait à voir des millions de salariés manifester dans les rues. Il y a certes eu des actions syndicales mais elles ont été insuffisantes pour que le gouvernement soit forcé à changer d'avis. Il semblerait que cet échec ait marqué un tournant important dans l'histoire du pouvoir syndical. Quel allait être son avenir ?

La crise économique de ces dernières années a certainement affecté le pouvoir d'achat des travailleurs et peu veulent sacrifier une journée de salaire si l'action recommandée par le syndicat risque de se terminer par un échec. La question qu'ils se posent est simple : Lequel des deux soutenir ? La famille ou le syndicat ? Lequel est le plus important ?

Le pouvoir des syndicats semble être en baisse. Quelles pourraient en être les conséquences ? Lesquels risquent de disparaître ? L'ouvrier se sent mieux protégé qu'il ne l'était lorsque la gauche n'était pas au pouvoir. De plus, maintes lois européennes garantissent ses droits. Il n'est pas surprenant qu'en 2016, les syndicats aient un moindre impact sur les décisions politiques prises par le gouvernement.

2 a  **Lisez les informations d'un livre scolaire sur l'histoire du syndicalisme, et trouvez des synonymes aux expressions suivantes (1 à 8).**

1 le travailleur
2 ce qu'on peut se permettre d'acheter
3 faire tomber
4 ceux qui travaillent
5 participer à un rassemblement dans la rue pour exprimer son opinion
6 rendre profitable
7 l'âge auquel on s'arrête de travailler
8 l'ensemble des chefs d'entreprise

2 b **Relisez les informations et dites si les phrases 1 à 8 sont vraies (V), fausses (F) ou si l'information n'est pas donnée (ND).**

1 Les manifestations ouvrières des années soixante ont résulté en un changement de gouvernement.
2 À ce moment-là, beaucoup d'ouvriers étaient obligés de faire partie d'un syndicat.
3 Les syndicats et le patronat sont d'accord sur le coût de la main d'œuvre.
4 François Hollande est un homme de la droite.
5 Les syndicats ont échoué en essayant de dissuader le gouvernement de changer sa position vis-à-vis de l'âge de la retraite.
6 De nos jours, tout le monde ne peut pas se permettre de se mettre en grève.
7 Les lois européennes qui protègent les ouvriers sont les mêmes que les lois françaises.
8 Le pouvoir des syndicats n'a pas vraiment diminué ces dernières années.

Grammaire

Les adjectifs et pronoms interrogatifs (Interrogative adjectives and pronouns)

Study B4 and E2 in the grammar section.

1 In the textbook extract on page 212, there are five different examples of interrogative adjectives and three examples of interrogative pronouns. List the phrases in which they appear and translate them into English.
2 What do you notice about how they agree with the subject?

3  **Remplissez les blancs en choisissant le bon adjectif interrogatif ou pronom interrogatif dans la case.**

laquelle	**quel**	**quels**
lesquels	**lesquelles**	**lesquels**
quoi	**lequel**	**quelle**
auxquelles	**quelles**	**auquel**

1 .... ont été les opinions des passants ?

2 .... pull ? – .... des deux est-ce que tu préfères ?

3 .... de leurs deux filles est devenue syndicaliste ?

4 .... échecs auront marqué un tournant dans l'histoire ?

5 Tu fais .... comme travail au syndicat ?

6 Depuis .... date est-ce qu'on a le SMIG ?

7 Quant aux sièges au cinéma, on prend .... ?

8 Les manifestations ? .... avez-vous participé ?

4 a Interview d'un représentant syndical. Écoutez l'extrait. Les expressions 1 à 8 sont tirées de l'enregistrement. Écrivez une définition de chacune de ces expressions dans le contexte de l'interview.

1 le corps enseignant
2 la grève
3 les votants
4 un abus de pouvoir
5 de votre part
6 les revendications
7 il faut avouer
8 le devoir

4 b Réécoutez l'interview et répondez aux questions 1 à 6.

1 Pourquoi est-ce que le syndicat de M. Renaut a lancé un ordre de grève ?
2 Pourquoi est-ce qu'une augmentation du salaire des enseignants est essentielle selon M. Renaut ? (2 détails)
3 Pourquoi est-ce que l'intervieweur trouve les exigences du syndicat déraisonnables ?
4 Quel est le pourcentage d'enseignants appartenant à ce syndicat qui ont approuvé l'idée de se mettre en grève ?
5 Quelle fraction des membres syndiqués cela représente-t-il ?
6 Qu'est-ce qui fait penser à l'intervieweur que cette action représente un abus de pouvoir ?
7 Quelle évidence nous est donnée que le syndicat fait preuve de parti pris ?
8 Quel est le but principal d'un syndicat selon M. Renaut ?

Stratégie

Translating from English to authentic French

- When translating from English into French, you should try to express the thought included in the sentence in correct French.
- A word-for-word translation can sometimes work. However, knowing a word is not always enough. Make sure you learn the gender of nouns, for instance, and check the exact meaning. Some English words can be translated by more than one French one. Make sure you choose the one that best fits the context.
- When a word-for-word translation does not work, try to build up your knowledge of idiomatic French.
- In the exam, the translation paragraph is accompanied by a supporting text in French on the same topic, so you may find useful idioms in this passage.
- Check your paragraph thoroughly to make sure it is written in accurate French. Beware of irregular verbs, verb endings, agreements, prepositions and word order, in particular.
- Read through what you have written at the end. Does it read like natural French?

A-LEVEL STAGE

5 Translate the following sentences into French using the advice given in the strategy box.

1. Which trade union should I choose?
2. You have the choice between three trade unions. Which one do you prefer?
3. What are they advising their members to do?
4. There are two options. To go on strike or to do nothing. Which one should I vote for?
5. It is up to you. Which option do you agree with the most?

6 Traduisez en français le paragraphe suivant.

Trade unions in France

Traditionally, trade unions have been supported by the political parties of the left. Although François Hollande is a socialist president, it was during his presidency that the age of retirement changed from 60 to 62 years. Everyone expected a strong reaction from the trade unions but their recommendations were not followed by enough workers to force the government to change its mind. Because of the economic crisis, few of them could afford to lose a day's salary. Since then, the power of the trade unions seems to have diminished. As many European laws guarantee their rights, workers feel better protected than in the past.

7 a Faites des recherches sur Internet pour établir les raisons pour lesquelles les syndicats semblent avoir perdu une partie de leur pouvoir ces dernières années. Prenez des notes. Considérez par exemple :

- la proportion d'ouvriers syndiqués dans le secteur public et le secteur privé
- la multiplicité des syndicats
- la nature des mots d'ordre lancés par les syndicats
- les effets de la crise économique
- le droit de grève en France est un droit individuel

7 b Discutez avec les membres de votre groupe des questions suivantes. Justifiez vos réponses.

1. Pensez-vous que de nos jours, les syndicats sont tout-puissants ?
2. Quels sont les facteurs qui ont contribué à leur déclin ?
3. Quelles solutions peuvent-ils envisager afin d'essayer de regagner le terrain perdu ?

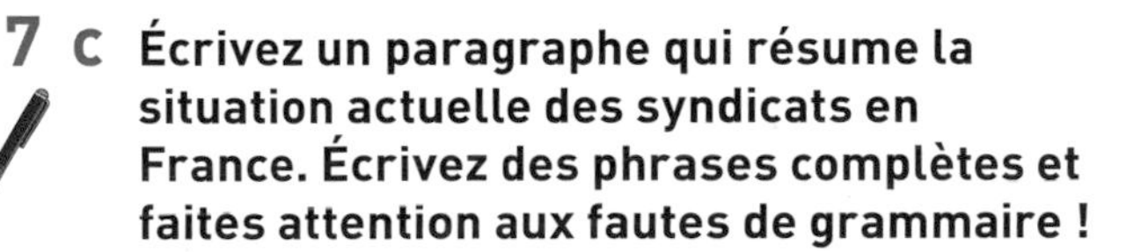

7 c Écrivez un paragraphe qui résume la situation actuelle des syndicats en France. Écrivez des phrases complètes et faites attention aux fautes de grammaire !

Quelle est la situation actuelle des syndicats en France ?

11.2 Grèves et manifestations

- Étudier les raisons et l'efficacité des grèves et des manifestations en France et en discuter
- Savoir reconnaître et utiliser les prépositions
- Préparer un plan d'action pour la révision

On s'échauffe

1 a Imaginez que les étudiants de votre lycée sont en grève. Faites la liste de vos revendications.

1 b Discutez de votre liste avec les membres de votre groupe. Considérez chaque revendication et dites si elle est justifiée. Expliquez votre choix.

1 c Avez-vous déjà assisté à une manifestation ?

Pourquoi tant de grèves en France?

Bien que la grève soit un droit inaliénable du travailleur écrit dans le Code du Travail, dans le secteur privé, les grévistes risquent parfois leur emploi. Alors, pourquoi se mettre en grève ?

Avant cette action, il y a toujours un conflit entre les employeurs et les employés (ou les syndicats qui les représentent) qui, à la suite de négociations, n'a pas pu être résolu.

Il est à noter que certaines grèves ne concernent pas les travailleurs mais peuvent être d'un ordre différent, telles les grèves d'étudiants par exemple, dont les revendications ne sont pas nécessairement financières. Dans la majorité des cas cependant, soit les raisons pour lesquelles les gens se mettent en grève sont

Grève générale !

économiques, soit elles concernent leurs conditions de travail.

Pour que l'ouvrier maintienne son pouvoir d'achat, il faut qu'annuellement il reçoive une augmentation de salaire égale au niveau d'inflation. Si l'entreprise à laquelle il appartient a fait du profit cette année-là, elle pourra récompenser ses travailleurs et il est peu probable qu'il y ait conflit entre le patronat et les ouvriers. Ce n'est malheureusement pas toujours le cas et les salaires peuvent être gelés ou il peut y avoir des licenciements. Le maintien des effectifs est une considération importante pour les syndicats.

Les syndicats se battent aussi pour l'amélioration des conditions de travail. S'ils n'ont pas réussi à garder l'âge de la retraite à soixante ans, ils ont réussi quand même à obtenir la semaine de travail à trente-cinq heures. Ils s'inquiètent bien sûr du niveau de chômage et du nombre de travailleurs à mi-temps. Autant de raisons qui peuvent justifier un mouvement de grève. L'inégalité des salaires, la discrimination raciale ou sexiste ou basée sur l'âge peut aussi entraîner l'action syndicale.

L'appel à la grève n'est toutefois pas toujours suivi par les travailleurs. Les petits salariés ne peuvent pas se permettre ce luxe. Le syndicat peut compenser l'ouvrier de son manque à gagner en lui versant une somme d'argent mais celle-ci est modeste. Heureusement que la grève est un droit et non pas un devoir et que chacun est libre de prendre ses propres décisions.

2 a On accuse souvent la France d'être un pays où il y a toujours des grèves. Lisez la réponse d'un journalise à la question : « Pourquoi la grève ? » Trouvez dans le texte page 216 des mots ou expressions qui complètent les phrases 1 à 8.

1 Lorsque les ouvriers veulent une .... , c'est qu'ils souhaitent une amélioration de leur paye.

2 Quand les salaires sont .... , ils ne changent pas cette année-là.

3 Si l'entreprise ne fait pas de profit, elle en arrive à considérer la possibilité de ....

4 Un des buts des syndicats est .... Cela veut dire que personne ne perd son travail.

5 Afin de préserver ou d'améliorer les conditions de travail de la classe ouvrière, les syndicats doivent ....

6 Ceux qui ne peuvent pas travailler à temps plein sont contents d'avoir ....

7 Les travailleurs ne sont pas payés quand ils font la grève. Le syndicat les compense de ce ....

8 Ils leur .... modeste mais bienvenue tout de même.

2 b Relisez l'article. Pour chaque début de phrase (1 à 8), choisissez la bonne fin de phrase (a à h). Attention ! il y a trop de fins de phrase.

1 Ceux qui travaillent dans le privé...

2 Un mot d'ordre de grève est lancé quand...

3 Les grévistes et les syndicats en général luttent pour l'amélioration...

4 Tous les ans, les travailleurs s'attendent à...

5 Si l'entreprise n'est pas rentable, la paye des ouvriers peut être gelée ou ils risquent...

6 Des salaires différents pour le même travail est une raison pour laquelle...

7 Ceux qui gagnent un petit salaire...

8 Personne ne peut forcer...

a ...du salaire et des conditions de travail des ouvriers.

b ...recevoir une augmentation de salaire.

c ...l'entreprise à conclure des négociations avec les syndicats.

d ...sont moins bien protégés que les employés du secteur public.

e ...le syndicat recommanderait un ordre de grève.

f ...travailler un maximum de trente-cinq heures.

g ...les négociations entre le syndicat et le patronat ont échoué.

h ...l'ouvrier à se mettre en grève.

i ...le droit de se mettre en grève.

j ...n'ont pas les moyens financiers de faire la grève.

k ...de perdre leur emploi.

l ...un conflit entre les patrons et les travailleurs.

Grammaire

Les prépositions (Prepositions)

Study F in the grammar section.

1 In the article on page 216 there are eight different examples of prepositions. List the phrases in which they appear and translate them into English.

2 Which prepositions might need to change if followed by a definite article?

3 Complétez ces phrases en ajoutant des prépositions.

1 Merci .... cette explication, elle est .... noter .... la hiérarchie .... haut !
2 A-t-elle reçu son augmentation annuelle .... salaire .... son compte bancaire ?
3 Les conflits .... employeurs et employés sont .... la nature des choses !
4 On a .... vous remercier .... l'amélioration .... conditions .... travail.
5 Les discussions .... les deux partis ont abouti .... un résultat positif.
6 .... lui versant une certaine somme, elle avait truqué le résultat .... élections.
7 .... le marché, il faut informer le grand public .... ce qu'on a reçu.
8 Nous allons avoir .... payer l'amende .... l'intermédiaire .... impôts.

4 a Interview – manifestations et grèves. Écoutez cet extrait d'une interview avec Mlle Tramier, étudiante, et M. Duval, délégué syndical des aiguilleurs du ciel, et mettez ces expressions dans l'ordre dans lequel elles sont dites (1 à 8).

1 to prevent
2 the amount
3 taxes
4 the demands
5 to succeed
6 a grant
7 anger
8 to convince

4 b Réécoutez l'interview. Choisissez les bonnes lettres (a à l) pour compléter les phrases (1 à 8). Attention ! il y a quatre mots de trop.

Les étudiants revendiquaient **1**.......... de leurs bourses. Ils devront attendre que les conditions économiques soient plus favorables avant que **2**.......... qu'ils reçoivent puisse être changé. Ce qui compte pour l'instant, c'est que **3**.......... sache les raisons pour lesquelles les étudiants sont en colère. L'argent utilisé pour payer **4**.......... aux étudiants vient des impôts. Monsieur Duval explique que la grève **5**.......... a des conséquences plus immédiates que l'action prise par les étudiants. Selon lui, pour qu'une grève réussisse, il faut qu'elle soit **6**.......... par le grand public. L'intervieweur explique à Monsieur Duval que, même si ce n'en est pas l'intention, l'action industrielle **7**.......... toujours le grand public. La grève des aiguilleurs du ciel a été **8**.......... .

a un succès
b la revalorisation
c les bourses
d convaincue
e soutenue
f une campagne
g le montant
h un échec
i industrielle
j le gouvernement
k touche
l le grand public

4 c Translate the following passage into English.

Négociations annuelles

Pour que l'ouvrier maintienne son pouvoir d'achat, il faut qu'annuellement il reçoive une augmentation de salaire égale au niveau de l'inflation. Si l'entreprise à laquelle il appartient a fait du profit cette année-là, elle pourra récompenser ses travailleurs et il est peu probable qu'il y ait conflit entre le patronat et les ouvriers. Ce n'est malheureusement pas toujours le cas et les salaires peuvent être gelés ou il peut y avoir des licenciements. Le maintien des effectifs est une considération importante pour les syndicats. Lorsqu'un syndiqué perd son emploi, le syndicat en même temps perd un de ses membres.

Stratégie

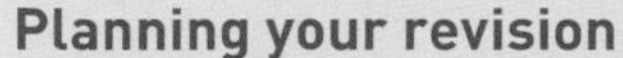

Planning your revision

- Be aware of your exam dates and plan your revision well in advance.
- Make a detailed list of what you plan to revise and divide the task into manageable chunks.
- Prepare a timetable and plot each item on your list onto a grid. When you start revising, stick to the programme you have worked out.
- Make notes and keep them safe and well organised (for any last-minute revision).
- Practise your oral presentation until you are satisfied that your performance in the exam will be as good as you can make it.
- If you have access to past papers, study carefully the kind of questions that they include.

5 a  **Faites des recherches sur Internet afin d'analyser l'efficacité (ou l'inefficacité) des mouvements de grève en France. Donnez un exemple où la grève a abouti à un résultat positif et expliquez pourquoi. Trouvez un autre exemple où le but de la grève a échoué et donnez les raisons pour cela.**

5 b Discussion de groupe. Répondez aux questions 1 à 4 et justifiez vos réponses.

1. Pensez-vous que la manifestation en tant qu'outil de protestation est efficace ?
2. La grève est-elle le meilleur moyen d'obtenir ce qu'on veut ?
3. Est-ce qu'absolument tout le monde devrait avoir le droit de se mettre en grève ?
4. Quels sont les avantages et les inconvénients de la grève ?

5 c Discussion de groupe. Répondez aux questions 1 à 4 et justifiez vos réponses.

1. Est-ce que les manifestations et les grèves en France aboutissent en général à un résultat satisfaisant ?
2. Les Français ont la réputation de se mettre facilement en grève. Est-ce que cette réputation est justifiée, à votre avis ?
3. Les grèves en France ont parfois des répercussions à l'étranger. En tant qu'étranger, que pensez-vous de cela ?
4. Les mots d'ordre de grève lancés par les syndicats sont moins suivis qu'avant ? Est-ce que la mentalité des travailleurs français est en train de changer ?

5 d Écrivez un paragraphe qui résume ce que vous pensez des grèves et des manifestations en France en tant qu'outils de protestation. Écrivez des phrases complètes et faites attention aux fautes de grammaire !

11.3 Les grèves – réactions de la presse et du grand public

- Étudier les différentes attitudes des gens envers les tensions politiques causées par les grèves et en discuter
- Savoir reconnaître le passé simple des verbes irréguliers
- Apprendre des techniques qui vous permettront de retenir l'attention de la personne qui vous écoute

On s'échauffe

1 Pensez à une grève qui a eu lieu récemment dans votre pays, par exemple une grève des transports publics.

1 Quelles ont été les conséquences de cette grève pour le public ?
2 Quelle a été la réaction de ceux directement affectés par la grève, pensez-vous ?
3 Dans quelle mesure est-ce que l'économie du pays en a souffert ?
4 Quelles tensions politiques est-ce que cette grève a créées ?

LE SYNDICALISTE

La grève du 11 juin a été suivie par plus de 80% du personnel syndiqué. Si cela fut un succès au niveau de la participation, nous attendons toujours de voir si les négociations avec le gouvernement s'avèreront fructueuses.

Lorsqu'on demande à nos professeurs de toujours en faire plus, il ne semble pas déraisonnable que ce travail supplémentaire soit rémunéré.

Si le pays est en crise, ce n'est pas la faute des enseignants mais peut-être bien celle d'un gouvernement qui insiste que chacun en fasse davantage sans pour cela être récompensé. On demande simplement un peu plus de réalisme et moins d'utopie.

Espérons que ceux qui furent prêts à sacrifier une journée de salaire (ainsi que ceux qui ne firent pas grève) reçoivent en compensation l'augmentation de salaire qu'ils méritent.

LA PRESSE OUVRIÈRE

Il va sans dire que nous soutenons l'action prise par le corps enseignant mardi dernier et que nous comprenons la nature de leurs revendications.

Notons toutefois que seulement 40% de nos professeurs et instituteurs tinrent compte du mot d'ordre de grève lancé par le syndicat – ce qui est regrettable car ce chiffre ne représente pas la majorité de la profession. De ce fait, nous doutons que le gouvernement cède face à leurs revendications, ce qui rendrait leur action plutôt futile.

N'oublions pas que ce jour-là, nos enfants n'eurent pas cours et que certains parents durent rester chez eux afin de s'occuper de leurs enfants au lieu de se rendre à leur lieu de travail. Les conséquences d'une action qui n'amène à aucun résultat ne sont pas négligeables.

Nous souhaitons bien sûr que les négociations avec le gouvernement aboutissent à un résultat qui satisfasse tout le monde.

FRANCE MATIN

À quoi bon une grève soutenue par une minorité ? L'État de toutes façons n'a pas les moyens d'accéder aux revendications des professeurs. Et même si c'était possible, est-ce que cela n'ouvrirait pas la porte à d'autres professions dont les revendications seraient tout autant justifiées que celles du personnel enseignant ? L'État ne peut pas se permettre une telle situation.

De plus, lorsque l'on examine les raisons que les enseignants avancent pour une augmentation de leur salaire, elles ne tiennent pas debout ! On leur demande après tout de faire leur travail, pas grand chose de plus ! À cause de la crise, tout le monde doit se serrer un peu la ceinture en ce moment – pourquoi pas nos professeurs ?

2 a Lisez les trois articles sur la grève récente des professeurs et donnez une définition en français pour chacune de ces expressions (1 à 8).

1. les négociations s'avèreront fructueuses
2. rémunéré
3. le corps enseignant
4. le gouvernement cède face à leurs revendications
5. à quoi bon ?
6. n'a pas les moyens
7. elles ne tiennent pas debout
8. se serrer la ceinture

2 b Relisez les articles et dites lequel de ces trois magazines : *Le Syndicaliste* (S), *La Presse Ouvrière* (PO), *France Matin* (FM) exprime chacune de ces idées (1 à 8).

1. Leur justification pour une augmentation de salaire n'a aucun sens.
2. La grosse majorité de ceux qui appartiennent au syndicat se sont mis en grève.
3. Nous ne croyons pas que les enseignants obtiennent ce qu'ils veulent.
4. Il est tout à fait réaliste d'exiger que les heures de travail supplémentaires soient payées.
5. Ce n'est pas le moment de demander à l'Etat de dépenser plus d'argent. Il n'en a plus !
6. Cette grève a affecté plus de monde qu'on aurait pu le croire.
7. Le gouvernement est trop gourmand !
8. Si on cède aux professeurs, la même situation va se reproduire avec les infirmières par exemple.

2 c Résumez l'attitude de chacune des trois publications en ce qui concerne :

- la participation à la grève
- les justifications pour la grève
- la probabilité que la grève aboutisse à un résultat
- les conséquences de cette grève

Écrivez des phrases complètes et faites attention aux fautes de grammaire !

2 d Comparez votre résumé à ceux des membres de votre groupe. Examinez les résumés de près et, ensemble, corrigez-en les fautes de grammaire.

Grammaire

Le passé simple des verbes irréguliers (Past historic of irregular verbs)

Study H10 in the grammar section.

1 In the articles on pages 220–21, find six different examples of irregular verbs used in the past historic tense. List the phrases in which they appear, give their English meaning and identify the infinitive form of the verbs concerned.

2 Can you think of any similar or compound forms of these verbs that will form the past historic in the same way? Try to find three examples.

3 Recomposez et ponctuez correctement les phrases ci-dessous, qui contiennent des verbes conjugués au passé simple. Identifiez l'infinitif de ces verbes et traduisez les phrases.

1 celafutunsuccesauniveaudunouvelactedeparlement
2 lagreveduquatorzejuilleteutlieudevantlelyseeetmatignon
3 lesmanifestantsperdirentunejourneedesalaire
4 lessalairesnetinrentpascomptedeuniveaudinflation
5 cesmesuressatisfirenttoutlemonde
6 cetteinitiativeneutpaslesmoyensdereussir
7 cetravailsupplementairedutetreremunere
8 lessyndicalistesfurentpretsasacrifierdelargent

4 a Que pensez-vous des grèves ? Écoutez cette conversation entre amis qui discutent des grèves en général. Hugo ouvre la conversation. Dans la conversation, trouvez des synonymes aux expressions ci-dessous.

1 ils m'énervent
2 être pauvre
3 ça suffit
4 équilibrer ses dépenses, joindre les deux bouts
5 signifier
6 arrêter le travail (souvent sur décision syndicale)
7 je n'en ai pas les moyens

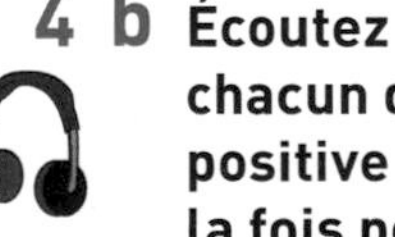

4 b Écoutez la conversation encore une fois. Décidez si l'attitude de chacun des quatre amis (Hugo, Fahima, Badir, Eléonore) est plutôt positive en ce qui concerne les grèves (P), plutôt négative (N) ou à la fois positive et négative (P+N).

4 c Comment est-ce qu'Hugo, Fahima, Badir et Eléonore justifient leur attitude ?

5 Translate the following passage into English.

Une grève récente

Lorsque les employés de mairies se mirent en grève, la plupart des gens les soutinrent. Il est juste de dire que leurs salaires étaient trop bas et que leurs revendications étaient justifiées. Cependant, les gens se rendirent vite compte que les conséquences de la grève les affectaient plus que ce qu'elles affectaient les autorités. Les poubelles ne furent plus ramassées par exemple et cela eut l'effet de faire changer d'avis à certaines personnes. Une fois que la grève fut finie, l'attitude du public changea encore une fois mais les ouvriers n'obtinrent pas ce qu'ils avaient voulu.

Stratégie

Holding your audience's attention

- When giving your oral presentation in the exam in particular, explain in a few words how interesting the topic you have chosen is.
- In your short introduction, raise a question that makes the listener want to know its answer.
- Take care with pronunciation and the pace of delivery. Vary the tone of your voice to express how you feel about what you are saying.
- Use examples or quotations to illustrate your points.
- Conclude your presentation by giving an answer to the question you originally posed.

6 a Faites des recherches sur Internet pour en savoir plus sur les grèves qui ont eu lieu en France ces dernières années. Prenez des notes. Choisissez par exemple :

- la grève des aiguilleurs du ciel (avril 2015)
- la grève de Radio France (avril 2015)
- la grève d'Air France (août 2015)
- la grève des taxis (août 2015)
- la grève des trains (août 2015)
- la grève des médecins urgentistes (août 2015)

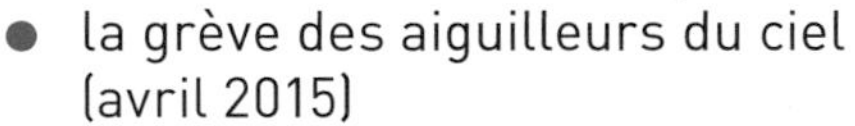

Vous pouvez évidemment choisir une grève vous-même.

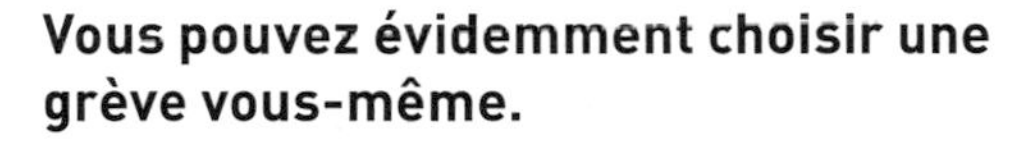

6 b Travaillez en groupes. Choisissez une grève qui a eu lieu récemment. Partagez les rôles. Un(e) étudiant(e) joue le rôle d'un(e) journaliste et interviewe trois autres personnes qui joueront les rôles suivants : quelqu'un qui soutient la grève, quelqu'un qui est du côté du patronat, quelqu'un qui a été directement affecté par la grève. Répétez l'exercice en changeant de rôle.

6 c Vous êtes journaliste et vous devez faire un reportage des événements à la radio. Préparez une introduction à votre rapport et présentez-la au reste de la classe. Pour vous aider, utilisez les conseils donnés dans la case stratégie.

Vocabulaire

11.1 Le syndicalisme en action

un **abus de pouvoir** abuse of power
acquérir to acquire
s' **attendre à** to expect
au pouvoir in power
avouer to confess
un **chef d'entreprise** company director
les **congés payés** (*m pl*) paid holiday
conseiller to advise
le **corps enseignant** teaching profession
la **directive** order
une **exigence** demand
faire partie de to belong
la **main d'œuvre** manpower
maint(e) many
une **manifestation** demonstration
manifester to demonstrate
se **mettre en grève** to go on strike
un **mot d'ordre** watchword
un **ordre de grève** call to strike
un **ouvrier** worker
le **patronat** company bosses
le **pouvoir d'achat** purchasing power
protéger to protect
un **rassemblement** gathering
rentabiliser to make profitable
renverser to topple
la **retraite** retirement
une **revendication** claim, demand
un **syndicat** trade union
un(e) **votant(e)** voter

11.2 Grèves et manifestations

aboutir à un résultat to succeed
un **aiguilleur du ciel** air-traffic controller
annuellement yearly
avoir les moyens to have the means, afford
se **battre** to fight
une **bourse** grant
une **campagne** campaign
la **colère** anger
compenser to compensate
un **conflit** conflict
convaincre to convince
l' **efficacité** (*f*) efficacy
égal(e) equal
empêcher to prevent
faire savoir à to let someone know
geler to freeze
une **grève** strike
un(e) **gréviste** striker
les **impôts** (*m pl*) taxes
l' **inégalité** (*f*) inequality
le **licenciement** redundancy
le **maintien des effectifs** retention of staff
le **manque à gagner** loss of income
mi-temps part-time
un **montant** total
obtenir to obtain
un(e) **ouvrier (-ière)** worker
protéger to protect
récompenser to reward
rentable(s) profitable
le **secteur privé** private sector
le **secteur public** public sector
une **somme d'argent** sum of money

11.3 Les grèves – réactions de la presse et du grand public

aboutir à to lead to, to end up in
accéder à to grant
amener to bring about
s' **avérer** to prove to be
boucler les fins de mois to make ends meet
casser les pieds to annoy
céder to give in
la **classe ouvrière** the working class
dépenser to spend (money)
un **effet** effect
une **exigence** demand
exiger to demand
fructueux (-euse) fruitful
futile futile
gênant(e) inconvenient
gourmand(e) greedy
il y en a marre ! that's enough!
un **mal nécessaire** a necessary evil
maltraiter to mistreat
menacer to threaten
un **outil** tool
se **permettre** to afford
protéger to protect
rémunérer to pay
se **reproduire** to happen again
satisfaire to satisfy
se **serrer la ceinture** to tighten one's belt
souffrir to suffer
supplémentaire extra, supplementary
tenir compte de to take into account

UNIT 12

La politique et l'immigration

12.1 **L'évolution de l'immigration et de l'intégration**
12.2 **L'attitude des partis politiques envers l'immigration**
12.3 **La protection des immigrés et l'engagement politique**

Theme objectives

In this unit you study the issue of immigration in France. The unit covers the following topics:

- how political solutions to the issue of the integration of immigrants have evolved in France
- how French political parties deal with immigration
- France's political involvement with immigrants

Grammar objectives

You will study and practise the following grammar points:

- recognising and using impersonal verbs and dependent infinitives
- recognising and using direct and indirect speech
- recognising the imperfect subjunctive

Strategy objectives

You will develop the following strategies:

- techniques for listening
- techniques for reading
- drafting and redrafting your work so as to improve accuracy

12.1 L'évolution de l'immigration et de l'intégration

- Étudier et discuter comment les solutions politiques au problème de l'intégration des immigrés ont évolué en France
- Savoir reconnaître et utiliser les verbes impersonnels suivis d'un infinitif
- Étudier des techniques qui facilitent la compréhension des enregistrements

On s'échauffe

1 a Lisez cette liste de mesures à prendre pour faciliter l'intégration des immigrés. Discutez-en leur importance avec votre groupe.

- **l'accès au logement**
- **l'accès à l'emploi**
- **l'accès aux prestations sociales**
- **l'accès aux services sociaux et médicaux**

1 b Qu'est-ce que l'État offre aux immigrés et aux réfugiés quand ils arrivent dans votre pays ? À votre avis, est-ce suffisant ?

L'évolution de l'immigration

Les accords d'Evian de 1962 ont mis fin à la colonisation de l'Algérie, de la Tunisie et du Maroc. Ce n'est qu'après que l'immigration en France des ressortissants de ces pays a commencé. De nos jours, cette population d'origine arabe constitue près de 45% du nombre d'immigrés résidant en France.

La signature de l'accord de Schengen a marqué un tournant important dans l'évolution de l'immigration dans les pays d'Europe. Cet accord en effet désignait un espace de libre circulation entre les 26 pays européens signataires, et son application est entrée en vigueur en 1995. Certains de ces pays étaient bien entendu plus prospères que d'autres et ceux-ci ont depuis cette date accueilli un bon nombre d'immigrés venus des pays qui eux, étaient souvent moins riches. Il faut considérer la situation économique défavorable et le chômage qui existaient dans ces pays pour comprendre que l'accord de Schengen offrait à ceux qui vivaient dans la précarité l'occasion de s'en sortir. Si cela n'a pas été un exode, le résultat en a quand même été une diversité accentuée pour les pays d'accueil. Ces ressortissants européens constituent maintenant près d'un tiers des immigrés vivant en France.

Plus récemment, à cause de graves problèmes qui existaient dans plusieurs pays africains, il y a eu un afflux de réfugiés politiques africains en Europe.

Le résultat de ces différentes formes d'immigration est un mélange socio-culturel que chaque pays doit gérer.

Afin que l'on puisse parler de réelle intégration, il semble être essentiel que tous ces immigrés acceptent l'idée d'une société démocratique et séculaire. La France peut peut-être se permettre d'accueillir tout ce monde et de lui offrir l'égalité des chances, mais il reste à savoir s'ils voudront en bénéficier. Il leur faudra aussi faire l'effort d'apprendre la langue, et, ce faisant, faciliter leur propre intégration dans notre société.

Il est indubitable que les pays européens ont agi généreusement en accueillant ces immigrés mais ces derniers ont le devoir de participer à un effort d'intégration pour que cette aventure multiculturelle soit un succès pour tous.

2 a Lisez l'article de journal sur la manière dont l'immigration a évolué en France et trouvez les expressions synonymes dans le texte aux expressions 1 à 8.

1. avoir les moyens de
2. la laïcité
3. une personne d'une certaine nationalité
4. l'instabilité, la fragilité
5. une allocation versée par un organisme social
6. débuter, commencer
7. sans aucun doute
8. évidemment

2 b Relisez l'article et identifiez les quatre phrases qui sont vraies.

1. Presque la moitié des immigrés en France sont d'origine maghrébine.
2. L'Espace Schengen regroupe presque tous les pays européens.
3. La plupart des immigrés de l'Espace Schengen sont des réfugiés politiques.
4. Les pays pauvres sont souvent les pays d'accueil des immigrés.
5. Les immigrés africains sont essentiellement là pour des raisons économiques.
6. La France est un pays laïque.
7. Les immigrés facilitent le processus d'intégration en apprenant la langue du pays d'accueil.
8. Il est certain que l'intégration des immigrés sera un succès.

2 c Translate the last two paragraphs of the newspaper article into English.

Grammaire

Les verbes impersonnels suivis de l'infinitif (Impersonal verbs followed by infinitives)
Study H20 and H21 in the grammar section.

In the article on page 226, find four examples of impersonal verbs followed by an infinitive. Write down the clauses containing them and give their English equivalent.

3 a Complétez les phrases suivantes en choisissant un infinitif dans la liste ci-dessous.

concerner	**refuser**	**aider**	**remédier**	**espérer**
améliorer	**abuser**	**considérer**	**être**	**donner**

1. Il faut .... à la situation économique de certains pays en développement.
2. Ne faut-il pas .... comment accepter ces immigrés ?
3. Il vaut mieux leur .... l'égalité des chances.
4. Il ne faut pas .... de ces prestations sociales.
5. Il semble .... l'acte d'un dictateur.
6. Ne vaut-il pas mieux .... les pays défavorisés ?
7. Ne faut-il pas .... leurs conditions de vie ?
8. Il paraît .... presque cinquante pour cent de la population.

3 b Utilisez ces verbes suivis par un infinitif pour écrire cinq phrases qui expliquent comment l'immigration a évolué en France. Vous pouvez lire encore l'article page 226 pour vous aider.

1 il vaut mieux
2 il me semble
3 il reste
4 il arrive
5 il paraît

Je vous présente mes copains et copines

Stratégie

Listening techniques

- Listen to the recording with a purpose in mind. If you have been asked to draw conclusions from what you have heard from different characters for instance, focus on what each one is saying in relation to the question asked.
- If you have to write a summary of the recording, try to identify the main areas of the topic being discussed first. When listening to it for the second time, add details to each of the headings you have already listed.
- Watch out for different kinds of questions, i.e. questions on gist, questions about specific details.
- Answers to questions that test your inferential skills are not explicitly stated. From what you hear, you have to deduce or infer the answer. Listen for language that links to the question.

4 a Êtes-vous bien intégré(e) dans notre société ? Écoutez l'extrait d'un programme de radio sur l'intégration des immigrés dans la société française. Pour chaque personne : M. Mohammed (M), Mme Kanieski (K) ou M. Suliman (S) choisissez les phrases qui conviennent le mieux.

1 On a pu s'offrir un logement.
2 On nous a bien dit comment marchent les choses ici.
3 On a bien sûr des connaissances de notre pays d'origine mais aussi du pays d'accueil.
4 Je n'ai pas pu faire une carrière dans le domaine pour lequel j'étais qualifié.
5 Je cherche à connaître des gens en appartenant à différentes associations.
6 Ma profession nous a facilité les choses.

7 Comme je ne parlais que l'arabe, c'était essentiel que je m'y mette.
8 J'aurais aimé vivre dans un quartier où le mélange des cultures est plus évident.

4 b Écoutez l'extrait encore une fois et répondez aux questions 1 à 7. Si nécessaire, expliquez vos réponses.

1 Qu'est-ce qui a déçu M. Mohammed ?
2 Quel genre de travail fait-il ?
3 Quel est le principal avantage de bien parler la langue du pays d'accueil selon Mme Kanieski ?
4 En quoi consiste la session d'informations à laquelle M. Suliman est allé ?
5 Lequel des trois participants au programme est le mieux intégré ?
6 Est-ce que Mme Kanieski touche un bon salaire ? Comment le savez-vous ?
7 Qu'est-ce qui fait penser que M. Mohammed avait un bon travail quand il vivait en Algérie ?

4 c Traduisez ce paragraphe en français. Pour vous aider, demandez à votre professeur l'accès à la transcription audio.

It is necessary to make the effort to integrate immigrants in our society. It seems difficult to integrate if one lives in an area where the population is mainly immigrants. It is a question of learning the language of the host country as soon as possible. One man explained that he was told what he was entitled to. He is aware that he has to do everything he can to integrate. For instance, he is prepared to join clubs in order to make new acquaintances. However, he is disappointed not to have been able to find a good job.

5 a Faites des recherches sur Internet pour savoir comment les solutions politiques au problème de l'intégration des immigrés en France ont évolué. Considérez :

- le niveau d'intégration des immigrés venus des anciens pays colonisés
- comment la France a intégré les immigrés venus des pays d'Europe, suite à la création de l'Espace Schengen
- la manière dont la France a réagi à l'exode récent de certains pays d'Afrique

5 b Discutez en groupe des renseignements que vous avez trouvés. Échangez vos idées avec les autres et justifiez-les. Dites si vous êtes d'accord avec leurs idées et expliquez pourquoi (pas). Prenez des notes sur ce que disent les autres étudiants.

5 c Écrivez un paragraphe qui résume et justifie votre opinion sur la manière dont les solutions politiques au problème de l'intégration ont changé.

Écrivez des phrases complètes et faites attention aux fautes de grammaire !

A-LEVEL STAGE

12.2 L'attitude des partis politiques envers l'immigration

- Étudier la manière dont les partis politiques français traitent de l'immigration
- Savoir reconnaître et utiliser le discours direct et le discours indirect
- Étudier des techniques de lecture utiles pour votre examen

On s'échauffe

1 Discutez en groupe de ces questions.

- **Un parti politique de gauche, qu'est-ce que ça veut dire ? Quelles en sont ses idées principales ?**
- **Et la droite, qu'est-ce que ça représente pour vous ?**
- **Que pensez-vous des partis d'extrême droite et d'extrême gauche ?**
- **Croyez-vous qu'un gouvernement de coalition soit une bonne idée ? Dites pourquoi (pas).**

Les partis politiques et l'immigration (juillet 2015)

La position du gouvernement français vis-à-vis de l'immigration n'est pas partagée par tous les partis politiques.

Le Parti Socialiste, c'est-à-dire le parti du gouvernement, regroupe un bon nombre de partis de la gauche. En raison de la crise économique qui s'est avérée difficile à gérer ces dernières années, le parti a dû durcir sa position et s'efforce maintenant de contrôler l'afflux d'immigrés venus d'Afrique en particulier. Il condamne la politique italienne qui, dit-il, ne fait qu'encourager ceux qui veulent venir s'établir en Europe, qu'ils soient immigrés économiques ou réfugiés politiques.

En cela, le PS rejoint un peu **l'UMP** (l'union pour un mouvement populaire), le parti qui regroupe la tendance de droite, qui, lui, propose clairement de reprendre le contrôle en restreignant l'accès au pays à tous ceux dont l'immigration n'est pas légale.

Les Verts, quant à eux, ont toujours affirmé que l'immigration est un bienfait, que nous bénéficions de la diversité culturelle et par conséquent s'opposent à toute restriction.

Le MNR (mouvement national républicain), un parti de droite, pense tout à fait le contraire en exigeant l'expulsion immédiate des immigrés illégaux.

Et puis, il y a **le FN** le Front National qui tient les immigrés responsables du chômage et de l'insécurité en France.

La France compte environ six millions d'immigrés à l'heure actuelle. Une proportion importante de cette population est musulmane et le pays s'inquiète de cette appartenance à une religion qu'il est difficile de réconcilier avec la politique de sécularisme de la France. Il existe des tensions entre certains groupes qui se disent musulmans et la laïcité qui est une des fondations de la société française.

L'immigration est certainement un sujet de discussion et de désaccord entre les partis politiques. Étant donnée la situation politique africaine instable, il est clair que, non seulement le nombre de ces immigrés mais aussi leur culture d'origine ont fait réfléchir les partis politiques et qu'un endurcissement de leur politique de l'immigration était inévitable.

L'électorat, lui, souhaite que plus de restrictions soient mises en place afin de contrôler le niveau d'immigration en France. Il voit peu de différences entre la position de la gauche et celle de la droite.

Stratégie

Reading techniques

- Before translating a section of the text into English, make sure you read the whole text again to see how the section you are translating fits in with the rest of the text. The context will help you understand what might have been difficult in isolation.
- When answering questions that require you to give more than one detail in your response, look through the whole text as the details required may not be close to each other in the text.
- You will be asked different kinds of questions, i.e. questions on gist and questions asking for specific details.
- Answers to questions that test your inferential skills are not explicitly stated. From what you read, you have to deduce or infer the answer. Look for language linked to the question.

2 a  **Lisez le blog de M. Duval, journaliste (page 230). Il explique la position prise par les différents partis politiques vis-à-vis de l'immigration. Complétez les phrases 1 à 5 en choisissant les noms des bons partis politiques.**

1 .... insiste que les immigrés illégaux retournent dans leur pays d'origine.
2 .... veut freiner l'immigration illégale.
3 .... pense que les immigrés sont la source de beaucoup de problèmes.
4 .... est pour une politique de contrôle de l'immigration.
5 .... accueillent les immigrés à bras ouverts.

2 b  **Relisez le blog et répondez aux questions 1 à 8.**

1 Pourquoi le gouvernement français critique-t-il la politique d'immigration du gouvernement italien ?
2 Quels sont les partis qui semblent les plus extrêmes ? (2 détails)
3 Quel parti a une attitude plus libérale que les autres ?
4 Pourquoi les Français s'inquiètent-ils de la religion à laquelle appartiennent beaucoup de ces immigrés ?
5 Qu'est-ce qui a provoqué un changement dans la politique d'immigration que la France a adoptée ? (2 détails)
6 Selon vous, est-ce que les Français sont d'accord avec la position des grands partis politiques en ce qui concerne l'immigration ? Expliquez votre réponse.
7 Il ya quelques années, est-ce que le PS avait une attitude plus laxiste que maintenant vis-à-vis de l'immigration ? Comment le savez-vous ?
8 Est-ce que le FN souhaite que les immigrés venus d'Afrique s'établissent en France ? Pourquoi (pas) ?

2 c  **Translate into English the last two paragraphs of the blog on page 230.**

2 d Résumez la position de chaque parti politique en France vis-à-vis de l'immigration.

Écrivez des phrases complètes et faites attention aux fautes de grammaire !

2 e Depuis juillet 2015, est-ce que la position des partis politiques a changé ? Faites des recherches sur Internet, pour trouver leurs positions courantes. Écrivez des notes.

Les ramifications de l'intégration

Grammaire

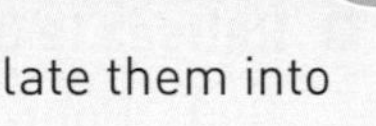

Le discours direct et le discours indirect (Direct and indirect speech)

Study H18 in the grammar section.

1. In the blog article on page 230 there are five examples of indirect speech. List the phrases in which they appear and translate them into English.
2. Find the words *dit-il* in the text. Why is inversion used?

3 a Réécrivez ces phrases en utilisant le discours indirect, précédé de *On dit que/qu...*. Par exemple, *Nous sommes bien intégrés → On dit qu'ils sont bien intégrés.*

1. Je condamne carrément les politiciens racistes. *On dit que/qu'...*
2. Nous te proposons de prendre contrôle de ta situation.
3. Notre président met trop de restrictions en vigueur.
4. L'immigration nous fournit une économie plus performante.

3 b Maintenant, réécrivez ces phrases en utilisant le discours direct.

1. On disait que Frédo était responsable de la défaite.
2. Selon eux, Max aurait fait passer les fugitifs par la montagne.
3. Elle prétend qu'il y avait des réunions clandestines.
4. Il y avait la rumeur que les CRS auraient dispersé la foule!

4 a  **On parle des immigrés à Calais. Écoutez l'interview de M. Martin, un conseiller municipal à Calais, et de Mme Robert, une représentante d'Emmaüs, une association qui s'occupe des sans-abri. Trouvez des mots dans l'interview qui appartiennent à la même famille que ceux-ci (1 à 8).**

1 illégal, illégalement, illégalité
2 immigration, immigrer, émigrer, émigration, émigré
3 accroître, accroissement, croissance, croître
4 attirer, attraction
5 convaincu, convainquant, conviction
6 étonnement, étonné, s'étonner
7 souhait, souhaiter
8 résoudre, résolution, résolument

4 b Écoutez l'interview encore une fois. Pour chaque début de phrase (1 à 5), choisissez la bonne fin de phrase (a à g). Attention ! il y a deux fins de phrase de trop.

1 M. Martin pense que...
2 Mme Robert estime que...
3 Selon M. Martin, les immigrés croient que...
4 M. Martin doute que l'Angleterre...
5 Mme Robert considère que la...

a ...résolution de ce problème est la responsabilité de la France.
b ...les prestations sociales sont plus généreuses en France qu'en Angleterre.
c ...les immigrés à Calais ne sont pas plus les bienvenus en France qu'ils ne le seraient en Angleterre.
d ...le taux de criminalité est en voie de diminution.
e ...soit prête à recevoir tous ces immigrés.
f ...l'Angleterre les accueillera à bras ouverts.
g ...son association pourrait apporter une solution à ce problème.

4 c  **Traduisez ce paragraphe en français. Pour vous aider, demandez à votre professeur l'accès à la transcription audio.**

There is no doubt that the crime rate has increased enormously since the arrival of immigrants in Calais. The local counsellor thinks that there are reasons why these immigrants want to go and live in Great Britain. Those reasons may not correspond to reality but that is what the immigrants themselves also believe. The representative from Emmaüs said that her organisation would look after them if they wanted to settle in France. Although Mme Robert says that it is France's responsibility to manage this issue, the interviewer is not convinced that the problem will soon be resolved.

5  **Discutez de la situation des immigrés de Calais, ou d'autres villes où il y a un tel problème, en groupe. Chaque membre de votre groupe représente l'idée d'un parti politique français qu'il/elle a choisi. Chacun doit expliquer sa position aux autres et la justifier. Chacun doit aussi être prêt(e) à répondre aux questions des autres membres du groupe.**

6  **Écrivez un paragraphe en français à propos du problème des immigrés à Calais. Selon vous, que faudrait-il faire pour le résoudre ?**

12.3 La protection des immigrés et l'engagement politique

- Étudier l'engagement politique français vers les immigrés
- Savoir reconnaître l'imparfait du subjonctif
- Faire le brouillon de son travail puis le réécrire pour en améliorer sa précision grammaticale et lexicale et donc la note qui lui sera donnée

On s'échauffe

1 Travaillez en groupe et discutez les questions suivantes :

- **Pensez-vous que les immigrés sont bien accueillis dans votre pays ?**
- **Croyez-vous que certains groupes d'immigrés sont mieux accueillis que d'autres ? Si c'est le cas, c'est pour quelles raisons ?**
- **Trouvez-vous que le gouvernement fait assez pour faciliter l'intégration des immigrés dans notre société ? Que pourrait-il faire de plus ?**
- **Qu'est-ce que les différents groupes d'immigrés eux-mêmes peuvent faire de plus afin de mieux s'intégrer dans la société ?**

2 a Lisez l'article sur SOS racisme et remettez dans le bon ordre les expressions (1 à 7) qui résument chacun des sept paragraphes.

1. Une culture diluée ?
2. L'élargissement de la mission
3. Conditions de recrutement
4. Le succès de SOS racisme
5. Comment arriver à son but
6. Le soutien offert à la victime
7. L'ethnicité de la représentation

2 b Relisez l'article et résumez-le en expliquant :

- la signification des slogans (2 détails)
- ses buts (2 détails)
- ses combats actuels (2 détails)
- la manière dont les victimes sont aidées (1 détail)

Écrivez des phrases complètes et faites attention aux fautes de grammaire !

Stratégie

Drafting and redrafting work

The two places where accuracy and good quality of written language are important are the translation from English to French and the summary. Below is a useful example of a checklist to use after you have finished your work:

- Does every sentence contain a verb?
- Is it in the correct person, the correct tense and the correct mood (indicative or subjunctive)?
- Do the adjectives agree with the nouns they are qualifying in number and gender?
- Are there any past participles (*être* verbs or preceding direct objects) that also need to agree in number and gender?
- Have I transmitted every single piece of requested information in full?
- Does the order of the words sound French rather than English?
- If there are any useful idioms or specialised phrases in the French passage, have I made the best use of them by adapting them to my needs?

Although it is not an option in the exam, a good way to improve your accuracy is to carry out a peer review. Your partner might spot mistakes you had not noticed, and you can think about the points he or she raised next time round.

SOS RACISME

Actualités | *Les actions* | *Les campagnes* | *Soutenir SOS Racisme* | *Contacts*

SOS racisme est une association française créée en 1984 dont le but est de dénoncer la discrimination raciale. Un des slogans dont elle se sert dans ses campagnes de recrutement contient une expression souvent utilisée pour justifier l'injustifiable, c'est-à-dire 'Je ne suis pas raciste, mais…' Ce qui suit ferait certainement réfléchir certains avant de rejoindre cette association : 'Si pour toi, il n'y a pas de mais, rejoins SOS racisme'. 'Touche pas à mon pote' reste toutefois le slogan officiel de l'association depuis sa création.

Au début de notre siècle, l'association espérait voir le jour où la discrimination serait totalement éradiquée mais croyait que, pour cela, il fallait qu'elle pût forcer le gouvernement à réformer sa politique d'urbanisme et qu'elle empêchât donc la prolifération des ghettos des banlieues. Il était aussi essentiel qu'elle dénonçât l'existence de ces ghettos et qu'elle facilitât l'intégration grâce à une réforme politique qui découragerait la ségrégation créée par le coût trop élevé du logement. De nos jours, c'est toujours son but.

Comme SOS racisme est soutenu par le Parti Socialiste, ses critiques ont inévitablement pour origine l'extrême droite qui voit en cette association une menace pour la culture française.

Cindy Leoni en est l'actuelle présidente. Ses prédécesseurs ont été Harlem Désir, Fodé Sylla, Malek Boutih et Dominique Sopo. Ces noms suggèrent une origine étrangère et soulignent l'engagement politique chez les immigrés. Tous ne deviennent pas des politiciens connus, mais certains, tels Harlem Désir, qui est maintenant membre du Parlement européen, font une carrière politique importante.

La mission de SOS racisme n'est pas seulement de nous informer que le racisme existe mais aussi de le combattre par l'action juridique. Ces dernières années, elle a même étendu son champ d'investigation et lutte contre l'antisémitisme, le sexisme et l'homophobie. Son agenda est passé du racisme à la discrimination sous toutes ses formes.

Sur le plan pratique, un représentant d'une victime l'aidera à porter plainte et la soutiendra dans ses démarches administratives ou judiciaires de manière à ce que ces actes de discrimination ne soient pas impunis. Une de ses dernières interventions concerne le fichage des enfants musulmans.

Bien que son travail ne soit jamais fini, SOS racisme a rempli sa mission car chacun connaît son existence et sait qu'elle met un frein à la discrimination qui est, après tout, contraire à la devise française qui prône l'égalité pour tous.

Grammaire

L'imparfait du subjonctif (Imperfect subjunctive)

Study H15.4 in the grammar section.

1 In the web page above, find four examples of the use of the imperfect subjunctive. List the phrases containing them and give their English meaning.
2 How can you tell that one verb is irregular? What is its infinitive?

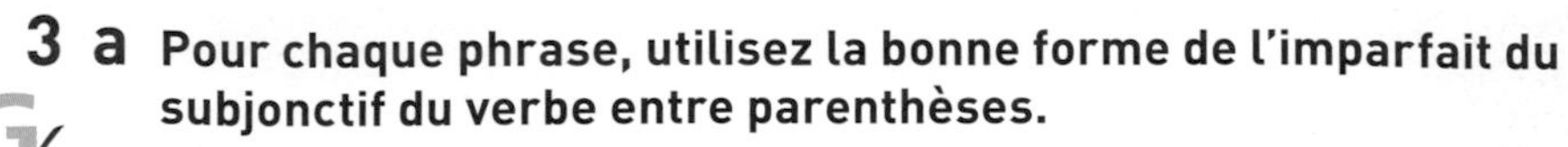

3 a **Pour chaque phrase, utilisez la bonne forme de l'imparfait du subjonctif du verbe entre parenthèses.**

1 Il avait fallu qu'une nouvelle association (*être*) créée.
2 Le ministre s'étonnait que la société (*s'en servir*) dans ses campagnes de recrutement.
3 On souhaitait ardemment que le maire (*réformer*) sa politique d'urbanisme.
4 Elle n'était pas contente qu'ils (*encourager*) le mariage.
5 On n'était pas ravi qu'il (*augmenter*) le coup du logement.
6 J'étais désolée qu'elle y (*voir*) une menace pour leur couple.
7 Le public préférait qu'on (*combattre*) le racisme dans le sport.
8 Les résidents voulaient que la police (*étendre*) son champ d'investigation.

3 b **Translate the above sentences (1–8) into English.**

4 a **Trois attentats choquants. Écoutez cette conversation entre Jules et Alexandre. Jules met au courant son ami de trois attentats successifs qui ont choqué la France. Quelles sont les expressions utilisées par Jules et Alexandre pour traduire les expressions 1 à 8 en français ? Essayez d'écrire les phrases sans aucune faute de grammaire ou d'orthographe !**

1 for at least a fortnight
2 four dead, three of them being Jewish children
3 supposedly in support
4 crimes that have been claimed
5 a reconciliation
6 stronger links between communities
7 pure
8 to feel more secure

4 b **Réécoutez la conversation. Complétez le paragraphe en choisissant les bons mots dans la liste. Attention ! il y a deux mots de trop.**

religion	**au courant**	**l'insécurité**
quatre	**des ghettos**	**politique**
rapprochement	**d'antisémitisme**	
trois	**l'islamophobie**	

Alexandre n'est pas **1**.......... des récents événements qui se sont déroulés dans le sud-ouest du pays. En tout, il y a eu sept victimes, dont **2**.......... adultes. C'est la conséquence d'une prise de position **3**.......... qui a eu pour résultat un parfait exemple **4**.......... . Ce qui risque de se passer est que la réaction du public provoque **5**.......... . Heureusement que ceux à la tête des deux religions dans notre pays ont ouvertement annoncé leur désir d'un **6**.......... entre les deux communautés qu'ils représentent. Ces événements ajoutent à **7**.......... de certains groupes dans notre société qui tendent à vivre dans **8**.......... simplement pour ne pas se sentir isolés.

EXTENSION STAGE

4 c Translate the following passage into English.

SOS racisme – ça sert à quoi ?

La mission de SOS racisme n'est pas seulement de nous informer que le racisme existe mais aussi de le combattre par l'action juridique. Ces dernières années, elle a même étendu son champ d'investigation et lutte contre l'antisémitisme, le sexisme et l'homophobie. Son agenda est passé du racisme à la discrimination sous toutes ses formes. Sur le plan pratique, un représentant d'une victime l'aidera à porter plainte et la soutiendra dans ses démarches administratives ou judiciaires de manière à ce que ces actes de discrimination ne soient pas impunis. Une de ses dernières interventions concerne le fichage des enfants musulmans.

5 a Analysez la contribution positive que certains immigrés ont faite à la société française. Choisissez dans la liste ci-dessous une personnalité qui a été active dans le monde de la politique :

- Harlem Désir
- Rama Yade
- Rachida Dati
- Najat Vallaud-Belkacem

Vous pouvez choisir une de ces personnes ou sélectionner quelqu'un d'autre si vous voulez, mais attention – ne choisissez pas la même personne que votre partenaire. Faites des recherches sur Internet.

Prenez quelques notes sur :

- ses origines
- ce qu'étaient ses ambitions
- les obstacles qu'il/elle a dû surmonter pour réaliser ces ambitions
- ce qu'il/elle a réussi à faire/devenir
- ce que sa contribution a changé pour la société
- votre opinion personnelle, d'après ce que vous avez appris

5 b Expliquez à un/une partenaire ce que vous avez appris, et comparez les personnes que vous avez étudiées.

5 c Écrivez un paragraphe sur la personne que vous avez choisie et dites ce que vous pensez de la contribution qu'il a faite à la société française.

Vocabulaire

12.1 L'évolution de l'immigration et de l'intégration

un **accord** treaty
un **afflux** influx
avoir droit à to be entitled to
bien entendu of course
un **cercle** circle
une **connaissance** acquaintance
déçu(e) disappointed
désigner to designate
un **devoir** duty
l' **égalité** (*f*) **des chances** equal opportunities
entrer en vigueur to start
un **exode** exodus
la **garde des enfants** childcare
un **HLM** council accommodation
loger to house
maghrébin(e) from the Maghreb (a region in north Africa)
un **mélange** mix
une **mesure** measure
mettre en contact to put in touch
se **permettre** to afford
la **précarité** precariousness, insecurity
la **prestation** benefit
reconnaissant(e) grateful
un(e) **ressortissant(e)** national
restreindre to restrict
séculaire secular
toucher un salaire to earn a salary
un **tournant important** turning point

12.2 L'attitude des partis politiques envers l'immigration

s' **accroître** to increase
affirmer to maintain, to claim
l' **appartenance** (*f*) membership, belonging
arriver to happen
une **association** an organisation
attirer to attract
s' **avérer** to prove itself
condamner to condemn
convaincre to convince
une **crise** crisis
le **désaccord** disagreement
durcir to harden
s' **efforcer** to try
l' **électorat** (*m*) electorate
l' **endurcissement** (*m*) hardening
s' **établir** to settle
étonner to surprise
exiger to demand
faire en sorte que to do what is neeeded so that
fournir to provide
freiner to brake, to slow down
inférieur(e) inferior, lower
l' **insécurité** (*f*) insecurity
laisser tomber to abandon
laxiste lax
musulman(e) Muslim
s' **occuper de** to look after
un **parti politique** political party
se **passer de** to do without
réconcilier to reconcile
rejoindre to meet
un **resto du cœur** soup kitchen
solutionner to find a solution
soutenir to support
une **tendance** tendency
un **toit** roof

12.3 La protection des immigrés et l'engagement politique

une **action juridique** legal action
un **assassinat** murder
un **brouillon** rough copy
une **campagne** campaign
un **champ** field
combattre to fight
une **communauté** community
une **composante** component, element
coupable(s) guilty
dénoncer to denounce
un(e) **dirigeant(e)** leader
empêcher to prevent
l' **engagement** (*m*) participation
éradiquer to eradicate
étendre to widen
le **fanatisme** fanaticism
le **fichage** recording information
l' **homophobie** (*f*) homophobia
impuni(e) unpunished
judiciaire judicial
juif (juive) Jewish
lutter to fight
mettre au courant to inform
mettre en application to apply
mettre un frein to slow down
persécuter to persecute
porter plainte to lodge a complaint
un(e) **pote** mate
un **prédécesseur** predecessor
prôner to advocate
le **rapprochement** reconciliation
rejoindre to join
remplir to fulfil
revendiquer to claim responsibility for
sécurisé(e) secure
souligner to underline
surmonter to overcome
le **terrorisme** terrorism
l' **urbanisme** (*m*) town planning

UNIT 13

L'approfondissement

13.1 **Aspects de la vie familiale et adoption**
13.2 **L'utilisation des réseaux sociaux à des fins criminelles**
13.3 **Volontaires de solidarité internationale**
13.4 **La Belle Époque**

Theme objectives

In this unit you revisit some of the topics covered so far:

- how adoption works in France
- how social media can sometimes be used to criminal ends
- how voluntary organisations operate
- what *La Belle Époque* was and the place that the artist Toulouse-Lautrec had within it

Grammar objectives

You will study and practise the following grammar points:

- recognising and using the passive and also how to avoid it
- recognising and using several pronouns in conjunction with negative forms
- recognising and using different verb tenses in the same sentence
- recognising and using the future perfect and the conditional perfect

Strategy objectives

You will develop the following strategies:

- responding to different styles of spoken language
- taking the initiative in conversations
- managing time in exam tasks
- organising your notes for revision

13.1 Aspects de la vie familiale et adoption

- Étudier l'adoption et d'autres aspects de la vie familiale en France
- Savoir reconnaître et utiliser la forme passive et aussi comment éviter de l'utiliser
- S'adapter à de différents styles de langue parlée

On s'échauffe

1 Travaillez en groupes. Faites la liste des cas où vous recommanderiez l'adoption d'un enfant, comme par exemple en cas d'accident de la route où les deux parents sont tués. Faites aussi la liste des qualités que la personne ou le couple qui veut adopter un enfant devrait avoir.

2 a Lisez l'article sur l'adoption page 241. Que représentent ces chiffres ?

1. 10 000
2. 5 000
3. 8 000
4. 28
5. 15
6. 4 700
7. 20%
8. 3 500

2 b Répondez aux questions en français.

1. Selon l'article, qu'est-ce qui fait souvent penser aux couples à adopter ?
2. Qu'est-ce qui a changé dans l'attitude de la société envers l'adoption ?
3. Est-ce que les entretiens sont vraiment nécessaires à votre avis ? Pourquoi ?
4. Pourquoi faut-il souvent qu'un couple qui a fait une demande d'adoption attende plusieurs années avant d'avoir son enfant ?

Grammaire

La forme passive (Passive form)

Study H16 in the grammar section.

1 In the article on page 241, find :
  a three different examples of the use of the passive form
  b one example of the avoidance of the passive form

2 Write down the phrases in which they appear and translate them into English.

3 What do you notice about the spelling of the past participles?

L'ADOPTION, ÇA MARCHE ?

Lorsque l'enfant tarde à paraître, lorsque la stérilité est un obstacle à la mise en route d'un bébé, de nombreux couples se tournent vers l'adoption. Ils peuvent ainsi connaître la joie d'être parents tout en participant au bonheur d'un enfant. L'adoption, qui était autrefois confidentielle, explose aujourd'hui : en 15 ans, le nombre de couples ayant fait une demande d'adoption a doublé. Plus de 10 000 demandes sont déposées chaque année.

On adore nos enfants !

L'agrément – la première démarche

Elle doit se faire auprès du Service de l'Aide Sociale à l'Enfance (ASE) de votre département. Vous devrez aussi vous rendre aux visites médicales, aux entretiens psychologiques, recevoir à votre domicile des travailleurs sociaux. En France : 8 000 personnes obtiennent l'agrément chaque année.

Qui peut adopter ?

Toute personne adulte, âgée de plus de 28 ans, célibataire ou mariée (à condition d'avoir le consentement du conjoint). La différence d'âge entre les parents adoptifs et l'enfant doit être d'au moins quinze ans. Adressez un premier courrier au président du Conseil Général de votre département. Il vous sera indiqué la procédure à suivre, les documents à réunir, le nombre d'enfants adoptables dans votre département, les grands principes de l'adoption internationale, les noms et adresses des organismes agréés. Vous serez invités à un entretien particulier. Après, vous devrez confirmer par lettre votre souhait d'adopter.

Les entretiens

Vous recevrez la visite d'un travailleur social à domicile. On vous donnera rendez-vous avec un psychologue. Ces entretiens et visites permettront de faire un portrait de la famille adoptante, tant sur le plan matériel et des conditions de vie offertes à l'enfant que sur le plan psychologique et affectif (stabilité, maturité, équilibre psychologique…).

L'adoption nationale

Adopter un enfant en France est plus difficile qu'adopter un enfant venant d'un pays étranger : le nombre de demandes d'adoption est plus élevé que le nombre d'enfants adoptables.

On compte 28 000 parents possédant un agrément, pour 1 200 adoptions nationales par an, et 3 500 adoptions internationales et il faut parfois attendre plusieurs années avant de voir son enfant.

L'adoption internationale

Aujourd'hui, l'adoption internationale représente 80 % de l'adoption en France. Plus de 3 500 enfants étrangers sont adoptés par des familles françaises. Ces enfants viennent de 67 pays.

À qui s'adresser ?

- La Mission d'Adoption Internationale (MAI) et Agence Française de l'adoption (AFA). L'AFA accompagne 17,8% des adoptions internationales.
- Les organismes autorisés pour l'adoption (OAA). Les adoptions par OAA représentent 42,9% des adoptions internationales.
- L'adoption par démarche individuelle. Les adoptions individuelles représentent 37,1% des adoptions internationales.

www.aufeminin.com/info-adoption-enfant-adopter.html

3 a Utilisez *on* pour exprimer le passif d'une façon différente (1 à 4).

1. J'ai été chérie chez moi pendant mon enfance.
2. Nous avons été empêchés de chercher nos frères de sang.
3. Mon cousin avait été adopté quand il était bébé.
4. Nous avons été persuadés de postuler pour l'université.

3 b Maintenant faites le contraire avec les phrases 5 à 8.

5 Pourquoi est-ce qu'on t'a félicitée ?

6 On nous a encouragées à postuler pour ces emplois.

7 On m'a mis dans un internat à cause de mon mauvais comportement.

8 On a incarcéré leur oncle ingrat dans la prison d'Anger.

4 a Écoutez cet extrait d'une émission de radio. Clara, Théo et Manon répondent à la question : Avez-vous été élevé dans une famille traditionnelle ? Qui aurait pu dire cela (1 à 6) : Clara (C), Théo (T) ou Manon (M) ?

1 Comme j'ai passé la plupart de mon temps chez elle et que c'est bien elle qui s'est occupée de moi, c'est un peu normal que je la considère comme ma mère adoptive.

2 Aucun de mes frères ou sœurs n'a fait d'études supérieures.

3 Même maintenant, c'est à elle que je me confie.

4 Comme ils se sentaient tous un peu coupables de m'avoir délaissée, ils ont cédé à tous mes caprices et m'ont donné tout ce que je voulais.

5 Les familles nombreuses, c'est bien jusqu'à un certain point, mais quand on est trop, ça ne peut pas marcher.

6 J'ai trois demi-frères et deux demi-sœurs.

Avez-vous été élevé(e) dans une famille traditionnelle ?

4 b Traduisez ce paragraphe en français.

Because of their young age, they were told that they couldn't yet adopt a child. They were then advised to wait until they reach the age of 28 before applying again. All the same, they were asked to fill in all sorts of forms. They will have to wait for three years before being given the right to adoption. Although both of them were disappointed, they accepted the decision. They are now looking forward to their twenty-eighth birthday and have started to prepare themselves for the day when finally they will be allowed to have a family of their own.

Stratégie

Understanding and responding to different styles of language

- Be aware of levels of formality. The vocabulary used in a politician's speech for example will be quite different from the language used in everyday conversation.
- Respond appropriately. If you are speaking to an adult you do not know well, it is not just a case of using *vous*, but of also using more formal and polite language generally.
- In conversation, people can use slang (*Tu me casses les pieds !*) or *le verlan* (*les meufs* instead of *les femmes*). Sometimes, people drop the *ne* part of the negatives and even change *il* into *y* (*y en a pas* = *il n'y en a pas*) or *tu* into *t* (*t'y vois rien* = *tu n'y vois rien*). Occasionally, consonants are bunched together and make a sound different from the one you expect: *chui pas allé* = *je n'y suis pas allé*.
- Be aware of regional accents too. They often distort vowel sounds. A southerner is also likely to distort nasal sounds, i.e. *-an*, *-on*, *-in* and *-un*.

5 a Decide whether these sentences use formal or informal language.

1 *Discussion politique*

a Il faut toujours qu'on paie plus d'impôts. Moi, je suis pas d'accord. Il y en a marre !

b Nous avons bien compris les raisons que vous avez données mais il semble que ce soit toujours le contribuable qui soit la victime de votre politique.

2 *Achat d'une nouvelle voiture*

a Voici notre dernier modèle. Vous avez six vitesses et la consommation d'essence est inférieure à celle des modèles équivalents d'autres marques.

b Regarde ma nouvelle voiture. Elle est vraiment super. J'en suis vachement content.

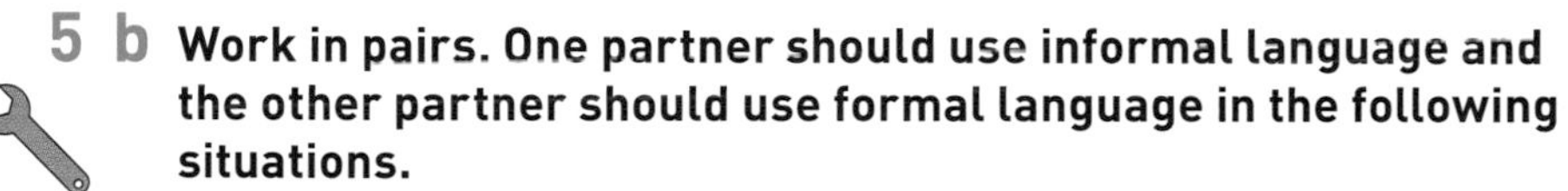

5 b Work in pairs. One partner should use informal language and the other partner should use formal language in the following situations.

1 Vous n'êtes pas satisfait(e) d'un produit que vous avez acheté. Ramenez-le au magasin et demandez à être remboursé(e).

2 Vous êtes dans un petit magasin et venez de payer ce que vous avez acheté. On vous a rendu la mauvaise monnaie.

6 a Faites des recherches pour savoir si le système d'adoption en France est tel qu'il encourage les couples à vouloir adopter un enfant ou si compliqué qu'il risque de les décourager.

6 b Quelles améliorations au système en place pourriez-vous suggérer ? Discutez-en en groupes et prenez des notes de ce que disent les autres étudiants.

6 c Utilisez vos notes pour écrire un paragraphe qui résume ce que vous pensez du système d'adoption actuel en France et la manière dont il pourrait évoluer. Écrivez des phrases complètes et faites attention aux fautes de grammaire !

13.2 L'utilisation des réseaux sociaux à des fins criminelles

- Étudier comment les réseaux sociaux sont parfois utilisés à des fins criminelles
- Savoir reconnaître et utiliser plusieurs pronoms en conjonction avec des formes négatives
- Prendre l'initiative pour relancer la conversation

On s'échauffe

1 **En groupe, discutez de la manière dont vous utilisez les réseaux sociaux. Faites la liste des avantages qu'ils présentent. Discutez aussi des problèmes associés à leur utilisation. Faites une deuxième liste. Commencez par le problème le moins grave et finissez par celui que vous considérez le plus grave.**

Quels sont les dangers que représentent les réseaux sociaux ?

Julien
Aujourd'hui, 11:10

Je connais quelqu'un qui a répondu à une annonce pour un emploi d'agent de transferts bancaires. On ne le lui a pas offert parce qu'il a refusé de passer ses données bancaires. Après y avoir réfléchi, il a retéléphoné et on lui a expliqué qu'il recevrait un salaire de base et aussi une commission pour chaque transaction effectuée. Il ne s'est pas rendu compte qu'on lui demandait de faire du blanchiment d'argent. Il recevait des chèques qu'il devait mettre dans son compte à lui. Il les transférait ensuite dans un compte bancaire qui était toujours dans un pays étranger. Lors d'une investigation policière concernant un trafic de drogues, il a été arrêté et poursuivi en justice pour sa contribution à ces actes criminels.

Irène
Hier, 18:43

Certains criminels ont eu l'idée d'essayer de savoir si telle ou telle personne avait l'intention de sortir au cinéma par exemple et par conséquent de laisser sa maison vide, ce qui leur permettrait de cambrioler sa propriété sans risques d'être surpris. Ce n'est pas une technique qui est toute nouvelle mais elle continue de bien marcher. C'est tout à fait simple. On fait semblant d'être votre ami et on espère que vous accepterez l'invitation. Des invitations comme ça, on ne vous les fait que pour vous prendre vos biens.

Albert
Lundi, 17:58

L'hameçonnage et l'appâtage par courriel mènent à l'arnaque, faites-y bien attention. Il est facile de s'y faire prendre. Vos détails bancaires ? On ne vous les demandera jamais mais on vous annoncera par exemple que vous avez gagné le premier prix (d'un concours auquel vous n'avez pas participé !). Toutes les excuses sont bonnes pour avoir accès à vos données personnelles. Soyez certain toutefois que si vous mordez à l'hameçon, vous risquez fort de vous en mordre les doigts plus tard.

Fatima
Lundi, 08:35

Ces réseaux sont potentiellement des outils de manipulation. Les jeunes en particulier peuvent facilement être manipulés et même radicalisés et devenir dangereux. On s'en fait des amis, on leur promet l'appartenance à un groupe qui prendra soin d'eux mais leur donnera aussi un but dans la vie. Du travail ? Non, on ne leur en donnera pas. Ce qu'ils recevront, c'est de l'argent, de l'alcool, des drogues. Ils auront bientôt une nouvelle 'famille' qui peu à peu va les convaincre de commettre des actes criminels, mais que c'est pour une cause juste et que de toutes façons, leur nouvelle famille sera là pour les soutenir.

Henri
Dimanche, 17:09

Je connais quelqu'un dont le jeune voisin s'est fait radicaliser par l'intermédiaire des réseaux sociaux et personne ne sait par qui. Tout ce qu'on sait, c'est qu'il est parti à l'étranger sans rien dire à personne et qu'il a récemment contacté sa famille simplement pour leur dire que tout allait bien, que le monde était en train de changer et qu'il avait un rôle à jouer en cela. Il a certainement été convaincu par des arguments politiques ou religieux et sa famille a bien peur qu'un de ces jours, on leur annonce de mauvaises nouvelles à son sujet.

2 a  **Lisez les contributions à un forum de discussion sur l'utilisation pernicieuse des réseaux sociaux et trouvez des synonymes aux expressions suivantes.**

1 les détails de son compte en banque
2 il n'a pas réalisé
3 le fait de mettre de l'argent acquis illégalement dans un compte bancaire à l'étranger
4 entrer dans une résidence par effraction avec l'intention de voler
5 ce que fait un poisson qui se fait prendre par un pécheur
6 regretter quelque chose
7 s'occuper de quelqu'un
8 à propos de lui

2 b Relisez les contributions au forum de discussion. Choisissez la bonne lettre (A, B ou C) pour chacune de ces phrases (1 à 8).

1 A Julien... B Albert... C Irène...
...connaît quelqu'un qui ne voulait pas dévoiler ses coordonnées bancaires à un inconnu.

2 Le copain de Julien a été condamné parce qu'il...
A ...travaillait au noir dans une banque.
B ...était trafiquant de drogues.
C ...était impliqué indirectement dans un trafic de drogues.

3 A Julien... B Albert... C Irène...
...comprend bien l'ingéniosité des criminels qui cherchent à vous faire sortir de chez vous afin de pouvoir voler ce qui vous appartient.

4 Irène...
A ...a des amis qui sont cambrioleurs.
B ...nous explique comment marche cette arnaque.
C ...a été surprise par l'invitation qu'elle a reçue.

5 Albert...
   A ...recommande de ne jamais donner ses détails bancaires.
   B ...nous dit de bien faire attention de ne pas se faire prendre.
   C ...s'inquiète de la radicalisation des adultes.
6 L'hameçonnage consiste à obtenir de vous...
   A ...un maximum de vos données personnelles.
   B ...les détails de votre compte en banque.
   C ...quelque chose que vous regretterez plus tard.
7 A Albert... B Fatima... C Julien...
   ...s'inquiète du besoin qu'ont certains jeunes de se sentir acceptés.
8 Fatima...
   A ...condamne les méthodes de manipulation utilisées par certains groupes.
   B ...trouve qu'il est important de donner aux jeunes un but dans la vie.
   C ...s'inquiète du danger que représentent les jeunes.

Grammaire

Pronoms en conjonction avec des formes négatives (Pronouns used with negative forms)

Study J in the grammar section.

1 In the article on pages 244–45, there are four different examples of a combination of pronouns used in conjunction with a negative form. List the phrases in which they appear and translate them into English.
2 What do you notice about the word order?

3 Trouvez les bonnes formes négatives dans la case pour remplir les blancs dans les phrases ci-dessous.

ne pas	**ne pas**	**ne guère**
personne ne	**n' rien**	**ne aucunement**
ne jamais	**ne nullement**	**ne jamais**

1 On .... leur a .... dit de telles choses sur les sites sociaux !
2 Je .... ai .... vu de la sorte sur Facebook.
3 Elle .... nous les a .... encore montrés.
4 Tu .... nous as .... envoyé de nouvelles pendant ton incarcération.
5 Votre procès verbal ? Vous .... l'avez .... mérité.
6 .... nous en a parlé récemment.
7 Les preuves ? – La police .... les leur rendra .... encore.
8 Je .... vous en blâme ....

4 a Les dangers des réseaux sociaux. Écoutez cette conversation entre Lucie et Max qui parlent de pornographie et des dangers associés à l'utilisation des réseaux sociaux et écrivez les lettres des quatre phrases qui sont vraies.

a Lucie trouve révoltant le fait qu'on puisse librement regarder des images porno sur Internet.
b Max en est étonné car cela est illégal.

c Les chaînes de télé porno encouragent une certaine forme de prostitution.
d Max décrit les méthodes de séduction des jeunes filles qui seront plus tard exploitées sexuellement.
e À cause du chantage qu'on leur fait, elles se retrouvent coincées dans un monde dont elles ne peuvent pas s'échapper.
f Lucie a vu une photo d'une amie nue sur Facebook.
g Dans une chatroom ou sur un site web de rencontres, on s'expose à beaucoup moins de risques.
h La manière dont Max considère les progrès technologiques est un peu naïve.

4 b Écoutez la conversation encore une fois et écrivez un résumé de :

- ce que Lucie trouve dégoûtant (1 détail)
- la raison pour laquelle Max ne trouve pas cela surprenant (1 détail)
- la manière dont les jeunes filles sont séduites avant d'être exploitées (3 détails)
- la raison pour laquelle il est difficile de se sortir de l'exploitation sexuelle.

N'oubliez pas d'écrire des phrases complètes en bon français.

4 c Traduisez ce paragraphe en français.

Social networks are useful when they are used by people who are honest. Unfortunately, one has to be very careful because they can also be tools that allow some to exploit others, rob them or even radicalise them. Vulnerable people are often targeted and it is relatively easy to convince them to give their personal details to strangers who then use them to criminal ends. Those who perpetrate such criminal acts have become more sophisticated in the way they present their argument and anyone can be caught. Young people in particular have to be warned of the potential dangers of social networks.

Stratégie

Taking the initiative in conversation

- When you answer a question in conversation, always try to give a developed answer i.e. a direct answer plus other details such as a reason, justification or an opinion.
- Taking the initiative means that, having given a developed answer, you then proceed by adding another element to your answer that is not directly connected to the original question but is however of some relevance, e.g. *Pensez-vous qu'on devrait limiter l'accès qu'ont les enfants à Internet ? Oui, parce que... Je crois aussi qu'il est important de ne pas les encourager à trop dépendre de la technologie en général.*
- The example above shows how to take the initiative and continue the conversation on a related topic, in this case on children's use of mobile phones or television for instance.
- Taking the initiative is important as it will allow you to make a more substantial contribution to the conversation.

5 a Discutez avec les membres de votre groupe des questions ci-dessous. Lorsque vous y répondez, n'oubliez pas de développer vos réponses et de prendre l'initiative en appliquant la stratégie ci-dessus. Prenez des notes sur ce que disent les autres étudiants.

- À votre avis, quels sont les problèmes associés à l'utilisation pernicieuse des réseaux sociaux qui sont les plus graves ?
- Quelles solutions pourrait-on apporter à certains de ces problèmes ?

5 b Utilisez vos notes pour écrire un paragraphe qui offre une solution à un problème de votre choix.

13.3 Volontaires de solidarité internationale

- Étudier comment fonctionnent les organismes de volontariat
- Savoir reconnaître et utiliser des verbes à des temps différents dans la même phrase
- Gérer le temps en conditions d'examen

On s'échauffe

1 Quelle différence faites-vous entre le bénévolat et le volontariat?
Faites-vous du travail bénévole ? Racontez vos expériences (ou celle de quelqu'un d'autre) à un(e) autre étudiant(e). Demandez-lui ce qu'il/elle en pense.
Aimeriez-vous prendre une année sabbatique à la fin de vos études pour faire du volontariat ? Pourquoi ?

2 a Lisez le blog sur le typhon aux Philippines. Choisissez le bon titre (a à j) pour chacun des paragraphes 1 à 8. Attention ! il y a deux titres de trop.

a Là où nous en sommes
b Relance de l'économie locale
c Critères de sélection pour la mission
d Ne confondons pas l'aide avec la charité !
e L'utilité des liens entre différents organismes de volontariat
f Réponse à l'urgence immédiate
g L'union fait la force !
h Ce sur quoi la mission s'est concentrée
i C'est un travail d'équipe
j Ce qui nous a permis d'agir vite et mieux

2 b Relisez le blog et répondez aux questions suivantes.

1 Comment est-ce que le VSI sélectionne ses volontaires ?
2 Comment le rôle d'Enfants du Mékong a-t-il changé ?
3 Quelle est l'importance respective des trois projets sur lesquels le VSI a choisi de se focaliser ?
4 Comment est-ce que le contexte de l'aide apportée aux victimes a changé après le mois de mai 2014 ?
5 Dans quelle mesure est-ce que le parrainage d'enfants a aidé le VSI à focaliser son aide ?
6 Comment est-ce que le VSI a encouragé le « bayanihan » ?
7 Qu'a fait le VSI pour préserver la dignité et la fierté des victimes du typhon ?
8 Quelles ont été les conséquences positives de cette participation à la reconstruction ?

2 c Cherchez le VSI sur Internet. L'organisation s'occupe de quels projets en ce moment ? Choisissez un de ces projets et prenez des notes sur la manière dont l'organisation :

- établit la pertinence et la faisabilité du projet
- recrute pour le projet
- réalise le projet
- évalue le travail accompli

Typhon aux Philippines

1 On est trois Volontaires de Solidarité Internationale (VSI) qui intervenons sur les zones affectées par le typhon Haiyan. On nous a choisis pour nos expériences professionnelles diversifiées et notre motivation commune d'aider le peuple philippin après le typhon. Cela nous a conduits sur une mission commune portée par Enfants du Mékong.

Notre mission en tant que VSI

2 Notre mission aura été d'aider les populations qui ont été fortement affectées par le typhon Haiyan qui a dévasté les Philippines le 8 novembre 2013, affectant la région des Visayas. Enfants du Mékong, présent depuis 1997 aux Philippines et soutenant les enfants par du parrainage scolaire, a souhaité venir en aide aux familles dans les zones où nous avions déjà établi des contacts grâce au parrainage.

3 Nous nous sommes focalisés sur trois types de projet :

- reconstruction et réparation de l'habitat
- reconstruction d'écoles
- projets de relance économique au niveau local pour des agriculteurs

4 Après avoir agi dans un contexte de post-urgence jusqu'en avril-mai 2014, nous sommes aujourd'hui plus dans une phase de développement. Nous nous impliquons par exemple dans la distribution de l'eau pour les habitants ou encore la construction d'un pont piéton.

Comment les volontaires d'Enfants du Mékong ont contribué à la réponse post-typhon

5 Notre principal atout était notre réseau local déjà établi dans les zones affectées par le typhon grâce au parrainage d'enfants et cela nous a permis d'identifier les besoins des philippins et de réagir rapidement.

6 Le principal pilier de notre réponse suite au typhon a été ce que l'on appelle le « bayanihan ». Ce terme philippin désigne l'esprit communautaire au sein des habitants d'un quartier. Nous souhaitions développer une entraide au sein des communautés que nous aidions. Dans tous nos projets, nous avons fait attention à impliquer au maximum les familles bénéficiaires et même des non-bénéficiaires.

7 Cela pour plusieurs raisons. Tout d'abord, nous ne souhaitions pas que les bénéficiaires se sentent assistés, il nous semblait important pour leur dignité et leur fierté d'être eux-mêmes acteurs de la reconstruction. Il nous semblait également légitime de leur demander une contrepartie, qui ne pouvait être financière mais en heures de travail.

8 Enfin, c'est également un moyen pour améliorer et renforcer les liens du voisinage, chacun pouvant apprendre des autres. Dans de nombreux endroits où nous avons reconstruit des maisons, les pères de familles ont appris de nouvelles techniques de construction en participant à la reconstruction.

http://volontairepourquoipasvous.blog.youphil.com/

2 d Écrivez un résumé des renseignements que vous avez trouvés sur le projet de votre choix.

Grammaire

L'utilisation des verbes à des temps différents dans la même phrase

Study H22 in the grammar section.

1 In the blog on page 249 there are six examples of sentences that contain a mix of tenses. Note down these sentences and translate them.
2 How are the two parts of the sentence linked?

3 a Ponctuez les phrases suivantes, y compris les accents. Identifiez le temps des verbes utilisés.

1 jusquen1950lafranceavaitetelecentredumondefrancophoneartistiquemaistoutachange
2 legouvernementfrancaisadufairepasseruneloipourquesuffisammentdemusiquefrancaisse fasseentendrealaradio
3 onnauraitjamaispensequunphenomenecommelesautomistesauraituntelsuccès
4 etlesplasticiensaucanadaontmontrequelepaysnetaitplusuntrouperdumusical
5 lemouvementnegritudeenafriquedemontrecommentlesanciennescoloniesonteubeaucoup aoffriraumondemoderne
6 etcotemodernitecemouvemenafricainnauraitpaspuémergersanslesordisetlesportables pourgarderlespeuplesencontact
7 pensonsparexemplealemergencedegrandstalentscommeleopoldsedaretsengharqui allaientepaterlesbourgeoiscommeondisaitdansletemps
8 lesballadesromantiquesalanciennecontinuerontprobablementaavoirleurplacemaisun mondedeplusenplustechniquecontinueraademanderdelamusiquedumemegenre

3 b Translate into English the sentences in exercise 3a, paying attention to the tenses of the verbs.

4 a Un volontaire parle de son travail. Écoutez l'interview d'un des volontaires qui est allé aider les habitants des Philippines suite au typhon Haiyan. Complétez les phrases 1 à 8 en choisissant chaque fois la bonne réponse (a à j). Attention ! il y a deux lettres de trop.

1 Les ONG sont...
2 La reconstruction des habitations a été...
3 La reconstruction des écoles a été...
4 Les pêcheurs et les agriculteurs ont reçu...
5 Les petites entreprises ont reçu...
6 Ceux qui veulent un emploi...
7 Le paysage philippin est...
8 Il reste beaucoup à faire pour s'assurer que...

a ...méconnaissable lorsqu'on se souvient de la dévastation créée par le typhon.
b ...une organisation non gouvernementale à but non lucratif et d'intérêt public.
c ...tout ce dont ils avaient besoin pour continuer à exercer leur métier.
d ...l'activité économique perdure.
e ...un petit capital suffisant pour les faire repartir.
f ...peuvent maintenant en trouver un à temps plein et, de ce fait, avoir assez pour nourrir leur famille.
g ...la plus efficace dans les endroits relativement faciles d'accès.
h ...peuvent en trouver un même s'il n'est pas aussi lucratif qu'ils le souhaiteraient.
i ...ce qui a été fait n'ait pas été en vain.
j ...un succès partiel car certaines étaient trop loin de tout.

4 b Traduisez ce paragraphe en français.

Project Haiyan now complete

It is essential that new projects are put in place so that the work that has already been done can be consolidated. Many voluntary organisations have worked hand in hand to help the inhabitants of the Philippines and have mainly succeeded in the reconstruction of the infrastructure of the country. It is now possible for those who had lost everything to start again, as they have been given not only a roof but also a part-time job if they want it. Congratulations and all our thanks to all the volunteers!

La réconstruction aux Philippines

Stratégie

Managing time in exam tasks

- In part 1 of the oral exam you have 5 minutes to prepare your chosen stimulus card. You must discuss this with your teacher-examiner for 5–6 minutes. In part 2 of the oral exam you have 2 minutes to deliver a presentation of your choice. Rehearse it thoroughly and time yourself. Make the necessary amendments to your presentation so that you can complete it in the time allocated.
- In paper 1, you have 2 hours 30 minutes to complete listening and reading/writing tasks. You have control of the audio yourself and you can play back the listening material as many times as you wish, but note that you should spend only about 45 minutes on this section.
- You have about 1 hour 45 minutes to complete the reading/writing part of paper 1. Take a few minutes to look through the paper and allot each task an amount of time of your choice. Try to stick to your plan.
- In paper 2, you have 2 hours to answer two questions, one on literature and one on a film or two on literature. Remember to allow sufficient time to write a plan for each answer and also to check what you have written, i.e. grammatical accuracy, complexity of ideas, use of structures, variety of vocabulary.

5 a Discutez des questions ci-dessous avec les membres de votre groupe.

- Que pensez-vous des organismes de volontariat ?
- Aimeriez-vous vous porter volontaire ? Pourquoi (pas) ?
- Quelles sont les qualités que vous possédez qui pourraient être utiles à un projet tel que le projet Haiyan ?
- Quels sont les bénéfices que personnellement vous en tireriez ?
- Si possible, cherchez un projet actuel où vous aimeriez aider. Expliquez pourquoi.

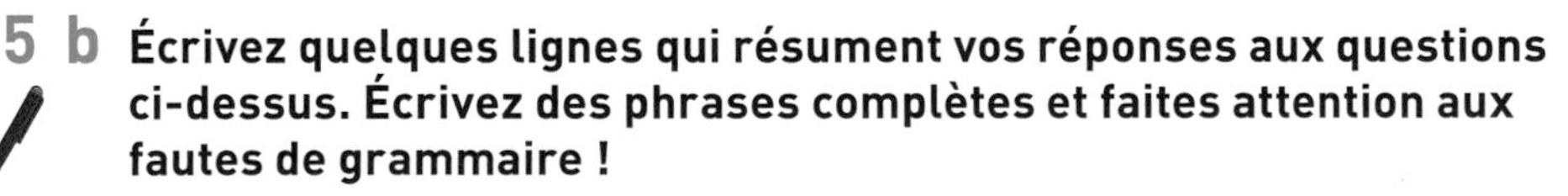

5 b Écrivez quelques lignes qui résument vos réponses aux questions ci-dessus. Écrivez des phrases complètes et faites attention aux fautes de grammaire !

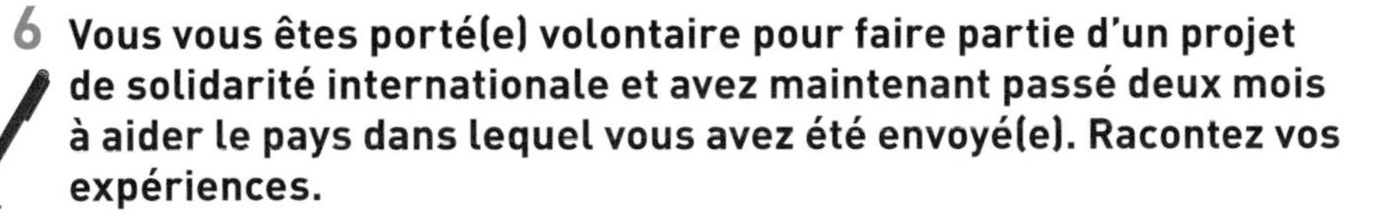

6 Vous vous êtes porté(e) volontaire pour faire partie d'un projet de solidarité internationale et avez maintenant passé deux mois à aider le pays dans lequel vous avez été envoyé(e). Racontez vos expériences.

13.4 La Belle Époque

- Étudier ce qu'était « La Belle Époque » et la place qu'y a tenu l'artiste Toulouse-Lautrec
- Savoir reconnaître et utiliser le futur antérieur et le conditionnel passé
- Organiser ses notes pour mieux réviser

On s'échauffe

1 Que savez-vous de Toulouse-Lautrec ? Faites des recherches sur Internet pour trouver quelques renseignements sur ce personnage.

- **Qui était-il ?**
- **À quelle période a-t-il vécu ?**
- **Comment est-il devenu connu ?**
- **Quelles difficultés a-t-il dû surmonter ?**

Échangez les renseignements que vous avez trouvés avec les membres de votre groupe.

2 a Lisez l'article à la page suivante. Trouvez dans l'article des synonymes pour les mots et les expressions suivantes.

1 l'apparition, l'événement
2 construire
3 aller à une représentation
4 un pardessus en peau d'animal
5 s'efforcer
6 l'arrondissement
7 une vitesse incroyable
8 chercher à intéresser

2 b Relisez l'article. Pour chaque phrases ci-dessous, écrivez vrai (V), faux (F) ou non donné (ND).

1 La Belle Époque a duré une bonne quarantaine d'années.
2 La France était un des pays les plus prospères d'Europe à ce moment-là.
3 Paris est devenu le point focal de cette éclosion d'optimisme.
4 Tout le monde voulait être à la mode et portait un manteau de fourrure.
5 La classe bourgeoise vivait en harmonie avec la classe ouvrière dans les banlieues.
6 Les progrès de la technologie étaient impressionnants par leur rapidité.
7 En ce qui concerne la peinture, l'impressionnisme semblait désormais dépassé.
8 La société aurait certainement continué de changer si la première guerre mondiale n'avait pas éclaté.

La Belle Époque

La Belle Époque commence à la fin de la guerre franco-prussienne en 1871 et se termine lorsque la première guerre mondiale se déclare.

Ce sera une période de paix et de stabilité politique caractérisée par l'optimisme, la prospérité économique, les développements scientifiques et technologiques et l'éclosion de nouveaux mouvements artistiques.

Paris en particulier aura été au cœur de ce renouveau de joie de vivre dont la France avait tant besoin. La tour Eiffel, qui deviendra le symbole de la capitale sera érigée en 1889. Ce sera aussi le moment où le Casino de Paris ouvrira ses portes, ainsi que le Moulin Rouge et les Folies Bergères, trois endroits où les gens viendront se distraire ou assister aux spectacles de cancan par exemple, une danse populaire illustrée dans les posters de Toulouse-Lautrec.

Le chef d'œuvre de Gustave Eiffel

La mode apparaîtra sous toutes ses formes. La haute couture et les manteaux de fourrure, pour ceux qui pouvaient se les permettre, seront de plus en plus en évidence. Les grands hôtels et les fameux restaurants s'ingénieront à attirer les clients riches. Le champagne (une boisson qui vient d'être inventée) coulera à flot !

Tout ce luxe aurait pu être le lot de tous. Le 'Tout Paris' alors aurait été une réalité. Le travailleur toutefois n'aurait pas eu les moyens de vivre dans les quartiers riches du centre. On le retrouvera en banlieue car les classes sociales ne se mélangent pas.

La fin du siècle aura vu l'invention de la voiture, mais il faudra attendre le vingtième siècle pour que l'aviation fasse ses premiers pas. Les inventions technologiques se succèderont à une allure vertigineuse. Après le téléphone et le télégraphe, ce sera le tour de la photo et de la lumière électrique. Les premiers essais cinématographiques verront aussi le jour.

Au niveau des arts, on parle de mouvements postimpressionniste, fauviste, cubiste et abstrait. Question musique et littérature, on abandonnera aussi le classicisme pour des formes modernes qui viseront le grand public.

La Belle Époque sera malheureusement interrompue par la guerre en 1914. Elle aura tout de même marqué une période de changements importants dans la société française.

Grammaire

Le futur antérieur et le conditionnel passé (Future perfect and conditional perfect)

Study H9 and H12 in the grammar section.

1 In the encyclopaedia extract on page 253, find:

a four different examples of verbs used in the future perfect

b three examples of verbs used in the conditional perfect

2 Note down the phrases in which they appear and translate them into English.

3 Changez chaque infinitif en italique pour mettre la bonne forme du temps indiqué entre parenthèses.

1 La Belle Époque *durer* plus de quarante ans. (*future perfect*)

2 Vous *passer* quelques heures à Montmartre, je suppose ? (*future perfect*)

3 Après ma visite, j'*avoir* une meilleure idée de ce milieu artistique. (*future perfect*)

4 Tu (*f*) *rentrer* de Montmartre avec des idées pour ta propre œuvre ? (*future perfect*)

5 Le prince de Galles *être* actif dans l'établissement de l'entente cordiale. (*conditional perfect*)

6 Toulouse-Lautrec *aller* à Paris pour prouver son talent à son père. (*future perfect*)

7 Mais, au début, Toulouse-Lautrec n'*avoir* aucune idée de sa future renommée mondiale. (*conditional perfect*)

8 Je m'*immerser* dans l'ambiance artistique de Montmartre. (*conditional perfect*)

4 a L'exposition Toulouse-Lautrec. Écoutez cette conversation entre amis (Jules, Alexandre et Charlotte) qui discutent de l'exposition de Toulouse-Lautrec qu'ils ont visitée. Jules ouvre la conversation. Répondez aux questions suivantes.

1 Qu'est-ce qui a surpris Alexandre ?

2 Qu'est-ce que le Moulin Rouge symbolise ?

3 Pourquoi Toulouse-Lautrec a-t-il fait tant de portraits de femmes prostituées ?

4 Qu'est-ce qui a poussé Toulouse-Lautrec vers l'alcoolisme ?

5 Comment Jules explique-t-il le fait que Toulouse-Lautrec s'intéressait aux prostituées ?

6 Selon Charlotte, qu'est-ce qui fait que Toulouse-Lautrec est un artiste complet ?

7 Comment Jules définit-il l'Art Nouveau ?

8 Qu'est-ce que ce mouvement artistique a d'impressionnant ?

4 b Écoutez la conversation encore une fois et complétez le paragraphe suivant en choisissant les bons mots dans la case. Attention ! il y a deux mots de trop.

Le tableau *Jane Avril dansant* de Toulouse-Lautrec

Toulouse-Lautrec aura été un **1**.......... qui a su faire **2**.......... l'optimisme de l'époque à laquelle il a vécu. Il a aussi fait beaucoup de portraits de **3**.......... . Il est bien connu qu'il était **4**.......... de bien de prostituées et cette classe sociale le fascinait. S'il n'avait pas été **5**.......... de nanisme, il aurait peut-être eu une attitude différente envers les femmes et cela aurait sans doute changé sa manière de voir le monde et son **6**.......... de le peindre. Il a aussi créé un grand nombre de posters qui étaient, à l'époque, une nouvelle forme d'art. S'il n'était pas **7**.......... si jeune, il aurait certainement continué à marquer la Belle Époque de son **8**.......... artistique.

mort	**peintre**	**passer**	**femmes**	**client**
atteint	**contribution**	**Paris**	**désir**	**empreinte**

4 c Translate the following passage into English.

La vie de Toulouse-Lautrec

Henri de Toulouse-Lautrec, né en 1864 à Albi, n'aura vécu que trente-six ans. Comme cela se passait occasionnellement dans les familles aristocratiques, son père et sa mère, qui étaient cousins au premier degré, se sont mariés et ont eu deux enfants dont Henri qui plus tard a souffert d'une maladie congénitale qui affecte le développement des os. Il se lance toutefois dans une vie artistique à Paris. Malheureusement, il commence à trop boire et à fréquenter les prostituées, ce qui le rendra alcoolique et lui donnera la syphilis. Henri nous a laissé en héritage ses peintures et ses posters. On ne peut qu'imaginer ce qu'aurait été sa contribution au monde artistique s'il avait vécu jusqu'à un âge plus avancé.

Stratégie

Organising your notes for revision

- Take notes on the points that matter. Write legibly and underline or use highlighter pens to further stress the importance of each point.
- Use bullet points, keywords, pictures, connecting lines, coloured pens. The visual element has a part to play when we try to remember specific points.
- Use different methods for different purposes, e.g. grammar, vocabulary, notes for your oral presentation, but remain consistent in the way you organise yourself.
- If you have access to a computer, transfer your notes to different folders. Use different files within each folder.

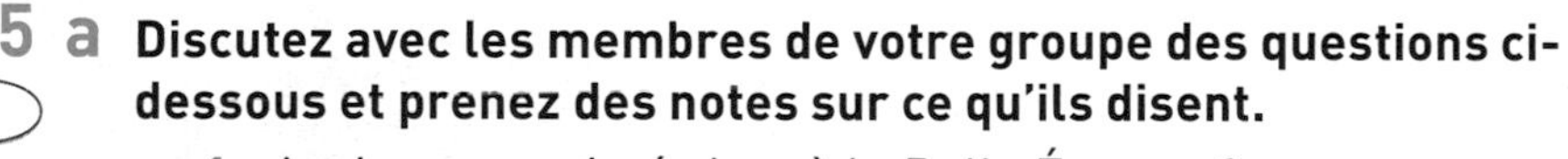

5 a Discutez avec les membres de votre groupe des questions ci-dessous et prenez des notes sur ce qu'ils disent.

1. Auriez-vous aimé vivre à la Belle Époque ?
2. Dans quelle mesure votre vie aurait-elle été différente de ce qu'elle est ?
3. S'il était possible de revenir en arrière, qu'est-ce qui vous manquerait le plus ? Donnez vos raisons.
4. Pourquoi pensez-vous que les Français considèrent que la Belle Époque est un moment dont il y a lieu d'être fier ?

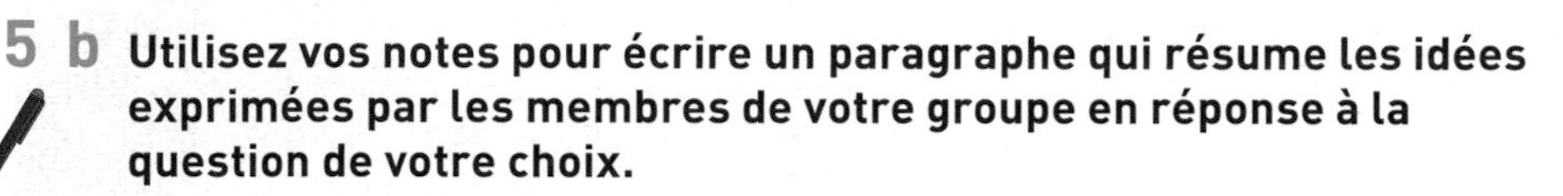

5 b Utilisez vos notes pour écrire un paragraphe qui résume les idées exprimées par les membres de votre groupe en réponse à la question de votre choix.

Vocabulaire

13.1 Aspects de la vie familiale et adoption

agréé(e) registered, recognised
un **agrément** approval
célibataire single
de façon intermittente intermittently
une **demande** application
à votre domicile at your house
élever to bring up
un **entretien** interview
en veux-tu en voilà in large numbers
l' **enfance** (*f*) childhood
être en mesure de to be able to
être fou de to be mad about
faire des bêtises to do silly things
gâter to spoil
négliger to neglect
une **nourrice** childminder
s' **occuper de** to look after
se **souvenir** to remember
taper sur les nerfs to get on someone's nerves
tenir à quelqu'un to love someone
tomber enceinte to fall pregnant

13.2 L'utilisation des réseaux sociaux à des fins criminelles

l' **appâtage** (*m*) phishing
une **arnaque** swindle, scam
le **blanchiment d'argent** money laundering
coincé(e) stuck
un **compte** account
convaincre to convince
les **coordonnées bancaires** (*f pl*) bank details
dévoiler to reveal
les **données bancaires** (*f pl*) bank account ID
les **données personnelles** (*f pl*) personal data
un **engrenage** spiral
enlever to kidnap
être impliqué(e) to be implicated
escroquer to swindle
faire du chantage to blackmail
se **faire prendre** to get caught
faire semblant to pretend
fournir to provide
l' **hameçonnage** (*m*) phishing
un **inconnu** stranger
s'en **mordre les doigts** to regret bitterly
un **outil** tool
poursuivre en justice to sue
prendre soin to take care
la **propriété** home
le **transfert de fonds** money transfer
voler to steal
vos biens your property, what is yours

13.3 Volontaires de solidarité internationale

anéantir to annihilate, wipe out
une **année sabbatique** sabbatical year
au sein de within
confondre to confuse
la **contrepartie** compensation
l' **élevage** (*m*) breeding
éloigné(e) far
l' **entraide** (*f*) mutual assistance
un **esprit communautaire** community spirit
la **fierté** pride
la **graine** seed
s' **impliquer** to get involved
un **organisme de volontariat** voluntary organisation
le **parrainage** sponsoring
le **paysage** landscape
une **pièce** room
un **pilier** pillar
reculé(e) remote
la **relance économique** economic stimulus plan
solidifier to solidify, to strengthen
tirer le bilan to make an assessment
la **tôle** sheet metal

13.4 La Belle Époque

abstrait(e) abstract
une **allure** speed
assister to be at, to see
un **bijou** jewel
la **classe bourgeoise** middle class
la **classe ouvrière** working class
la **couche sociale** social class
couler à flot to flow like water
se **déclarer** to break out (war)
dépassé(e) outmoded
dépeindre to depict
se **distraire** to have fun
éclater to break out (war)
l' **éclosion** (*f*) blooming, hatching
ériger to erect
faire ses premiers pas to take one's first steps
le **grand public** the general public
le **manteau de fourrure** fur coat
un(e) **nain(e)** dwarf
noyer son chagrin to drown one's sorrows
la **paix** peace
passionnant(e) exciting
peindre to paint
un(e) **peintre** painter
pouvoir se permettre to afford
le **renouveau** renewal
un **siècle** century
se **succéder** to follow
surmonter to overcome
un **tableau** painting
vertigineux (-euse) breathtaking

Grammar

The following grammar summary includes all the grammar points required for the AS and A-level AQA French examinations. If more detailed grammatical information is required, *Action Grammaire! New Advanced French Grammar* by Phil Turk and Geneviève García Vandaele (Hodder Education) is a useful reference.

Grammar section index

A Nouns and articles

A1 Gender of nouns

Nouns are the naming words we apply to people and other (living) creatures, things and places. There are two types of articles, **definite** and **indefinite** articles. The French definite articles, *le*, *la*, *l'* and *les* correspond to the English *the*. The French indefinite articles *un*, *une* and *des* are the equivalent of the English *a*, *an* and *some*.

A1.1

French has two genders, *masculine* and *feminine*. A person or animal normally takes the gender of the animal or person we are talking about:

un chien (*m*) *une chienne* (*f*)

un conducteur (*m*) *une conductrice* (*f*)

Note: many nouns referring to animals have only one gender:

un papillon *un serpent*

une souris *une tortue* *une girafe*

A1.2

With an object or an idea, the gender is simply grammatical:

une *souris* but **un** *rat*

un *foulard* but **une** *écharpe* (= two sorts of scarf)

la *religion* but **le** *christianisme*

A1.3

Grammar decides which gender a noun is, but you will have some help, since there are certain noun endings that are generally either masculine or feminine.

Generally masculine endings

- *-(i)er — fermier, gibier, berger, verger*
- *-et — projet, rejet*
- *-isme — internationalisme, optimisme*
- *-t — chat, bienfait*
- *-eur — acteur, menteur, proviseur*
- *-age* (more than two syllables) — *courage, marécage*
- *-ment* (more than two syllables) — *froment, serment*

Generally feminine endings

- *-e — ferme, marche*
- *-té — bonté, santé*
- *-ée — chaussée, cheminée*
- *-ère — commère*
- *-ière — filière*
- *-erie — épicerie, camaraderie, rêverie*
- *-ette — fillette*
- *-(t)ion — globalisation, station*

Almost all rules have exceptions. It is worth writing up the exceptions you come across for each ending. The nouns whose gender causes most difficulty are those ending in **-e**, but which are masculine. Here is a list of the most common:

acte	*genre*	*règne*
adverbe	*groupe*	*remède*
beurre	*incendie*	*reste*
caractère	*kiosque*	*rêve*
casque	*lycée*	*réverbère*
centre	*magazine*	*ridicule*
cercle	*malaise*	*risque*
chèque	*manque*	*rôle*
chiffre	*masque*	*royaume*
cimetière	*massacre*	*sable*
cirque	*mélange*	*service*
coffre	*mensonge*	*sexe*
collège	*meuble*	*siècle*
commerce	*monde*	*signe*
compte	*monopole*	*silence*
conte	*musée*	*squelette*
contrôle	*nombre*	*stade*
costume	*organe*	*style*
derrière	*parapluie*	*symbole*
dialogue	*pétrole*	*texte*
disque	*peuple*	*timbre*
divorce	*pique-nique*	*triomphe*
domaine	*pôle*	*type*
doute	*portefeuille*	*ulcère*
drame	*principe*	*véhicule*
exemple	*problème*	*verbe*
fleuve	*proverbe*	*verre*
génie	*refuge*	

A2 Plurals of nouns

Just as in English, the great majority of nouns form their plural with the ending **-s**:

des députés *des rats* *des remèdes*

les maisons *les circonstances*

A2.1

Nouns that end in **-s**, **-x** or **-z** in the singular form stay the same in the plural form.

une fois – des fois	once, sometimes
une croix – des croix	a cross, crosses
un gaz – des gaz	a gas, gasses

Nouns ending in **-(e)au** or **-eu** add an **-x** in the plural form:

un chapeau → des chapeaux	a hat, hats
un feu → des feux	a fire, fires

Exceptions: *bleus* (bruises), *pneus* (tyres).

The plural of nouns ending in **-al** is **-aux**:

un cheval → des chevaux	a horse, horses

Exceptions: *carnavals* (carnivals), *récitals* (recitals), *festivals* (festivals).

A2.2

There are some nouns ending in **-ail** and **-ou** whose plurals are **-aux** and **-oux**:

soupirail → soupiraux	basement window, windows
travail → travaux	work, (road)works
vitrail → vitraux	stained-glass window, windows
bijou → bijoux	jewel, jewels
caillou → cailloux	pebble, pebbles
chou → choux	cabbage, cabbages
genou → genoux	knee, knees

A2.3

There are some common nouns that are only used in the plural form:

ciseaux	scissors
fiançailles	engagement
frais	costs, expenses
lunettes	glasses, spectacles
mœurs	customs
vacances	holidays

Note: the nouns, *devoir* and *échec* change their meaning, when used in the plural:

un devoir	a duty	*des devoirs*	homework
un échec	a failure	*les échecs*	chess/failures

A2.4

Names of places can be singular or plural:

la France *les Alpes* *les États-Unis*

Family names traditionally have no **-s** in the plural:

les Martin *les Cauchi-Martin* *les Dumas*

A2.5

Compound nouns form their plurals by adding the plural ending to their base-word:

une pomme de terre → des pommes de terre

un porte-avions → des portes-avions

un chou-fleur → des choux-fleurs

un coffre-fort → des coffres-forts

Note:

Monsieur → Messieurs

Madame → Mesdames

Mademoiselle → Mesdemoiselles

A3 Definite articles (*le*, *la*, *l'*, *les*)

The definite article (*le*, *la*, *l'*, *les*) is used in French in the same way as in English, to remove any possibility of doubt about the noun. You will find that in French, it is often needed where English leaves it out. The list of uses below should help you.

French uses the definite article:

- before the names of regions, countries continents and languages

L'anglais est devenu la langue universelle de l'informatique.

English has become the universal language of information technology.

Le Canada est le pays natal du hockey sur glace.

Canada is the birthplace of ice hockey.

- after *en* and *de*, we do not use the definite article with the names of feminine places

Pour changer un peu, on passe dans un hôtel en Suisse.

For a change, we're going to a hotel in Switzerland.

Je rentre d'Italie.

I'm returning from Italy.

- before generalisations and abstract nouns

L'expérience mène à la sagesse.

Experience leads to wisdom.

- before parts of the body

Lève le bras !

Raise your arm!

Ça m'a fait mal à la tête.

That hurt my head.

- before a fraction

La moitié des participants ne sont pas venus !

Half those taking part haven't turned up!

- before school subjects, sciences, sports, illnesses and the arts

On ne pourrait pas devenir médecin sans étudier les sciences.

You/One couldn't become a doctor without studying the sciences.

Les arts nourissent l'âme.

The arts feed the soul.

Ma tante a peur de la maladie d'Alzheimer.

My aunt is afraid of getting Alzheimer's.

- before titles

Le président de la France a ses problèmes.

The president of France has his problems.

- before the names of meals and drinks

Je préfère le dîner au déjeuner.

I prefer dinner to lunch.

A4 Indefinite articles (*un, une, des*)

The indefinite articles *un* and *une* are used in the same ways as the indefinite articles (a, an) in English.

A4.1

French uses the indefinite article with an abstract noun + adjective:

avec ***un*** *plaisir immense*	with immense pleasure
*une femme d'affaires d'****une*** *compétence incroyable*	a businesswoman with incredible ability

Where English uses the indefinite article just to indicate a person's job, nationality, rank or religion, French leaves it out:

Elle est pilote.	She's a pilot/racing driver.
Il est écossais.	He's a Scot.
Elle était adjointe.	She was a deputy mayor.
Ses parents ne sont pas catholiques.	His parents are not Catholic.

A4.2

However, if the job, nationality etc. is accompanied by an adjective, then the indefinite article is used, as in English:

Elle est un/une docteur impeccable.*	She's a first-class doctor.
C'était une adjointe expérimentée.	She was an experienced deputy mayor.

The article is also left out after verbs like *créer, devenir, élire, mourir, naître, nommer, rester*:

Il est devenu chirurgien.	He became a surgeon.
François a été élu député.	François was elected MP.

***Note:** French still tends to use the masculine gender for women doing what were originally men-only jobs. We used to end up with ridiculous combinations like *madame, le docteur*. Rightly, this is now changing.

A5 Partitive articles (*du, de la, de l', des*)

These articles are used to indicate a certain (vague) quantity and correspond to the English *some*. They are a combination of *de* and the definite article.

A5.1

du (ms)	*de la* (f s)	*de l'* (m/f s) before a vowel or silent *-h*	*des* (pl)
du temps	*de la voile*	*de l'encre*	*des textes*
du sucre	*de la patience*	*de l'ambition*	*des armes*
du succès	*de la sincérité*	*de l'honnêteté*	*des hommes*

Il faut ***du*** *temps pour réfléchir.*	You need **(some)** time to think things over.
Je faisais ***de la*** *gymnastique.*	I used to do **(some)** gymnastics.
Lisez ***des*** *textes scientifiques.*	Read **(some)** scientific texts.

Note: In English, the word *some* is often omitted. The French equivalent always has to be put into the sentence.

A5.2

The partitive article is just *de* when:

a an adjective comes in front of a plural noun:

Il a de grandes épaules.	He has large shoulders.
Nous sommes de bons amis.	We are good friends.

Except when the adjective and the noun are so closely associated as to belong together: *des petits pois, des jeunes gens.*

b it is used in a negative phrase:

Je n'ai plus de peurs.	I've no more fears.
Il n'y a pas de portables ici.	There aren't any laptops/mobile phones here.

Exceptions: statements starting with *ce n'est pas/ce n'était pas/ce ne sera pas* etc.

B Adjectives

An adjective gives you information about a noun.

un jeu passionnant	an exciting game
une rencontre amicale	a friendly meeting

B1 Agreement of adjectives

In French, an adjective agrees in ending, gender and number with the noun to which it refers. Normally, the adjective adds the **-e** in the feminine and **-s** in the plural.

un grand succès positif	*une occasion importante*
le film actuel	*les réactions nécessaires*

B2 Adjectival endings with their own patterns

B2.1

The adjectives *beau/nouveau/vieux* end in *-el/-eil* in front of a masculine noun beginning in a vowel or a silent *h*.

un bel ami	a good-looking friend
le nouvel an	the New Year
un vieil ennemi	an old enemy

These adjectives form their masculine plural with the ending **-x**:

de beaux amis	good-looking friends
les nouveaux livres	the new books
de vieux amis	old friends

B2.2

Adjectives ending in **-al** in the masculine singular form their plural with **-aux**:

un devoir familial	*des devoirs familiaux*
a family duty	family duties
un ordre général	*des ordres généraux*
a general order	general orders

B2.3

There are some masculine endings which change noticeably in the feminine form.

beau → *belle*

nouveau → *nouvelle*

fou → *folle*

mou → *molle*

vieux → *vieille*

Adjectives ending in **-er** change to **-ère** in the feminine.

cher → *chère*

Adjectives ending in **-f** change to **-ve** in the feminine.

neuf → *neuve*

Adjectives ending in **-s** change to **-se** in the feminine, as you would expect, except for *bas*, *épais*, *gras*, *gros* and *las* which double the **-s** and add **-e**:

gris → *grise*

gras → *grasse*

bas → *basse*

Adjectives ending in **-x** also form their feminine singular with **-se**:

heureux → *heureuse*

Exceptions are:

faux → *fausse*	false, wrong
un faux ami	a false friend
une fausse idée	a wrong idea
roux → *rousse*	auburn, red haired
un Viking roux	a red-headed Viking
une barbe rousse	a red beard
doux → *douce*	soft, sweet, gentle
un bisou doux	a gentle kiss
une voix douce	a soft voice

B3 Position of adjectives

B3.1

In French, some adjectives come in front of the noun, but the majority come after the noun.

l'amour excessif	excessive love
leurs plats favoris	their favourite dishes
une explication précise	a precise explanation
mes origines italiennes	my Italian roots

B3.2

There are a small number of commonly used adjectives that are normally placed in front of the noun. For the most part, these adjectives are (very) short, being of one or two syllables. The most frequent are:

beau joli sot bon long vaste grand mauvais vieux

gros meilleur vilain haut moindre jeune petit

un long séjour	a long stay
un vaste terrain	a vast stretch of land
mes meilleurs amis	my best friends
une jeune employée	a young employee/clerk
la meilleure solution	the best solution
les moindres problèmes	the slightest problems

B3.3

There are some adjectives that may be placed in front of or after the noun. They change meaning according to their position. The most common of these adjectives are shown below:

un ancien élève	a former pupil
un bâtiment ancien	an ancient building
un brave homme	a good fellow
un soldat brave	a brave soldier
un certain nombre	a certain (unspecified) number
un succès certain	a definite success
ma chère amie	my dear friend
un cadeau cher	an expensive present
la dernière fois	the last (final) time
l'année dernière	last (the previous) year
de grands artistes	great artists
des hommes grands	tall men
une haute idée	a noble (elevated) idea
une tour haute	a high (tall) tower
un honnête homme	a decent man
une opinion honnête	an honest opinion
la même idée	the same idea
l'idée même !	the very idea!
le pauvre chat !	the poor cat!
une famille pauvre	a poor family
ma propre invention	my own invention
une assiette propre	a clean plate
de pure fantaisie	pure (sheer) fantasy
de la neige pure	pure (virgin) snow
mon unique espoir	my only (sole) hope
je suis fils unique	I'm an only son/child

B4 Interrogative adjectives

Quel, *quelle*, *quels* and *quelles* are interrogative adjectives. This means that they are adjectives that initiate questions. They are the equivalent of *what/which* in English and they agree with the noun they describe as follows:

	Masculine	Feminine
Singular	*quel*	*quelle*
Plural	*quels*	*quelles*

Quel film as-tu vu ?

What/Which film did you see?

Quelle décision a-t-elle prise ?

What decision did she take?

Quels étaient les résultats ?

What were the results?

Quelles seront leurs réactions ?

What will be their reactions?

B5 Demonstrative adjectives (*ce*, *cet*, *cette*, *ces*)

Here, the word demonstrative just means that these particular adjectives point out or emphasise the noun referred to, and are the equivalent of the English *this/that/these/those*. They agree in gender and number with the nouns they describe and are formed as follows:

	Masculine	Feminine
Singular	*ce/cet*	*cette*
Plural	*ces*	*ces*

Note: In front of a masculine noun beginning with a vowel or silent *h*, *cet* is used instead of *ce*.

Je n'aime pas ce genre de film.

I don't like this/that kind of film.

J'étais intéressé par cet instrument.

I was interested in this instrument.

dans cette région	in this region
ces démonstrations impulsives	these impulsive demonstrations

B6 Possessive adjectives (*mon*, *ma*, *mes* etc.)

A possessive adjective shows the owner. It agrees in gender and number with the noun it describes. The forms of the possessive adjectives are:

	Singular		Plural
Possessor	**Masculine**	**Feminine**	
je	*mon*	*ma*	*mes*
tu	*ton*	*ta*	*tes*
il/elle/on	*son*	*sa*	*ses*
nous	*notre*	*notre*	*nos*
vous	*votre*	*votre*	*vos*
ils/elles	*leur*	*leur*	*leurs*

mon portable	my mobile phone/laptop
ma sœur	my sister
mes camarades	my schoolfriends
ses défauts	her/his/its/one's faults
vos parents	your parents

notre nouvelle rubrique	our new column
leur émission théâtrale	their theatre broadcast

Note: in front of a feminine noun beginning with a vowel or a silent *h*, *mon*, *ton*, *son* are used instead of *ma*, *ta*, *sa*. This is purely to make the pair of words easier to say. For example, *ma enfance* sounds quite ugly.

mon enfance	my childhood
ton épreuve	your exam
son absence	his/her/its absence

B7 Indefinite adjectives

These adjectives are called indefinite because they do not refer to anyone, any thing or any place in particular.

B7.1

The adjective *tout* agrees in gender and number with the noun it describes and is the equivalent of the English *all/every*.

On peut tout lire, voir tous les films, participer à toutes les conversations.

One can read everything, see all (the) films, take part in all the conversations.

toute ma vie	all my life
tous les membres de la famille	all (the) members/every member of the family
tous les jours comme ça	every day like that

Note: *tout* is often used as an adverb like the English *completely/quite/totally*. When *tout* is used in this way, it does not change its form.

Elle a parlé tout gentiment.

She spoke quite kindly.

Ils ont parlé tout honnêtement.

They spoke totally honestly.

B7.2

a *Chaque* (each) is only ever used with a noun in the singular:

Chaque passager doit montrer ses coordonnées.

Each passenger must show his/her contact details.

b *Quelque* (some) only takes an apostrophe in front of *un*: *quelqu'un* (someone).

It is used in the singular to mean *some* in the sense of *a certain*:

Quelque scientifique m'a expliqué ça.

Some scientist explained that to me.

Vous pourrez prendre quelque autobus.

You'll be able to catch some bus (or other).

In the plural, it agrees with the noun it goes with.

J'ai trouvé quelques manuels utiles.

I've found some useful manuals/handbooks.

B8 Comparative adjectives

There are three types of comparative statements based on adjectives:

- inferior comparison (= the idea of less)

Il est moins intelligent (que Nadine).

He is less intelligent (than Nadine).

- equal comparison (= the idea of as...as)

Nous avons une équipe aussi efficace (que l'autre).

We have as effective a team (as the other).

- superior comparison (= the idea of more...than)

C'est une solution plus acceptable (que leur suggestion).

It's a more acceptable solution (than their suggestion).

If we wish to make a comparison, all we have to do is to place *moins/aussi/plus* in front of the adjective we wish to modify and *que* in front of the noun or pronoun with which the comparison is being made.

B9 Superlative adjectives

Superlatives give the idea of *most* or *least*. To put something in the superlative, we put the definite article (*le*, *la*, *l'*, *les*) or a possessive adjective (*mon*, *ma*, *mes* etc.) in front of *plus* or *moins*.

C'était le/son moins grand succès.

It was the/his least great success.

Qui sont les plus touchés ?

Who are the most affected?

Les circonstances les plus difficiles.

The most difficult circumstances.

Note: as in English, *bon* and *mauvais* are irregular in the comparative and the superlative:

Adjective	Comparative adjective	Superlative adjective
bon	*meilleur*	*le/la/les meilleur(e)(s)*
mauvais	*pire*	*le/la/les pire(s)*

C'était une meilleure collègue.

She was a better colleague.

Nous nous trouvons dans les pires difficultés.

We find ourselves in the worst of difficulties.

C Pronouns

Pronouns take the place of nouns in a phrase or sentence. Their form depends on whether it is the subject of the sentence or the object (direct or indirect).

C1.1 Subject and object pronouns

Subject and object pronouns		Subject	Direct object	Indirect object
Singular	**First person**	*je*	*me*	*me*
	Second person	*tu*	*te*	*te*
	Third person	*il/elle*	*le/la*	*lui*
Plural	**First person**	*nous*	*nous*	*nous*
	Second person	*vous*	*vous*	*vous*
	Third person	*ils/elles*	*les*	*leur*

Note also: *on* *vous* *vous*

Examples:

Je me présente. *je* = subject *me* = direct object

May I introduce myself?

Je les aime tous. *je* = subject *les* = direct object

I like all of them.

Elle t'envoie une photo. *elle* = subject *t' (te)* = indirect object

She's sending you a photo.

Je voudrais leur parler. *je* = subject *leur* = indirect object

I'd like to talk to them.

Elle lui a donné ses coordonnées bancaires. *elle* = subject *lui* = indirect object

She gave him/her bank details.

C1.2 Pronoun *on*

The pronoun *on* is always the subject of the verb and has the following two uses:

a like the English pronoun *one* (= you/someone)

On refers to people in general:

On doit manger et boire pour vivre.

One must eat and drink to live.

On y est tranquille.

One/You can be quiet there.

or to an indefinite person:

On chante faux !

Someone's singing off key!

On vous demande.

Someone's asking for you.

On is also used where English uses the passive:

Ici on parle espagnol.

Spanish (is) spoken here.

b as an equivalent of the pronoun *nous*

When *on* is the equivalent of *nous* in casual speech, the verb is in the third person singular, but the adjective or the past participle acts as if it were with nous:

On va au match. We're going to the match.

On est toujours venus ici. We always came here.

On est complices. We're in it together.

On a été félicité(e)s. We have been congratulated.

Note: When on is the object of the verb, it changes to *vous*:

Ça vous aide à comprendre. That helps you/one/people to understand.

C1.3 Indirect object pronouns *en* and *y*

The indirect object pronouns *en* and *y* have two uses:

a as adverbial pronouns, the equivalent of the English *from (out of) there/(to) there*

J'en suis revenu hier ! I came back from there yesterday.

Non, elle en est sortie. No, she has come out of there.

J'y vais. I'm going there.

Je l'y ai rencontrée. I met her there.

b as personal pronouns, representing *de* or *à* + noun

Parlons-en! Let's talk about it. (parler de)

J'y pense. I'm thinking about it. (penser à)

Note the word order when *en* and *y* are combined with other pronouns:

Je ***vous y*** *ai vu hier.*

I saw you there yesterday

Des PV ? Les contractuels ***nous en*** *ont donné deux en une semaine !*

Parking tickets? The traffic wardens have given us two of them in a week!

Les documents? Elle **me les y** *a donnés.*

The documents? She gave them to me there.

C1.4 Position of object pronouns

If pronouns are used with an imperative, they come after the verb and are used in the following order:

	nous		
le	*vous*		
la	*lui*		
les	*leur*	*y*	*en*
	moi (m')		
	toi (t')		

Donne-m'en ! Give me some !

Apporte-le-nous ici! Bring it to us here!

If the command is a negative one, you use the normal order of pronouns:

Ne me le dis pas ! Don't tell me it!

The only exceptions to this rule are positive commands (See H14), where object pronouns follow the verb, with a hyphen between verb and pronoun:

Appelle-les ! Call them!

Allez-y ! Go!/Go there!

In commands like these, *me* and *te* become *moi* and *toi*, except when they are followed by *y* or *en*:

Parle-moi ! *Talk to me!*

Lève-toi ! Get up!

C1.5 Emphatic pronouns

As their name suggest, emphatic pronouns are used for emphasis. They normally stand at the beginning or the end of a statement.

Emphatic pronouns are used (often standing alone):

a after prepositions (in which case they are also sometimes referred to as disjunctive pronouns)

b in order to emphasise or draw attention to a person or thing

Singular	**1st person**	*moi*
	2nd person	*toi*
	3rd person	*elle/lui*
Plural	**1st person**	*nous*
	2nd person	*vous*
	3rd person	*elles/eux*

Je t'envoie un texto de lui.

I'm sending you a text from him.

C'était insupportable pour eux.

It was unbearable for them.

Toi, tu es difficile !

You are difficult!

Eux, ils étaient toujours les derniers !

They were always the last ones!

C2 Relative pronouns *qui, que, où, dont*

Relative pronouns relate (= link) two or more clauses within a sentence.

C2.1

The relative pronoun *qui* (*who/which/that*) is the subject of the verb:

C'est un quatre-pièces qui appartient à mes enfants.

It's a four-room flat which belongs to my children.

Ça risque d'être une boum qui s'achèvera très tard.

It's likely to be a party that will finish very late.

Écoutez Anne-Sophie qui vous parle.

Listen to Anne-Sophie, who is talking to you.

C2.2

The relative pronoun *que* (*whom/which/that)* is the direct object of the verb. It is shortened to *qu'* before a vowel. *Qui* is never shortened.

C'est le polar que vous avez adoré.

It's the thriller that you adored.

Pourquoi sortir avec un collègue qu'on n'aime pas ?

Why go out with a colleague whom you don't like?

C2.3

Où (where/in or at which) tells you about place:

La boum où je l'ai vu.

The party where/at which I saw him/it.

Note: *où* and *que* can also indicate when something happened/may happen:

Le jour où...

The day when/on which...

Le jour où il fera un effort pour me skyper !

The day when he'll make an effort to skype me!

Un jour que...

One day when...

Un jour que je flânais dans les rues...

One day when I was wandering around the streets...

C2.4

Dont is a relative pronoun corresponding to the English *of which/of whom/whose.*

Tip! To make it easy to work out the word order with *dont*, use the memory jogger:

PROSVO = PROnoun + Subject + Verb + Object

Examples:

dont le nombre est variable

of which the number varies

un ami dont je connaissais déjà la sœur

a friend of whom I already knew the sister (= whose sister I already knew)

l'expérience dont parle le livre

the experience of which the book is talking (= the experience the book is talking about)

J'ai acheté cinq livres, dont deux sont rares.

I bought five books, of which two are rare. (= including two rare ones)

C3 Possessive pronouns

A possessive pronoun takes the place of a noun which has already been mentioned. It changes according to:

- the person of the owner
- the gender and number of the thing/person possessed

The English equivalents are *mine/yours/hers/ours* etc.

The possessive pronouns are as follows:

Possessor	Object possessed			
	Singular		Plural	
	m	f	m	f
je	*le mien*	*la mienne*	*les miens*	*les miennes*
tu	*le tien*	*la tienne*	*les tiens*	*les tiennes*
il/elle	*le sien**	*la sienne**	*les siens**	*les siennes**
nous	*le nôtre*	*la nôtre*	*les nôtres*	
vous	*le vôtre*	*la vôtre*	*les vôtres*	
ils/elles	*le leur*	*la leur*	*les leurs*	

**le sien* etc = his, hers and its

Le chien de Jean est plus beau, mais le mien est plus intelligent.

John's dog is nicer-looking, but mine is more intelligent.

Quel appartement – le nôtre ou le sien ?

Which flat — ours or his/hers*?

*Be careful with *his, hers* and *its*. The French *le sien/la sienne* and *les siens/les siennes* can mean *his/hers/its*, according to the gender of the person, animal or thing possessed, not of the speaker.

C4 Demonstrative pronouns

C4.1

Demonstrative pronouns replace nouns which have already been mentioned. The English equivalents are *this one/that one/those/the ones*. In French, they are formed as follows:

Singular		Plural	
m	f	m	f
celui	*celle*	*ceux*	*celles*

Quelle voiture ? Celle de Claire.

Which car ? That of Claire (= Claire's).

Je préfère ceux (les vins) de la Loire.

I prefer those from the Loire.

Note: *these ones* and *those ones* are common errors in English. Try to remember always to translate *ceux* and *celles* as *these* and *those.*

C4.2

When they need to be more precise, demonstrative pronouns often add *-ci* and *-là* and are the equivalent of the English *this one (here)/those (there)* etc.

Quelle robe vas-tu prendre ?

Which dress are you taking?

Celle-ci. This one (here).

Ceux-là. Those (over) there.

Note: these compound forms very often have a second meaning, corresponding to the English *the latter/the former.*

On embauche Carmen ou Ghislène ?

Shall we take on Carmen or Ghislène?

Celle-ci est plus expérimentée.

The latter is more experienced.

J'aime lire Stendhal et Camus.

I like reading Stendhal and Camus.

Celui-là est du 19ème siècle.

The former is from the 19th century.

C5 Relative pronouns *lequel, laquelle, lesquels, lesquelles* and *au(x)quel(s), à laquelle, auxquelles*

These pronouns are used like the English *which (one)*. They also combine frequently with prepositions. They can be used only when the gender of the person, animal, place or thing is already known.

*Laquelle des vidéos a-t-elle empruntée *?*

Which (one) of the videos did she borrow?

Lesquels des quatre cousins te ressemblent le plus ?

Which of the four cousins look (the) most like you?

Je peux emprunter le logiciel ? Lequel ?

May I borrow the software (package)? Which (one)?

C'est bien le monsieur auquel j'ai passé les clés.

It is (indeed) the gentleman to whom I handed the keys.

La société pour laquelle il travaillait n'existe plus.

The company for which he worked no longer exists.

* **Note:** the **-e** added to *emprunté* because of a preceding direct object (see H4.9).

C6 Interrogative pronoun *quoi*

Quoi is used as a question word and is similar to the English what, when the nature or the gender of a thing is not known.

De quoi s'agit-il ?

What's it about?

Nous discutons de quoi exactement ?

What exactly are we talking about?

En quoi est-elle spécialiste ?

What is she a specialist in?

Quoi can also be used as a halfway point between a question and an exclamation of surprise, irritation etc.

Quoi ! Il t'a raconté cette vieille histoire ?

What! He told you that old story?

The use of *quoi* in the sense of *pardon/sorry* when you've misheard is not to be recommended. It is still considered by most francophone adults to be both abrupt and rude.

C7 Indefinite pronouns

Indefinite pronouns take the place of an indefinite number of people, animals or things. The following are the most common of these pronouns:

*certain(e)s**	certain, some
chacun(e)	each
on	one
quelqu'un(e), quelques-un(e)s	someone, somebody, a few

*La plupart des gens l'acceptent, mais **certains** le trouvent difficile.*

Most people accept it/him, but some find it/him difficult.

***Chacun** de nous y joue un rôle.*

Each of us plays a part (in it).

***On** aime voir de telles choses.*

One likes to see such things.

***Quelques-uns** ont dit oui.*

Some/A few said yes.

* Note that in the singular, *certain* is an adjective.

D Adverbs

D1 Types of adverbs

Adverbs give you information about the time/manner/place of the action.

Time	Manner	Place
rarement	*facilement*	*là*
régulièrement	*ainsi*	*partout*

D2 Forming adverbs

In English, adverbs frequently end in **-ly**. In French, they frequently end in **-ment**, which is normally added to the feminine form of the adjective to form the adverb.

a by far the majority of adverbs are formed from the feminine of an adjective + **-ment**:

heureux → heureuse → heureusement

b With adjectives ending in a vowel, French uses the masculine form to make the adverb: *absolu – absolument*.

c There is a large number of adjectives ending in **-ant** or **-ent**, from which the adverb is formed as follows:

constant → constamment

évident → évidemment

D3 Position of adverbs

D3.1

The adverb normally goes after the verb (or the auxiliary verb) that it modifies:

Elle atteignait graduellement son but.

She was gradually achieving her aim.

Elle a parlé honnêtement de sa difficulté.

She talked honestly about her difficulty.

Il avait complètement négligé de le faire.

He had completely omitted to do it.

D3.2

When an adverb modifies an adjective or another adverb, it is normally placed before this adjective/adverb:

une décision totalement illogique	a totally illogical decision
un ami toujours fidèle	an ever-faithful friend

D3.3

There are a small number of adverbs that, when used at the start of a sentence, cause the verb and the subject to change places. The most common of these are *encore*, *rarement* and *ainsi*:

Encore veut-il reprendre ses études.

He still wants to resume his studies.

Rarement lisait-il les journaux.

He rarely read the papers.

Ainsi a-t-elle fini son discours.

This was how she finished her speech.

D4 Comparative and superlative adverbs

D4.1

Like adjectives, adverbs may have comparative forms in French. These are formed by placing *plus* or *moins* in front of the adverb:

plus correctement	more correctly
plus sagement	more wisely
moins honnêtement	less honestly
moins gentiment	less kindly, nicely

D4.2

To form the superlative, *le* is placed in front of *plus* or *moins*:

le plus correctement	most correctly
le moins honnêtement	least honestly

Because the adverb is not an adjective, the word *le* in the superlative form never changes for a feminine or plural subject, but always stays the same.

Elle chantait le plus doucement qui soit.

She sang as sweetly as could be.

Ils travaillaient le plus dur possible.

They worked as hard as possible.

D5 *Plus que* and *plus de*, *moins que* and *moins de*

D5.1

To express the ideas *more than/less than* with either adjectives or adverbs, French simply uses *plus que/moins que*.

Elle est plus intelligente que son ami.

She is more intelligent than her friend.

Fabrice est moins conscientieux que les autres.

Fabrice is less conscientious than the others.

Elle se comporte plus honnêtement que moi.

She behaves more honestly than me.

J'essaie peut-être moins souvent que les autres.

I try perhaps less often than the others.

D5.2

Plus de and *moins de* are an oddity. They are a form of the comparative used only with numbers.

Il y en avait plus que dans l'équipe de Dax.

There were more than in the Dax team.

But:

Il y avait plus d'une centaine d'élèves.

There were more than a hundred (or so) pupils.

Ils ont moins que leurs adversaires.

They have less than their opponents.

But:

Ils ont moins de quinze joueurs.

They have fewer than fifteen players.

D6 Intensifiers

Intensifiers are adverbs, such as *vraiment*, *totalement* or *exceptionnellement*. They are usually used with an adjective as a means of emphasis:

La situation est vraiment prometteuse.

The situation is really promising.

Tu as totalement tort !

You're totally wrong!

Elle a été exceptionnellement courageuse !

She has been exceptionally brave!

Because intensifiers are quite emphatic, they often lead to an exclamation mark in written speech.

D7 Avoiding the use of adverbs

D7.1

French often uses a noun or a noun + adjective instead of an adverb.

Noun	Noun + adjective
avec condescendence condescendingly	*d'un air déçu* disappointedly
sans patience impatiently	*d'une façon admirable* admirably

D7.2

French avoids using strings of adverbs which tend to make the sentence sound heavy. Instead of *incroyablement stupidement* (*incredibly stupidly*), the natural French would be:

avec une stupidité incroyable	with incredible stupidity

E General interrogatives

E1

Together with the interrogatives in C2 and B4, the following are the most frequent general interrogatives (question starters):

Qui ? and *Que ?* are the most common interrogative pronouns. *Qui* always refers to the subject of the verb and *que* to the object. *Que* is shortened to *qu'* before a vowel.

***Qui** a fait ça ?*	Who did that?
***Que** préférez-vous ?*	What do you prefer?
***Qu'**as-tu fait ?*	What have you done?

Other common interrogatives are:

***Est-ce que** le deuxième mariage est plus stable ?*

Is the second marriage more stable?

***Qu'est-ce que** vous faites là-bas ?*

What are you doing over there? (*object*)

***Qu'est-ce qui** vous amuse ?*

What's amusing you? (*subject*)

Note that *Qu'est-ce qui... ?* acts as the subject of the verb and *qu'est-ce que* as the object.

Combien de couples pacsés ont des enfants ?

How many couples in a civil partnership have got children?

Comment peut-on deviner ça ?

How can one/we guess that?

Pourquoi est-il surprenant que ce soit le cas ?

Why is it surprising that that's the case?

E2

The interrogative adjectives *quel(s)* and *quelle(s)* agree in gender and number with the noun they describe and are formed as follows:

	Masculine	Feminine
Singular	*quel*	*quelle*
Plural	*quels*	*quelles*

***Quelle** a été ta réaction ?*

What was your reaction?

***Quels** sont tes ennuis ?*

What are your concerns?

***Quelles** opinions a-t-il exprimées ?*

What opinions did he express?

***Quel** toupet !*

What a cheek!

F Prepositions

Prepositions are used to establish the relationship between two nouns, a noun and a verb or between different parts of a sentence.

Elle est fâchée contre moi.

She's angry with me.

C'est grâce à ton influence.

It's thanks to your influence.

La maison se trouve près de la forêt.

The house is near the forest.

Ceci appartient à qui ?

This belongs to whom?

G Conjunctions

A conjunction is a joining word that acts as a link between clauses or ideas. Here are some examples to help you recognise conjunctions:

à cause de	because of
aussi bien que	as well as
depuis que	since (= from the time that)
donc	so, then (= therefore)
ou bien	or else
ou...ou	either...or
pendant que	while (= during the time that)
puisque	seeing that, since (= because)
que	replaces *comme, lorsque, quand* to avoid their being repeated in a second clause
tandis que	whereas, whilst (= contrast)

*Il n'a pas été choisi pour le poste **à cause de** son tempérament agressif.*

He hasn't been chosen for the post because of his agressive temperament.

Elle est vraiment modeste ***tandis que*** *son frère est très fier de lui.*

She is really modest, whereas her brother is very proud of himself.

Fais-le comme il faut ***ou bien*** *tu risques de la perdre !*

Do it properly or else you are likely to lose her!

H Verbs

The verb (the doing word) is the action and it is the hub, without which a statement, question or command, cannot exist. Verbs are normally found in the dictionary in the infinitive form, often called the *to* form:

aimer – to love, *finir* – to finish, *vendre* – to sell

H1 Present tense

H1.1

The majority of verbs belong to three conjugations. These verbs always use the same endings. The endings used to form the present tense of regular verbs are shown in the table below.

	***aimer* (type 1)**	***finir* (type 2)**	***vendre* (type 3)**
je/j'	*aime*	*finis*	*vends*
tu	*aimes*	*finis*	*vends*
il/elle/on	*aime*	*finit*	*vend*
nous	*aimons*	*finissons*	*vendons*
vous	*aimez*	*finissez*	*vendez*
ils/elles	*aiment*	*finissent*	*vendent*

Tip! When you come across a French present tense form, think of the phrase **Three for one!** For example, *je finis* gives you *I finish, I am finishing, I do finish.*

H1.2

The most common irregular verbs in the French language are *avoir* (to have), *être* (to be) and *faire* (to do/make), so they need to be learned by heart:

	***avoir* (to have)**	***être* (to be)**	***faire* (to do, make)**
je/j'	*ai*	*suis*	*fais*
tu	*as*	*es*	*fais*
il/elle/on	*a*	*est*	*fait*
nous	*avons*	*sommes*	*faisons*
vous	*avez*	*êtes*	*faites*
ils/elles	*ont*	*sont*	*font*

Here is a list of other common regular verbs, all of which are listed in the verb table at the end of this grammar section. Try to make sure you look at the table regularly.

aller	*boire*	*courir*	*croire*
devoir	*dire*	*dormir*	*mettre*
ouvrir	*pouvoir*	*prendre*	*savoir*
sortir	*tenir*	*venir*	*vouloir*

H2 Reflexive verbs

H2.1

In general, a reflexive verb is one in which the person, animal or thing doing the action does it to him/her/itself.

Je m'habille avec soin.

I dress carefully.

Ils veulent se sentir libres.

They want to feel free.

H2.2

The verb is accompanied by a reflexive pronoun belonging to the same person as the subject of the verb.

Je me prépare I prepare/am preparing/do prepare myself etc.

tu te prépares

il/elle/on se prépare

nous nous préparons

vous vous préparez

ils/elles se préparent

H2.3

The action is reflexive:

- when the subject suffers the action him/her/itself:

Je me rase à sept heures et demie.

I have a shave at 7.30.

- when the action occurs between two or more subjects:

Vous vous opposez sans cesse.

You are always disagreeing with each other.

- as a way of expressing a passive action:

Ce vin blanc se boit frais.

This white wine is drunk chilled.

- with certain verbs which need an object pronoun to complete their sense:

Tu te précipites sur ton flirt !

You hurl yourself at your girlfriend!

H3 Present participle

The present participle in French is formed by taking the *nous* form of the present tense verb, removing the *-ons* ending and replacing it by *–ant*:

donnant – giving

finissant – finishing

vendant – selling

It is used most commonly together with en in the sense of in/by/through doing:

En faisant cette erreur, j'ai perdu un très bon ami.

Through making this mistake, I lost a very good friend.

En finissant avec la société, j'ai fait une très bonne chose.

By finishing with the company, I did a very good thing.

The present participle may often be found at the beginning of a sentence as a way of rendering *because* or *since*.

Étant fâché contre elle, j'avais complètement malinterprété ce qu'elle voulait dire.

Being angry with her, I had completely misinterpreted what she meant.

H4 Perfect tense

H4.1

The perfect tense is used for expressing completed actions in the past. These actions often follow on from one another.

J'ai pris un petit café. Puis, je suis allé au travail.

I had a small coffee. Then, I went to work.

H4.2

The perfect tense in French is the equivalent of the perfect tense in English. It is formed in a similar way to the English perfect tense, using *avoir* as an auxiliary, where English uses *have*. As with the present tense, English gives three for one:

Elle a fini.

She has finished/she finished/she did finish.

J'ai vendu ma vieille bagnole.

I have sold/I sold/I did sell my motor.

H4.3

The perfect tense is usually formed from the present tense of the helper verb *avoir* followed by the past participle of the verb.

	***aimer* (type 1)**	***finir* (type 2)**	***vendre* (type 3)**
j'ai	*aimé*	*fini*	*vendu*
tu as	*aimé*	*fini*	*vendu*
il/elle/on a	*aimé*	*fini*	*vendu*
nous avons	*aimé*	*fini*	*vendu*
vous avez	*aimé*	*fini*	*vendu*
ils/elles ont	*aimé*	*fini*	*vendu*

H4.4

Some intransitive verbs (verbs that do not take a direct object) use the auxiliary *être* instead of *avoir* in the perfect tense. They are:

aller *arriver* *descendre*

entrer *monter* *mourir*

naître *partir* *rester*

sortir *tomber* *venir*

plus their compounds, of which *rentrer* and *revenir* are the most familiar. They can be grouped as six pairs (as above), making them easier to remember.

Je suis resté(e) dans la salle des ordinateurs.

I stayed/have stayed/did stay in the computer room.

Nous sommes parti(e)s pour la plage.

We left/have left/did leave for the beach.

H4.5

Reflexive verbs form their perfect tense with *être*.

Nous nous sommes levés tard ce matin.

We got up late this morning.

Elle s'est maquillée avant d'aller au travail.

She put on her make up before going to work.

But:

Elle s'est séché les cheveux.

She dried her hair.

Note that no **-e** has been added to the past participle, because **s'** is an indirect object (see 14.5).

H4.6

The past participle of a normal *être* verb agrees with its subject in gender and number:

Infinitive	Pronoun	Auxiliary	Past participle
aller	*je*	*suis*	*allé(e)*
venir	*tu*	*es*	*venu(e)*
monter	*il*	*est*	*monté*
descendre	*elle*	*est*	*descendue*
entrer	*nous*	*sommes*	*entré(e)s*
sortir	*vous*	*êtes*	*sorti(e)(s)*
rester	*ils*	*sont*	*restés*
partir	*elles*	*sont*	*parties*

However, the past participle of a reflexive verb agrees with the reflexive pronoun and only if it is a direct object.

Elle s'est habillée. — She got dressed.

Ils se sont lavés. — They washed (themselves).

Elles se sont levées. — They (*f*) got up.

However, if the reflexive pronoun is an indirect object, there will be no agreement, and the past participle may look incomplete to you.

Tip! There is an easy way to tell whether the object is direct or indirect. If *to/for* is already there with the object or could be added to the sentence and still make sense, then the object is indirect. So, always try the *to/for* test, if you are not sure.

Elle s'est promis un petit cadeau.

She promised (to) herself a little present.

Ils se sont parlé.

They spoke to each other.

Elles se sont envoyé des lettres.

They sent (to) each other letters.

H4.7

Past participles are often used as adjectives. These participle adjectives must agree with their subject just like any other adjective.

un homme expérimenté — an experienced man

une présidente respectée — a respected president/chairwoman

les pays développés — the developed countries

deux personnes bien connues — two well-known people

H4.8

Certain past participles are used as nouns. These participle nouns are masculine or feminine, singular or plural, according to the gender and number of the subject.

un(e) employé(e) — an employee/clerk

un(e) délégué(e) — a delegate

les nouveaux arrivés — the new arrivals (*m*)

les nouvelles arrivées — the new arrivals (*f*)

H4.9

The past participle of a verb formed with *avoir* **never** agrees with the subject.

Elles ont été là. — They were there.

Instead, it agrees in gender and number with a preceding direct object.

Quant à Sylvie, ses parents l'ont gâtée.

As for Sylvie, her parents spoiled her.

Here *l'* is the direct object of the verb and precedes the verb.

Des livres que vous avez empruntés.

The books that you borrowed.

(*livres* is the direct object of the verb *emprunter* and precedes the verb)

H5 Perfect infinitives

French uses the perfect infinitive after *après* as the equivalent of the English *after doing* or *after having done something*. Think of the French as *after to have done*, where after or *être* is followed by a past participle.

Après avoir reçu le mail, j'ai contacté le bureau.

After getting the e-mail, I contacted the office.

Après avoir eu la promotion, il a célébré avec sa famille.

After getting the promotion, he celebrated with his family.

Après être rentrées, elles ont déballé leurs bagages.

After getting home, they unpacked their luggage.

H6 Imperfect tense

H6.1

The imperfect tense is used in the following situations:

- past description

Quand j'avais vingt ans.

When I was twenty.

- interrupted action in the past

Je me maquillais quand il a téléphoné.

I was putting on my make up when he called.

- repetition in the past

Tous les soirs je devais couper du bois.

I had to chop wood every night.

- past habit

Je faisais de la gymnastique.

I used to do gymnastics.

C'était l'époque où j'adorais sortir.

That was the period of my life when I loved to go out.

H6.2

Tip! We use the imperfect when we can see neither the beginning nor the end of the action or the series of actions. Compare:

Le Président De Gaulle gouvernait pendant la guerre d'Algérie. Il a gouverné plus de dix ans.

In the first sentence the verb is in the imperfect, since the action of governing was in the process of happening and had not been completed. In the second, we are talking about a completed action; imperfect = incomplete.

H6.3

The imperfect is easy to form. The imperfect stem of every verb except *être* is the same as the stem of the first person plural of the present tense, e.g. *aimons, finissons, vendons*, as in the table below:

	aimer **(type 1)**	***finir*** **(type 2)**	***vendre*** **(type 3)**	***avoir***
je	*aimais*	*finissais*	*vendais*	*avais*
tu	*aimais*	*finissais*	*vendais*	*avais*
il/elle/on	*aimait*	*finissait*	*vendait*	*avait*
nous	*aimions*	*finissions*	*vendions*	*avions*
vous	*aimiez*	*finissiez*	*vendiez*	*aviez*
ils/elles	*aimaient*	*finissaient*	*vendaient*	*avaient*

Être is the main verb with a notably irregular imperfect tense, and it needs to be learned separately.

j'	*étais*
tu	*étais*
il/elle/on	*était*
nous	*étions*
vous	*étiez*
ils/elles	*étaient*

H7 Pluperfect tense

H7.1

The pluperfect tense is used to describe what happened before another past action. In English it contains the word *had*.

Céline a aperçu l'agent que nous avions rencontré devant le café.

Céline spotted the policeman, whom we had met in front of the café.

J'ai compris que tu étais montée là-haut.

I realised that you had gone up there.

Ils avaient bénéficié d'un soutien innovant.

They had benefited from an innovative piece of support.

H7.2

The pluperfect tense is formed by using the imperfect of the *avoir/être* auxiliary, together with the past participle of the verb.

Auxiliary = ***avoir***			
j'	*avais*	*rencontré*	I had met etc.
tu	*avais*	*rencontré*	
il/elle/on	*avait*	*rencontré*	
nous	*avions*	*rencontré*	
vous	*aviez*	*rencontré*	
ils/elles	*avaient*	*rencontré*	
Auxiliary = ***être***			
j'	*étais*	*monté(e)*	I had climbed etc.
tu	*étais*	*monté(e)*	
il/elle/on	*était*	*monté(e)*	
nous	*étions*	*monté(e)s*	
vous	*étiez*	*monté(e)(s)*	
ils/elles	*étaient*	*monté(e)s*	

H7.3

Because the pluperfect tense is used to highlight how one action happened before another in the past, we often find it working together with the imperfect tense in the same statement or question.

Chaque fois que j'avais consulté avec mon associé, j'étais à même de continuer avec le projet.

Each time I had consulted my associate, I was able to continue with the project.

Ma tante, qui avait été assistante sociale, me donnait toujours de bons conseils.

My aunt, who had been a social worker, always used to give me good advice.

H8 Expressing the future

H8.1

The near or immediate future tense is formed in the same way in French as in English, by the use of the present tense of *aller* + an infinitive verb:

Je vais aller au cinéma avec la clique ce soir.

I'm going to go to the cinema with the gang this evening.

Tu ne vas pas lui dire un tel mensonge !

You're not going to tell him/her such a lie!

If the action is not likely to occur within a short space of time, use the standard future, not the near future.

H8.2

In French, like in English, in order to communicate the dramatic nature of a past event (especially in a personal conversation or in the press), the present is often used instead of the past, to make the description more dramatic.

Je me promène dans la rue, je fais un peu de lèche-vitrines, quand il m'aborde, il me demande de l'argent et me menace !

There I am walking along the street doing a bit of window-shopping, when he comes up to me, demands money and threatens me!

H8.3

The future tense indicates the time to come. In English, it is sometimes called the *shall/will tense*. In French, this tense is relatively easy to form. With verbs of types 1 and 2, we add the endings of the present tense of *avoir* to the infinitive of the verb.

	aimer (type 1)	*finir* (type 2)	
je	*aimerai*	*finirai*	I shall/will like/finish etc.
tu	*aimeras*	*finiras*	
il/elle/on	*aimera*	*finira*	
nous	*aimerons*	*finirons*	
vous	*aimerez*	*finirez*	
ils/elles	*aimeront*	*finiront*	

Note: the future is formed in the same way for type 3 verbs. The only difference is that you have to remove the **-e** from the infinitive before adding the *avoir* endings.

	vendre (type 3)	
je	*vendrai*	I shall/will sell etc.
tu	*vendras*	
il/elle/on	*vendra*	
nous	*vendrons*	
vous	*vendrez*	
ils/elles	*vendront*	

S'il est difficile, je contacterai la police.

If he's difficult, I'll contact the police.

Il portera le nom de sa partenaire.

He will take his partner's name.

L'équipe gagnera le championnat.

The team will win the championship.

Ils lui rendront l'argent.

They will give him/her the money back.

Les conjoints auront plus de 18 ans.

(The) Partners will be over 18.

H8.4

The future endings of irregular verbs are exactly the same as for regular verbs.

Tip! It is the stem we have to watch.

Below is a short list of the most commonly used irregular futures.

j'aurai	I shall/will have
j'enverrai	I shall/will send
il faudra	it will be necessary
je ferai	I shall/will do/make
j'irai	I shall/will go
il pleuvra	it will rain
je saurai	I shall know
je serai	I shall/will be
je tiendrai	I shall hold
il vaudra	it will be worth
je viendrai	I shall come
je verrai	I shall see
je voudrai	I shall want/like

There are others, of which the most important can be found in the verb table on pages 284–87.

H8.5

If the adverbs *quand* and *lorsque* have a future sense, they are followed by the future tense:

...quand l'un ou l'autre paiera

...when one or the other pays

Je viendrai lorsque tu décideras.

I shall come when you decide.

Compare:

Quand je paie les billets, il me dévisage.

When(ever) I pay for the tickets, he stares at me.

Here, the verb is in the present, because there is no future sense.

H9 Future perfect tense

The future perfect shows what shall/will have happened by a specific time in the future or another event. It is called the future perfect in French, because it is formed by a combination of the future of *avoir* or (s') *être* and a past participle.

Avant la fin de l'année, j'aurai récupéré mon argent.

Before the end of the year, I shall have got my money back.

D'ici vingt-quatre heures, elle sera rentrée d'Afrique.

In the next twenty-four hours, she will have returned from Africa.

Je te promets, ils se seront rétablis avant mon départ.

I promise you, they will have recovered before I go.

We have to be careful when the French future perfect is found in tandem with *après que*, *aussitôt que*, *dès que*, *lorsque*, *quand* and *une fois que*, when the verb in the main clause would just be in the future in English.

Je le ferai dès que j'aurai fini ici.

I'll do it as soon as I have finished here.

The future perfect is also used in journalism to imply that the statement has not yet been corroborated.

La victime aura péri dans la conflagration.

The victim is thought/likely to have perished in the blaze.

H10 Past historic

The past historic (*le passé simple*) is the literary equivalent of the perfect tense (the *passé composé*) and is only used in written language. It is sometimes used in journalism, but is more common in novels and short stories. The *tu* and *vous* forms are very seldom used.

For AS and A-level you are required only to recognise the meanings of verbs in the past historic and not to use them actively in either spoken or written language.

H10.1

There are three types of verb form in the past historic:

	aimer (type 1)	*finir* (type 2)	*boire* (type 3)
je	*aimai*	*finis*	*bus*
tu	*aimas*	*finis*	*bus*
il/elle/on	*aima*	*finit*	*but*
nous	*aimâmes*	*finîmes*	*bûmes*
vous	*aimâtes*	*finîtes*	*bûtes*
ils/elles	*aimèrent*	*finirent*	*burent*
	loved	finished	drank etc.

You will see that the endings of the three regular verb types are very similar and that in nearly all cases only a change of vowel from **-er** verbs to the other two types is needed.

Note: -re verbs form the past historic either with **-us** or **-is**. Often, if the past participle of the verb ends in **-u**, the past historic of the verb will be of the **-us** type (exception: *vendu*, but *vendis*).

j'ai apercu	*j'aperçus*	I noticed/spotted
j'ai connu	*je connus*	I knew

For other exceptions, consult the verb table on pages 284–87.

H10.2

Avoir and *être* form their past historic as follows:

	avoir	*être*
je	*eus*	*fus*
tu	*eus*	*fus*
il/elle/on	*eut*	*fut*
nous	*eûmes*	*fûmes*
vous	*eûtes*	*fûtes*
ils/elles	*eurent*	*furent*

H10.3

Tenir, *venir* and their compounds form the past historic as follows:

	tenir	*venir*
je	*tins*	*vins*
tu	*tins*	*vins*
il/elle/on	*tint*	*vint*
nous	*tînmes*	*vînmes*
vous	*tîntes*	*vîntes*
ils/elles	*tinrent*	*vinrent*

H11 Conditional

The conditional is the should/would tense and is sometimes called the future in the past.

H11.1

Compare the two sentences below.

Si vous continuez à boire, vous serez dans un drôle d'état.

If you continue drinking, you will be in a real state.

Si vous continuiez à boire, vous seriez dans un drôle d'état.

If you were to continue to drink, you would be in a real state.

In the first sentence, the verbs are in the present and future. In the second, they are in the imperfect and the conditional. When such a past event is being described, the future is replaced by the conditional to give the idea of the future in the past.

H11.2

To form the basic conditional, we add the imperfect endings to the future stem of the verb.

	aimer (type 1)	*finir* (type 2)	*vendre* (type 3)
je/j'	*aimerais*	*finirais*	*vendrais*
tu	*aimerais*	*finirais*	*vendrais*
il/elle/on	*aimerait*	*finirait*	*vendrait*
nous	*aimerions*	*finirions*	*vendrions*
vous	*aimeriez*	*finiriez*	*vendriez*
ils/elles	*aimeraient*	*finiraient*	*vendraient*

	avoir	*être*
je/j'	*aurais*	*serais*
tu	*aurais*	*serais*
il/elle/on	*aurait*	*serait*
nous	*aurions*	*serions*
vous	*auriez*	*seriez*
ils/elles	*auraient*	*seraient*

Me laisserais-tu partir seule ?

Would you let me go off alone?

Tu aurais une petite chance.

You might have a (small) chance.

Ça pourrait finir.

That might/could finish.

Ils pourraient se demander pourquoi.

They might/could wonder why.

H11.3

In French, the conditional is also used for reported speech which is open to doubt or conjecture, and so it is quite common in journalism, when a report is being made before the facts can be checked. English usually gives this feeling of 'not yet confirmed' by means of a qualifying phrase, e.g. 'it was said that...', 'apparently...'.

Il y aurait une foule de 12 000 personnes.

There was said to be a crowd of 12,000.

Son collègue ne saurait rien de cette erreur.

His colleague apparently knew nothing about this mistake.

H12 Conditional perfect

The conditional perfect in French tells us what should have/would have happened. It is formed by using the conditional of *avoir* or *être* followed by the past participle of the verb.

Elle aurait voulu venir.

She would have wanted to come.

Autrement, je serais rentré.

Otherwise, I would have come back.

Encore deux minutes et les victimes se seraient sauvées.

Two more minutes and the victims would have escaped.

Le responsable aurait dû savoir.

The person in charge should have known.

H13 *Depuis* and *venir de*

When an action which started in the past is still going on in the present, French uses the present, usually with *depuis*.

J'étudie le français depuis cinq ans.

I have been studying French for five years.

If that action had been going on further back in the past, we replace the present by the imperfect:

J'étudiais le français depuis cinq ans.

I had been studying French for five years.

Venir de is the equivalent of the English *to have just (done)*. Think of it as *I am coming from (doing)*. For instance: *I have just done the washing up* becomes *I am coming from doing the washing-up = Je viens de faire la vaisselle*

Similarly to the way in which *depuis* is used, we turn the present tense (*je viens* etc.) into the imperfect tense (*je venais* etc.), to give the idea of the pluperfect tense:

Je venais de faire la vaisselle.

I had just done the washing up.

Other examples:

Elle vient de faire la connaissance de la mère du SDF.

She has just made the acquaintance of the homeless man's mother.

Nous venions de voir le gérant du foyer.

We had just seen the hostel manager.

H14 Imperative

H14.1

The imperative is mainly used to express:

- an order (*Tais-toi !*)
- a prohibition (*N'insistez pas !*)
- an exhortation (*Essayons une dernière fois !*)
- a request (*Ne me laisse pas seul !*)
- a wish (*Soyez les bienvenus !*)

H14.2

Generally speaking, the imperative, which can only exist in the present, uses the present tense of the verb, without any mention of the subject.

	aimer (type 1)	*finir* (type 2)	*vendre* (type 3)
Second person singular	*aime*	*finis*	*vends*
First person plural	*aimons*	*finissons*	*vendons*
Second person plural	*aimez*	*finissez*	*vendez*

(tu) Sors de la cave !

Get out of the cellar!

(nous) Ne restons pas ici !

Let's not stay here!

(vous) Mangez moins !

Eat less!

Note: type 1 verbs (= **-er** verbs, including *aller*) lose their **-s** in the command form of the second person singular.

Range ta chambre !

Tidy your room!

Parle-lui plus gentiment !

Speak to him more nicely!

Va au lit !

Go to bed!

But *aller* keeps the **-s** of the second person singular when followed by **y**: *Vas-y !*

H14.3

Avoir, *être* and *savoir* have a special imperative form.

	avoir	*être*	*savoir*
Second person singular	*aie*	*sois*	*sache*
First person plural	*ayons*	*soyons*	*sachons*
Second person plural	*ayez*	*soyez*	*sachez*

Aie confiance !

Be confident!

Ne soyons pas bêtes !

Let's not be stupid!

Sachez la vérité !

Know the truth!

H15 Subjunctive

H15.1

All the tenses you have seen so far have been in the indicative form, because it indicates a normal action or state of affairs and expresses definite facts. The subjunctive is known as the mood of the verb because it deals with people's attitudes and their emotional reactions to the actions being talked about.

Je sais qu'il revient.

I know he's coming back. (certainty)

Je crains qu'il ne revienne.

I'm afraid he won't come back. (fear)

Je souhaite qu'il revienne.

I hope he's coming back. (hope)

H15.2 Present subjunctive

Normally, to form the present subjunctive, we use the stem of the third person plural of the present indicative plus the endings **-e**, **-es**, **-e**, **-ions**, **-iez**, **-ent**.

	aimer (type 1)	*finir* (type 2)	*vendre* (type 3)
je/j'	*aime*	*finisse*	*vende*
tu	*aimes*	*finisses*	*vendes*
il/elle/on	*aime*	*finisse*	*vende*
nous	*aimions*	*finissions*	*vendions*
vous	*aimiez*	*finissiez*	*vendiez*
ils/elles	*aiment*	*finissent*	*vendent*

Avoir and *être* are irregular.

	avoir	*être*
je/j'	*aie*	*sois*
tu	*aies*	*sois*
il/elle/on	*ait*	*soit*
nous	*ayons*	*soyons*
vous	*ayez*	*soyez*
ils/elles	*aient*	*soient*

The present subjunctive of the most common irregular verbs is given in full in the verb table on pages 284–87.

H15.3 Perfect subjunctive

The perfect subjunctive follows the same pattern as the present indicative. To form the perfect subjunctive, we use the present subjunctive of *avoir* or *être* plus the usual past participle as follows:

	danser	*venir*	*s'habiller*
je/j'	*aie dansé*	*sois venu*	*me sois habillé(e)*
tu	*aies dansé*	*sois venu*	*te sois habillé(e)*
il/elle/on	*ait dansé*	*soit venu*	*se soit habillé(e)*
nous	*ayons dansé*	*soyons venu(e)s*	*nous soyons habillé(e)s*
vous	*ayez dansé*	*soyez venu(e)(s)*	*vous soyez habillé(e)(s)*
ils/elles	*aient dansé*	*soient venu(e)s*	*se soient habillé(e)s*

Je m'étonne que tu sois parti(e).

I'm surprised you left.

Pour que tu aies vu la réalité.

So that you saw the reality.

Elle a préféré qu'il se soit habillé correctement.

She preferred him to dress correctly.

C'est la seule bonne pièce que nous ayons vue.

It's the only good play (that) we've seen.

H15.4 Imperfect subjunctive

The imperfect subjunctive is used in a similar way to other forms of the subjunctive, but only in formal and literary writing, so you need to be able to recognise and understand it. It is used in a subordinate clause when the main clause is in the past. In non-literary texts the present subjunctive would be used.

To form the imperfect subjunctive you use the third-person singular of the past historic (see H10), remove any final 't' and add the endings as shown below.

	Ending	porter (il porta)	finir (il finit)	avoir (il eut)
je/j'	-sse	portasse	finisse	eusse
tu	-sses	portasses	finisses	eusses
il/elle/on	-^t	portât	finît	eût
nous	-ssions	portassions	finissions	eussions
vous	-ssiez	portassiez	finissiez	eussiez
ils/elles	-ssent	portassent	finissent	eussent

Literary form:

Il sortit pour que nous ***eussions*** *la maison pour nous tous seuls.*

Less formal form:

Il est sorti pour que nous ***ayons*** *la maison pour nous tous seuls.*

He went out so that we had the house to ourselves.

Literary form:

Ma mère voulait que je ***parlasse*** *à mon frère.*

Less formal form:

Ma mère voulait que je ***parle*** *à mon frère.*

My mother wanted me to speak to my brother.

Literary form:

Il fallait que le témoin ***allât*** *au poste de police.*

Less formal form:

Il fallait que le témoin ***aille*** *au poste de police.*

The witness had to go to the police station.

H15.5

The subjunctive is used after:

a *il faut* or another order + *que*:

Il faut que vous alliez à la banque.

You have to go to the bank./It's essential that you go to the bank.

b an emotion + *que*, the most common expressions being:

désirer que | *vouloir que* | *souhaiter que*

aimer mieux que | *s'étonner que* | *regretter que*

préférer que | *craindre que (+ ne)*

être content/curieux/désolé/fâché/heureux/honteux/ravi que

Je m'étonne qu'elle soit venue.

I'm astonished that she came.

Elle est contente que tu réussisses.

She is pleased you are succeeding.

Il préfère qu'elle parte.

He prefers her to leave.

c the following expressions:

à condition que | *à moins que (+ ne)* | *afin que*

avant que | *bien que* | *jusqu'à ce que*

non que | *pour que* | *pourvu que*

que...que... | *quoique* | *sans que*

supposé que

Pour que tu saches la vérité.

So that you (may) know the truth.

Pourvu qu'il fasse le nécessaire.

Provided he does what's necessary.

Bien qu'il réagisse comme ça.

Although he reacts/may react like that.

H16 Passive

H16.1

When the subject of a sentence has the action of the verb done to it, instead of doing the action, the sentence is said to be in the passive voice.

Look at these two sentences:

Une camionnette a renversé Mme Bernard.

A van ran over Mrs Bernard.

Les sapeurs-pompiers ont transporté Mme Bernard à l'hôpital.

The fire brigade took Mrs Bernard to hospital.

Now look at the following version of these two sentences:

Mme Bernard a été renversée par une camionnette.

Mme Bernard was run over by a van.

Mme Bernard a été transportée à l'hôpital par les sapeurs-pompiers.

Mme Bernard was taken/has been taken to hospital by the fire brigade.

In the first version of these two sentences, as partly explained above, the subject of the verb does the action, and we say that the verb is in the active voice. In the second version, the subject of the verb is on the receiving end of the action which is done by someone or something else. Here, we say that the verb is in the passive voice.

H16.2

Because a form of the verb *être* is used in every passive construction, the past participle of the main verb functions like an adjective, agreeing in number and gender with its subject:

Nous avons été renversé(e)s.

Elles ont été renversées.

H16.3

To form the passive of the verb, French uses the past participle of the verb after the auxiliary *être*. By way of example, here are the passive forms of the first person singular of the verb *blesser*:

Present	*je suis*	*blessé*	I am injured
Imperfect	*j'étais*	*blessé*	I was injured
Future	*je serai*	*blessé*	I will be injured
Conditional	*je serais*	*blessé*	I would be injured
Perfect	*j'ai été*	*blessé*	I have been injured/I was injured
Pluperfect	*j'avais été*	*blessé*	I had been injured
Past historic *	*je fus*	*blessé*	I was injured

* Remember that you just need to be able to recognise the past historic tense.

H17 Constructions with the infinitive

H17.1

The infinitive is the dictionary or the *to* form of a verb, e.g. *chanter – to sing*. In French, you will often come across an infinitive linked to another verb by a preposition, normally *à* or *de*. The following lists give you the most common of these verbs:

There are some verbs that link directly to another verb by a preposition, nearly always *à* or *de*:

*J'ai à le faire.**

I have (got) to do it.

Il commence à nous énerver.

He's starting to get on our nerves.

Elle a décidé de participer.

She decided to take part.

Nous allons finir d'y aller.

We're going to finish going there.

* Notice that *à le* is not an error here, because the *le* means 'it' not 'the'.

- *à* + infinitive

aboutir à | *apprendre à* | *avoir à*
aider à | *arriver à* | *avoir du mal à*

chercher à | *passer son temps à* | *s'intéresser à*
commencer à | *perdre son temps à* | *s'obstiner à*
consentir à | *persister à* | *se borner à*
consister à | *prendre plaisir à* | *se décider à*
*continuer à*** | *renoncer à* | *s'hasarder à*
contribuer à | *rester à* | *se mettre à*
destiner à | *réussir à* | *se plaire à*
encourager à | *s'accoutumer à* | *se préparer à*
engager à | *s'amuser à* | *se résigner à*
enseigner à | *s'appliquer à* | *songer à*
hésiter à | *s'apprêter à* | *tarder à*
inviter à | *s'attendre à* | *tenir à*
parvenir à | *s'habituer à*

- *de* + infinitive

accuser de | *féliciter de* | *remercier de*
achever de | *finir de* | *reprocher de*
avertir de | *jurer de* | *résoudre de*
avoir envie de | *manquer de* | *risquer de*
avoir peur de | *menacer de* | *s'arrêter de*
blâmer de | *mériter de* | *s'efforcer de*
cesser de | *offrir de* | *s'empresser de*
commander de | *omettre de* | *s'ennuyer de*
conseiller de | *ordonner de* | *s'étonner de*
*continuer de*** | *oublier de* | *s'excuser de*
convenir de | *pardonner de* | *se contenter de*
craindre de | *parler de* | *se dépêcher de*
décider de | *permettre de* | *se hâter de*
défendre de | *persuader de* | *se repentir de*
désespérer de | *prendre garde de* | *se souvenir de*
dire de | *prier de* | *se vanter de*
empêcher de | *promettre de* | *soupçonner de*
essayer de | *proposer de* | *supplier de*
éviter de | *recommander de* | *tâcher de*
faire semblant de | *refuser de* | *tenter de*
feindre de | *regretter de*

Additional examples:

Je me suis accoutumé(e) à faire cela.

I've become accustomed to doing that.

Elle m'a aidé à le faire.*

She helped me to do it.

Nous commencions à célébrer.

We were starting to celebrate.

** The verb *continuer* may take either *à* or *de*.

H17.2

There is also a group of verbs that link directly to an infinitive:

Elle va travailler avec nous.

She's going to work with us.

L'arbitre a dû décider vite.

The referee had to decide quickly.

Je ne voulais pas rester.

I didn't want to stay.

Il faut donner autant que l'on a reçu.

You should give as much as you have received.

Here is a list to help you:

aimer	*écouter*	*préférer*
aimer mieux	*entendre*	*prétendre*
aller	*entrer*	*regarder*
avouer	*envoyer*	*retourner*
compter	*espérer*	*savoir*
courir	*faire**	*sembler*
croire	*falloir*	*sentir*
daigner	*laisser*	*valoir mieux*
déclarer	*oser*	*voir*
désirer	*paraître*	*vouloir*
devoir	*pouvoir*	

* *Faire* + infinitive needs special attention. Note the following examples:

Elle le fait siffler.

She makes him whistle.

Elle lui fait siffler la chanson.

She makes him whistle the song.

If *faire* is linked directly to a simple infinitive, the pronoun object is direct. If the infinitive has a direct object of its own, the pronoun with *faire* becomes indirect.

H17.3

Certain adjectives are also linked to an infinitive by *à* or *de*:

Je suis enclin à vous croire.

I'm inclined to believe you.

Sa famille était heureuse d'accueillir le jeune Allemand.

His/Her family were happy to welcome the young German.

The following lists are helpful:

- *à* + infinitive:

difficile à	*le premier/la première à*	*lourd à*
disposé à	*le/la seul(e) à*	*prêt à*
enclin à	*lent à*	*prompt à*
facile à		*propre à*

- *de* + infinitive:

heureux de

capable de

certain de

content de

sûr de

H17.4

Certain nouns are linked to an infinitive by *de*:

Vous avez le droit de vous plaindre.

You have the right to make a complaint.

Elle n'a pas eu le temps de s'échapper.

She didn't have time to escape.

Here is a list of the most frequent of these nouns:

la bonté de	*le besoin de*	*le désir de*
le droit de	*l'honneur de*	*l'occasion de*
le plaisir de		

H17.5

Beaucoup, *plus*, *moins*, *trop*, *suffisamment*, *quelque chose*, *rien* and *énormément* are linked to an infinitive by *à*:

Le déménagement lui avait donné beaucoup à faire.

Moving house had given him/her a lot to do.

Elle avait moins à rattraper que lui.

She had less to catch up (on) than him.

J'ai quelque chose à leur dire.

I've got something to tell them.

Il n'a jamais rien à faire.

He's never at a loose end.

Nouns can be linked to an infinitive in the same manner:

J'ai des tas de choses à faire.

I've got loads to do.

J'ai un examen à passer.

I've got an exam to sit.

H17.6

Pour/afin de and *sans* link directly to an infinitive. They are used frequently in both spoken and written French.

Pour améliorer leurs connaissances en langue étrangère…

To improve their knowledge of a foreign language…

Pour avoir si souvent dormi…

Because I had slept so often…

Je suis trop âgée pour suivre des cours à la fac.

I am too old to take a university course.

Afin de répondre à tous les types de demandes…

In order to respond to all types of demand…

Sans vouloir vous insulter…

Without wishing to insult you…

H18 Direct and indirect speech

Direct speech is simply speech as it happens. It is indicated in written accounts by some form of speech marks or italics:

Elle explique, « Papa est retardé au travail. »

She explains, 'Dad is delayed at work.'

Note: in French, if the sentence starts with the actual speech, the subject and verb that come after are inverted and if the subject is a pronoun, a hyphen is needed to separate the verb and pronoun. If the verb ends in an *-e* and the pronoun starts with one *a*, **-t** is placed between verb and subject:

*« Papa est retardé au travail, » explique-**t**-elle.*

Indirect speech occurs when a person's words are reported either by the original speaker or another person. No speech marks are used and the French sentence above becomes:

Elle explique que le père est retardé au travail.

Very often the tense of the verb has to change from the original speech when indirect speech is used, as in the table below:

Elle a dit que/qu'elle…

Direct speech	Indirect speech
je suis ravie (present)	*était ravie* (imperfect)
j'irai là-bas (future)	*irait là-bas* (conditional)
j'ai fait le nécessaire (perfect)	*avait fait le nécessaire* (pluperfect)
samedi, je serai rentrée (future perfect)	*samedi elle serait rentrée* (conditional perfect)

H19 Inversion of subject and verb after adverbs

Inversion takes place after certain adverbial expressions that usually stand at the beginning of a clause or sentence. The most common of these adverbs are:

à peine	*aussi*	*du moins*	*encore*
en vain	*non seulement*	*toujours*	

***Aussi est-il** possible de dire que…*

It is also possible to say that…

***Toujours est-il** que…*

Nevertheless, the fact remains that…

***Non seulement ont-ils** oublié de faire les démarches nécessaires, mais…*

Not only did they forget to take the necessary measures, but…

***Du moins avons-nous** aidé les blessés.*

At least we helped the injured.

***En vain a-t-on** essayé de rétablir la paix.*

In vain they tried to re-establish the peace.

H20 *Il y a*

See page 264 for the basic use of the pronoun y.

Il y a is an impersonal verb that has two basic uses.

Most commonly *il y a* introduces a statement of (likely) fact, often involving a number or quantity, and is the equivalent of the English *there is/there are*. It can be used in all of the normal tenses.

Il y a un problème avec cela.

There's a problem with that.

Il y aura trois ou quatre possibilités.

There will be three or four possibilities.

Y aurait-il suffisamment de joueurs ?

Would there be enough players?

Il y a is also often used as an adverbial expression of time, the equivalent of *ago*.

La directrice était là il y a trois semaines.

The director was there three weeks ago.

C'est comme si ceci était il y a une éternite !

It's as if this was a whole lifetime ago!

H21 Other impersonal verbs

Like *il y a*, these impersonal verbs are only found in the *il* form and can be used in other tenses besides the present. The most frequently encountered of this group are:

Il faut + infinitive

It is necessary/You need + infinitive

Il vaut mieux + infinitive

It is better + infinitive

Il est + adjectif + de

It is + adjective + infinitive

Il est + adjectif + que

It is + adjective + that

Examples:

Il faut y aller.

It is necessary/you need to go there.

Il faudra parler avec quelqu'un.

You'll need to talk to someone.

Il vaut mieux accepter son excuse.

You need to accept his excuse.

Il vaudrait mieux payer l'amende.

It would be better to pay the fine.

Il est difficile d'accepter ça.

It is difficult to accept that.

Il avait été facile de récupérer l'argent.

It had been easy to get the money back.

Il est essentiel qu'elle vienne.

It is essential (that) she come(s).

Il est évident que l'accusé était innocent.

It's clear that the accused was innocent.

H22 Sequence of tenses

You need to consider the sequence of tenses when a sentence contains a main clause plus one or more subordinate clauses. A main clause can stand on its own, but a subordinate clause cannot, because it depends on the main clause for its existence. It may help you to think of 'subordinate' as meaning 'depending on'.

The sequence of tenses is the relationship in time between the verb in the main clause and the verb(s) in the subordinate clause(s). This can be easily understood if you remember the boxes below:

Note

When the main clause comes first:

main clause — before/at the same time as/after — subordinate clause

Note

When the subordinate clause comes first:

subordinate clause — before/at the same time as/after — main clause

The boxes give you the timeframes for linking the verb in the subordinate clause with the verb in the main clause. Start by identifying the main-clause verb, then look for an action occurring *before*, *at the same time as* or *after* it.

Examples:

*Mon père **était** dans l'armée **pendant que** ma mère **travaillait** à l'usine.*

My father **was** in the army **while** my mother **worked** at the factory.

imperfect at the same time imperfect

*Si tu **votes**, tu **auras** la conscience tranquille.*

If you **vote**, you **will have** an easy conscience.

before = present after = future

*Je **suis** heureuse **depuis que** j'**ai quitté** Claude.*

I **am** happy **since** I **left** Claude.

present after past

Exceptions

There are exceptions to this rule, mostly when an English present tense has a future sense. In this case the French verb must be in the future tense.

We **hope** that you **have** a long, happy life together.

present **present**

*Nous **espérons** que vous **aurez** une longue vie heureuse ensemble.*

present **future**

I **will help** the less fortunate when I **am** rich.

future **present**

*J'**aiderai** les démunis quand je **serai** riche.*

future **future**

I Numerals

There are two kinds of numerals (or numbers): cardinals and ordinals. Cardinals give the number of living creatures, places, things or ideas in question. Examples:

un, deux, trois, quatre, cent, mille, un million

As the term suggests, ordinals give the place etc. in numerical order: first, second, third etc. With very few exceptions, ordinals are formed in French by adding **-ième** to the basic cardinal.

Examples:

premier/première	first
deuxième	second
second/seconde	second
troisième	third
quatrième	fourth
cinquième	fifth
sixième	sixth
septième	sevent
huitième	eighth
neuvième	ninth
dixième	tenth
dix-septième	seventeenth
vingt et unième	twenty-first
trente-troisième	thirty third

Notes: *second* can be said in two ways in French, *deuxième* and *second/seconde*, the latter being treated like an adjective. It is pronounced *'segond/segonde'*.

If the basic cardinal ends in an **-e**, this is dropped in its ordinal form. Examples:

onzième, douzième treizième, trentième

eleventh, twelfth, thirteenth, thirtieth

Cinq adds a **-u** when it becomes an ordinal, i.e *cinquième*.

Neuf changes the **-f** to **-v**, i.e. *neuvième*.

J Negative pronouns, adjectives and adverbs

In addition to *ne...pas* there is a whole range of negative expressions using *ne*:

ne...aucun	no, not any
ne...aucunement	not at all, in no way
ne...nul	no, not any
ne...guère	hardly
ne...personne	no one, nobody
ne...jamais	never
ne...rien	nothing
ne...nullement	not at all, in no way
ne...plus	no (not any) more
ne...point	not at all (in no way)
ne...que	only

Tip! Make sure you remember there are two parts to each of these negatives.

Je ne vais jamais en boîtes de nuit avec la clique !

I never go clubbing with the gang!

Il n'y a rien pour vous inquiéter.

There's nothing for you to worry about.

A negative pronoun or adjective may be either the subject or the object of the verb. If it is the subject, it comes at the beginning of the clause.

Personne ne sait comment.

No one knows how.

Je n'ai vu personne.

I saw no one/nobody.

Negative adverbs take the place of *ne...pas* in the sentence.

Elle ne sortait plus seule.

She no longer went out alone.

Ils n'ont plus de problèmes.

They have no more problems.

Tu n'étais point d'accord.

You did not agree at all.

Verb table

		Present	Perfect	Imperfect	Future	Conditional	Subjunctive
Regular verbs							
aider (to help)	*j'*	*aide*	*ai aidé*	*aidais*	*aiderai*	*aiderais*	*aide*
(type 1, *-er* verbs)	*tu*	*aides*	*as aidé*	*aidais*	*aideras*	*aiderais*	*aides*
	il/elle/on	*aide*	*a aidé*	*aidait*	*aidera*	*aiderait*	*aide*
	nous	*aidons*	*avons aidé*	*aidions*	*aiderons*	*aiderions*	*aidions*
	vous	*aidez*	*avez aidé*	*aidiez*	*aiderez*	*aideriez*	*aidiez*
	ils/elles	*aident*	*ont aidé*	*aidaient*	*aideront*	*aideraient*	*aident*
finir (to finish)	*je/j'*	*finis*	*ai fini*	*finissais*	*finirai*	*finirais*	*finisse*
(type 2, *-ir* verbs)	*tu*	*finis*	*as fini*	*finissais*	*finiras*	*finirais*	*finisses*
	il/elle/on	*finit*	*a fini*	*finissait*	*finira*	*finirait*	*finisse*
	nous	*finissons*	*avons fini*	*finissions*	*finirons*	*finirions*	*finissions*
	vous	*finissez*	*avez fini*	*finissiez*	*finirez*	*finiriez*	*finissiez*
	ils/elles	*finissent*	*ont fini*	*finissaient*	*finiront*	*finiraient*	*finissent*
vendre (to sell)	*je/j'*	*vends*	*ai vendu*	*vendais*	*vendrai*	*vendrais*	*vende*
(type 3, *-re* verbs)	*tu*	*vends*	*as vendu*	*vendais*	*vendras*	*vendrais*	*vendes*
	il/elle/on	*vend*	*a vendu*	*vendait*	*vendra*	*vendrait*	*vende*
	nous	*vendons*	*avons vendu*	*vendions*	*vendrons*	*vendrions*	*vendions*
	vous	*vendez*	*avez vendu*	*vendiez*	*vendrez*	*vendriez*	*vendiez*
	ils/elles	*vendent*	*ont vendu*	*vendaient*	*vendront*	*vendraient*	*vendent*
Irregular verbs							
aller (to go)	*je/j'*	*vais*	*suis allé(e)*	*allais*	*irai*	*irais*	*aille*
	tu	*vas*	*es allé(e)*	*allais*	*iras*	*irais*	*ailles*
	il/elle/on	*va*	*est allé(e)*	*allait*	*ira*	*irait*	*aille*
	nous	*allons*	*sommes allé(e)s*	*allions*	*irons*	*irions*	*allions*
	vous	*allez*	*êtes allé(e)(s)*	*alliez*	*irez*	*iriez*	*alliez*
	ils/elles	*vont*	*sont allé(e)s*	*allaient*	*iront*	*iraient*	*aillent*
avoir (to have)	*j'*	*ai*	*ai eu*	*avais*	*aurai*	*aurais*	*aie*
	tu	*as*	*as eu*	*avais*	*auras*	*aurais*	*aies*
	il/elle/on	*a*	*a eu*	*avait*	*aura*	*aurait*	*ait*
	nous	*avons*	*avons eu*	*avions*	*aurons*	*aurions*	*ayons*
	vous	*avez*	*avez eu*	*aviez*	*aurez*	*auriez*	*ayez*
	ils/elles	*ont*	*ont eu*	*avaient*	*auront*	*auraient*	*aient*
boire (to drink)	*je/j'*	*bois*	*ai bu*	*buvais*	*boirai*	*boirais*	*boive*
	tu	*bois*	*as bu*	*buvais*	*boiras*	*boirais*	*boives*
	il/elle/on	*boit*	*a bu*	*buvait*	*boira*	*boirait*	*boive*
	nous	*buvons*	*avons bu*	*buvions*	*boirons*	*boirions*	*buvions*
	vous	*buvez*	*avez bu*	*buviez*	*boirez*	*boiriez*	*buviez*
	ils/elles	*boivent*	*ont bu*	*buvaient*	*boiront*	*boiraient*	*boivent*

		Present	Perfect	Imperfect	Future	Conditional	Subjunctive
courir (to run)	*je/j'*	*cours*	*ai couru*	*courais*	*courrai*	*courrais*	*coure*
	tu	*cours*	*as couru*	*courais*	*courras*	*courrais*	*coures*
	il/elle/on	*court*	*a couru*	*courait*	*courra*	*courrait*	*coure*
	nous	*courons*	*avons couru*	*courions*	*courrons*	*courrions*	*courions*
	vous	*courez*	*avez couru*	*couriez*	*courrez*	*courriez*	*couriez*
	ils/elles	*courent*	*ont couru*	*couraient*	*courront*	*courraient*	*courent*
croire (to believe, think)	*je/j'*	*crois*	*ai cru*	*croyais*	*croirai*	*croirais*	*croie*
	tu	*crois*	*as cru*	*croyais*	*croiras*	*croirais*	*croies*
	il/elle/on	*croit*	*a cru*	*croyait*	*croira*	*croirait*	*croie*
	nous	*croyons*	*avons cru*	*croyions*	*croirons*	*croirions*	*croyions*
	vous	*croyez*	*avez cru*	*croyiez*	*croirez*	*croiriez*	*croyiez*
	ils/elles	*croient*	*ont cru*	*croyaient*	*croiront*	*croiraient*	*croient*
devoir (must; to have to)	*je/j'*	*dois*	*ai dû*	*devais*	*devrai*	*devrais*	*doive*
	tu	*dois*	*as dû*	*devais*	*devras*	*devrais*	*doives*
	il/elle/on	*doit*	*a dû*	*devait*	*devra*	*devrait*	*doive*
	nous	*devons*	*avons dû*	*devions*	*devrons*	*devrions*	*devions*
	vous	*devez*	*avez dû*	*deviez*	*devrez*	*devriez*	*deviez*
	ils/elles	*doivent*	*ont dû*	*devaient*	*devront*	*devraient*	*doivent*
dire (to say, tell)	*je/j'*	*dis*	*ai dit*	*disais*	*dirai*	*dirais*	*dise*
	tu	*dis*	*as dit*	*disais*	*diras*	*dirais*	*dises*
	il/elle/on	*dit*	*a dit*	*disait*	*dira*	*dirait*	*dise*
	nous	*disons*	*avons dit*	*disions*	*dirons*	*dirions*	*disions*
	vous	*dites*	*avez dit*	*disiez*	*direz*	*diriez*	*disiez*
	ils/elles	*disent*	*ont dit*	*disaient*	*diront*	*diraient*	*disent*
dormir (to sleep)	*je/j'*	*dors*	*ai dormi*	*dormais*	*dormirai*	*dormirais*	*dorme*
	tu	*dors*	*as dormi*	*dormais*	*dormiras*	*dormirais*	*dormes*
	il/elle/on	*dort*	*a dormi*	*dormait*	*dormira*	*dormirait*	*dorme*
	nous	*dormons*	*avons dormi*	*dormions*	*dormirons*	*dormirions*	*dormions*
	vous	*dormez*	*avez dormi*	*dormiez*	*dormirez*	*dormiriez*	*dormiez*
	ils/elles	*dorment*	*ont dormi*	*dormaient*	*dormiront*	*dormiraient*	*dorment*
être (to be)	*je/j'*	*suis*	*ai été*	*étais*	*serai*	*serais*	*soit*
	tu	*es*	*as été*	*étais*	*seras*	*serais*	*soit*
	il/elle/on	*est*	*a été*	*était*	*sera*	*serait*	*soit*
	nous	*sommes*	*avons été*	*étions*	*serons*	*serions*	*soyons*
	vous	*êtes*	*avez été*	*étiez*	*serez*	*seriez*	*soyez*
	ils/elles	*sont*	*ont été*	*étaient*	*seront*	*seraient*	*soient*

		Present	Perfect	Imperfect	Future	Conditional	Subjunctive
faire (to do, make)	*je/j'*	*fais*	*ai fait*	*faisais*	*ferai*	*ferais*	*fasse*
	tu	*fais*	*as fait*	*faisais*	*feras*	*ferais*	*fasses*
	il/elle/on	*fait*	*a fait*	*faisait*	*fera*	*ferait*	*fasse*
	nous	*faisons*	*avons fait*	*faisions*	*ferons*	*ferions*	*fassions*
	vous	*faites*	*avez fait*	*faisiez*	*ferez*	*feriez*	*fassiez*
	ils/elles	*font*	*ont fait*	*faisaient*	*feront*	*feraient*	*fassent*
mettre (to put)	*je/j'*	*mets*	*ai mis*	*mettais*	*mettrai*	*mettrais*	*mette*
	tu	*mets*	*as mis*	*mettais*	*mettras*	*mettrais*	*mettes*
	il/elle/on	*met*	*a mis*	*mettait*	*mettra*	*mettrait*	*mette*
	nous	*mettons*	*avons mis*	*mettions*	*mettrons*	*mettrions*	*mettions*
	vous	*mettez*	*avez mis*	*mettiez*	*mettrez*	*mettriez*	*mettiez*
	ils/elles	*mettent*	*ont mis*	*mettaient*	*mettront*	*mettraient*	*mettent*
ouvrir (to open)	*j'*	*ouvre*	*ai ouvert*	*ouvrais*	*ouvrirai*	*ouvrirais*	*ouvre*
	tu	*ouvres*	*as ouvert*	*ouvrais*	*ouvriras*	*ouvrirais*	*ouvres*
	il/elle/on	*ouvre*	*a ouvert*	*ouvrait*	*ouvrira*	*ouvrirait*	*ouvre*
	nous	*ouvrons*	*avons ouvert*	*ouvrions*	*ouvrirons*	*ouvririons*	*ouvrions*
	vous	*ouvrez*	*avez ouvert*	*ouvriez*	*ouvrirez*	*ouvririez*	*ouvriez*
	ils/elles	*ouvrent*	*ont ouvert*	*ouvraient*	*ouvriront*	*ouvriraient*	*ouvrent*
pouvoir (to be able to; can)	*je/j'*	*peux*	*ai pu*	*pouvais*	*pourrai*	*pourrais*	*puisse*
	tu	*peux*	*as pu*	*pouvais*	*pourras*	*pourrais*	*puisses*
	il/elle/on	*peut*	*a pu*	*pouvait*	*pourra*	*pourrait*	*puisse*
	nous	*pouvons*	*avons pu*	*pouvions*	*pourrons*	*pourrions*	*puissions*
	vous	*pouvez*	*avez pu*	*pouviez*	*pourrez*	*pourriez*	*puissiez*
	ils/elles	*peuvent*	*ont pu*	*pouvaient*	*pourront*	*pourraient*	*puissent*
prendre (to take)	*je/j'*	*prends*	*ai pris*	*prenais*	*prendrai*	*prendrais*	*prenne*
	tu	*prends*	*as pris*	*prenais*	*prendras*	*prendrais*	*prennes*
	il/elle/on	*prend*	*a pris*	*prenait*	*prendra*	*prendrait*	*prenne*
	nous	*prenons*	*avons pris*	*prenions*	*prendrons*	*prendrions*	*prenions*
	vous	*prenez*	*avez pris*	*preniez*	*prendrez*	*prendriez*	*preniez*
	ils/elles	*prennent*	*ont pris*	*prenaient*	*prendront*	*prendraient*	*prennent*
savoir (to know)	*je/j'*	*sais*	*ai su*	*savais*	*saurai*	*saurais*	*sache*
	tu	*sais*	*as su*	*savais*	*sauras*	*saurais*	*saches*
	il/elle/on	*sait*	*a su*	*savait*	*saura*	*saurait*	*sache*
	nous	*savons*	*avons su*	*savions*	*saurons*	*saurions*	*sachions*
	vous	*savez*	*avez su*	*saviez*	*saurez*	*sauriez*	*sachiez*
	ils/elles	*savent*	*ont su*	*savaient*	*sauront*	*sauraient*	*sachent*

		Present	Perfect	Imperfect	Future	Conditional	Subjunctive
sortir (to go out)	*je*	*sors*	*suis sorti(e)*	*sortais*	*sortirai*	*sortirais*	*sorte*
	tu	*sors*	*es sorti(e)*	*sortais*	*sortiras*	*sortirais*	*sortes*
	il/elle/on	*sort*	*est sorti(e)*	*sortait*	*sortira*	*sortirait*	*sorte*
	nous	*sortons*	*sommes sorti(e)s*	*sortions*	*sortirons*	*sortirions*	*sortions*
	vous	*sortez*	*êtes sorti(e)(s)*	*sortiez*	*sortirez*	*sortiriez*	*sortiez*
	ils/elles	*sortent*	*sont sorti(e)s*	*sortaient*	*sortiront*	*sortiraient*	*sortent*
tenir (to hold; to keep)	*je/j'*	*tiens*	*ai tenu*	*tenais*	*tiendrai*	*tiendrais*	*tienne*
	tu	*tiens*	*as tenu*	*tenais*	*tiendras*	*tiendrais*	*tiennes*
	il/elle/on	*tient*	*a tenu*	*tenait*	*tiendra*	*tiendrait*	*tienne*
	nous	*tenons*	*avons tenu*	*tenions*	*tiendrons*	*tiendrions*	*tenions*
	vous	*tenez*	*avez tenu*	*teniez*	*tiendrez*	*tiendriez*	*teniez*
	ils/elles	*tiennent*	*ont tenu*	*tenaient*	*tiendront*	*tiendraient*	*tiennent*
venir (to come)	*je*	*viens*	*suis venu(e)*	*venais*	*viendrai*	*viendrais*	*vienne*
	tu	*viens*	*es venu(e)*	*venais*	*viendras*	*viendrais*	*viennes*
	il/elle/on	*vient*	*est venu(e)*	*venait*	*viendra*	*viendrait*	*vienne*
	nous	*venons*	*sommes venu(e)s*	*venions*	*viendrons*	*viendrions*	*venions*
	vous	*venez*	*êtes venu(e)(s)*	*veniez*	*viendrez*	*viendriez*	*veniez*
	ils/elles	*viennent*	*sont venu(e)s*	*venaient*	*viendront*	*viendraient*	*viennent*
vouloir (to want, wish)	*je/j'*	*veux*	*ai voulu*	*voulais*	*voudrai*	*voudrais*	*veuille*
	tu	*veux*	*as voulu*	*voulais*	*voudras*	*voudrais*	*veuilles*
	il/elle/on	*veut*	*a voulu*	*voulait*	*voudra*	*voudrait*	*veuille*
	nous	*voulons*	*avons voulu*	*voulions*	*voudrons*	*voudrions*	*voulions*
	vous	*voulez*	*avez voulu*	*vouliez*	*voudrez*	*voudriez*	*vouliez*
	ils/elles	*veulent*	*ont voulu*	*voulaient*	*voudront*	*voudraient*	*veuillent*

Index of strategies

Acknowledgements

The publishers would like to thank the following for permission to reproduce photographs:
p.11 AF archive/Alamy Stock Photo; **p.13** Jasmin Merdan/Fotolia; **p.14** Gina Sanders/Fotolia; **p.17** Scott Griessel/Fotolia; **p.19** maurogrigollo/Fotolia; **p.21** Syda Productions/Fotolia; **p.23** Janina Dierks/Fotolia; **p.24** highwaystarz/Fotolia; **p.27** Edelweiss/Fotolia; **p.29** rh2010/Fotolia; **p.30** Blend Images/Alamy Stock Photo; **p.32** SteF/Fotolia; **p.34** Y. L. Photographies/Fotolia; **p.37** Chanyl67/Fotolia; **p.38** St.Op./Fotolia; **p.41** karelnoppe/Fotolia; **p.43** Tony Karumba/Getty; **p.45** Rawpixel.com/Fotolia; **p.47** BACHELET Bruno/Getty; **p.49** Directphoto Collection/Alamy Stock Photo; **p.51** Fotolia; **p.54** Gstudio group/Fotolia; **p.55** Service Volontaire International; **p.57** John Warburton-Lee Photography/Alamy Stock Photo; **p.59** Katsiaryna/Fotolia; **p.61** Atlantis/Fotolia; **p.62** jennyb79/Fotolia; **p.65** Vladimir Melnik/Fotolia; **p.65** *r* okoustrup/Fotolia; **p.66** javarman/Fotolia; **p.69** Natacha Joly/Fotolia; **p.70** zoryanchik/Fotolia; **p.72** *t* REDA & CO srl/Alamy Stock Photo; **p.72** *b* hansenn/Fotolia; **p.73** Jayskyland Images/Alamy Stock Photo; **p.75** Terrance Klassen/Alamy Stock Photo; **p.77** abstract/Fotolia; **p.79** Forgiss/Fotolia; **p.83** epa/Alamy Stock Photo; **p.84** Ferenc Szelepcsenyi/Alamy Stock Photo; **p.87** Andrea Izzotti/Fotolia; **p.88** Chlorophylle/Fotolia; **p.91** snaptitude/Fotolia; **p.92** rgbspace/Fotolia; **p.95** John Kellerman/Alamy Stock Photo; **p.97** Photos 12/Alamy Stock Photo; **p.99** Arcaid Images/Alamy Stock Photo; **p.101** *t* Photos 12/Alamy Stock Photo; **p.101** *c* United Archives GmbH/Alamy Stock Photo; **p.101** *b* AF archive/Alamy Stock Photo; **p.102** Hetizia/Fotolia; **p.104** Georges DIEGUES/Alamy Stock Photo; **p.106** Keddy/Fotolia; **p.109** *t* Juulijs/Fotolia; *c* AF archive/Alamy Stock Photo; **p.109** *b* Glasshouse Images/Alamy Stock Photo; **p.110** AF archive/Alamy Stock Photo; **p.113** PjrStudio/Alamy Stock Photo; **p.115** Alain Loison/Apis/Sygma/Corbis; **p.116** Moviestore Collection Ltd/Alamy Stock Photo; **p.117** United Archives GmbH/Alamy Stock Photo; **p.119** Moviestore Collection Ltd/Alamy Stock Photo; **p.121** CANAL+, RÉGION ÎLE-DE-FRANCE/THE KOBAL COLLECTION; **p.122** AF archive/Alamy Stock Photo; **p.124** Glasshouse Images/Alamy Stock Photo; **p.127** AF archive/Alamy Stock Photo; **p.129** Moviestore Collection Ltd/Alamy Stock Photo; **p.131** Paul Cooper/Alamy Stock Photo; **p.133** Mary Evans Picture Library/Alamy Stock Photo; **p.135** United Archives GmbH/Alamy Stock Photo; **p.136** dojo666/Fotolia; **p.138** Juulijs/Fotolia; **p.141** AF archive/Alamy Stock Photo; **p.142** United Archives GmbH/Alamy Stock Photo; **p.142** *c* NORD-OUEST PROD/TF1 FILMS/SONY/THE KOBAL COLLECTION; **p.142** *r* RGA; **p.148** Markus Mainka/Fotolia; **p.148** Photos 12/Alamy Stock Photo; **p.150** Fotolia; **p.153** dpa picture alliance/Alamy Stock Photo; **p.154** Rawpixel.com/Fotolia; **p.157** Rawpixel.com/Fotolia; **p.158** Giane/Fotolia; **p.161** Style-Photography/Fotolia; **p.163** Gajus/Fotolia; **p.164** Web Buttons Inc/Fotolia; **p.167** auremar/Fotolia; **p.168** Firma V/Fotolia; **p.171** KaYann/Fotolia; **p.173** Rawpixel.com/Fotolia; **p.175** Fotolia; **p.176** Fotolia; **p.177** galam/Fotolia; **p.179** AFP PHOTO/ERIC FEFERBERG; **p.181** AUFORT Jérome/Fotolia; **p.185** Alexander Raths/Fotolia; **p.186** Marc CECCHETTI/Fotolia; **p.189** *t* apgestoso/Fotolia; *c* Alfonso de Tomás/Fotolia; *b* Aurelien Meunier/Stringer/Getty; **p.190** *l* apgestoso/Fotolia; **p.190** *r* Alfonso de Tomás/Fotolia; **p.192** Aurelien Meunier/Stringer/Getty; **p.197** BSIP SA/Alamy Stock Photo; **p.199** gigra/Fotolia; **p.201** Patryssia/Fotolia; **p.205** Photographee.eu/Fotolia; **p.206** Illustration Works/Alamy Stock Photo; **p.207** Fotolia; **p.211** kazy/Fotolia; **p.212** Charles Platiau/Reuters; **p.215** wareham.nl (Algemene Nieuws)/Alamy; **p.216** Graphithèque/Fotolia; **p.220** Richard Villalon/Fotolia; **p.223** epa european pressphoto agency b.v./Alamy; **p.225** Graphithèque/Fotolia; **p.228** Michael Flippo/Fotolia; **p.231** Franck Thomasse/Fotolia; **p.232** fotodo/Fotolia; **p.235** HORACIO VILLALOBOS/epa/Corbis; **p.237** Directphoto Collection/Alamy Stock Photo; **p.239** FineArt/Alamy Stock Photo; **p.241** Scott Griessel/Fotolia; **p.242** Fotolia; **p.249** imagegallery2/Alamy Stock Photo; **p.251** epa european pressphoto agency b.v./Alamy; **p.253** *t* A. Astes/Alamy Stock Photo; **p.253** *b* Mapics/Fotolia; **p.254** Peter Horree/Alamy Stock Photo

The publishers would like to thank the following for permission to reproduce text:
p.47 www.micdcpain.asso.fr; **p.51** www.mloz.be; **p.55** www.servicevolontaire.org; **p.69** www.fr.francethisway.com; **p.241** www.aufeminin.com; **p.249** http://volontairepourquoipasvous.blog.youphil.com;

The illustrations on pp. 194 and 195 were drawn by Barking Dog Art.

THE LIBRARY
WITHDRAWN
NEW COLLEGE
SWINDON